中国国土空间开发保护监测报告 2023

MONITORING REPORT OF CHINA'S TERRITORIAL SPACE DEVELOPMENT AND PROTECTION

自然资源部信息中心
中国国土勘测规划院
国家基础地理信息中心
中国地质调查局
中国地质环境监测院
中国测绘科学研究院
自然资源部国土卫星遥感应用中心
国家海洋信息中心
自然资源部国土空间规划研究中心
清华大学建筑学院

著

中国经济出版社
CHINA ECONOMIC PUBLISHING HOUSE

·北京·

图书在版编目（CIP）数据

中国国土空间开发保护监测报告 . 2023 / 自然资源部信息中心等著 . -- 北京：中国经济出版社，2024. 11. -- ISBN 978-7-5136-7913-8

Ⅰ. F129.9

中国国家版本馆 CIP 数据核字第 2024TB2076 号

地图审图号：GS 京（2024）2284 号

责任编辑　郭国玺
责任印制　马小宾
封面设计　任燕飞工作室

出版发行　中国经济出版社
印 刷 者　北京富泰印刷有限责任公司
经 销 者　各地新华书店
开　　本　787mm × 1092mm　1/16
印　　张　14.75
字　　数　200 千字
版　　次　2024 年 11 月第 1 次
印　　次　2024 年 11 月第 1 次
定　　价　128.00 元
广告经营许可证　京西工商广字第 8179 号

中国经济出版社 **网址** www.economyph.com **社址** 北京市东城区安定门外大街 58 号 **邮编** 100011

本版图书如存在印装质量问题，请与本社销售中心联系调换（联系电话：010-57512564）

《中国国土空间开发保护监测报告（2023）》编写组

总指导

庄少勤

技术顾问

陈　军

指导

孙雪东　王　伟　吉建培　杨　地

组织编写

李晓波　吴洪涛　邓红蒂　赵　勇
田海波　张开军　刘纪平　李宪文
李双建　于海涛　商　静　罗　杰
王冠珠

统稿

祝培甜　马永欢　李晓波

《中国国土空间开发保护监测报告（2023）》
主要编写人员

自然资源部信息中心

马永欢　祝培甜　刘文超　徐曙光　李　蕾　张　迪　郭瑞雪
王娜萍　霍文敏　郭一珂　李治君　赵　越　雷涵博　侯怡爽
陈相利　陈霈弦　杨　帆　孟凡荣　李佳萱　杨其浩　张玉韩
李　磊　肖　飞

中国国土勘测规划院

戴建旺　汪晓帆　李亚南　顾鹏程

国家基础地理信息中心

周治武　巩垠熙　赵　慧　王发良

中国地质调查局

曹佳文　王　璜　李展辉　刁玉杰　田光昊

中国地质环境监测院

乐琪浪　杨　楠　郑跃军　杨旭东　赵建民　曲雪妍　田　磊
王　娜　李小磊　王　頔　郅二铨　武锦辉

中国测绘科学研究院

王　浩　戴昭鑫　仇阿根　张　玉

自然资源部国土卫星遥感应用中心

王光辉　张　涛（综合调查监测部）　韩　旭　肖晨超　郑利娟
杜　磊　张丹丹　张　涛（资源调查监测部）　魏英娟

国家海洋信息中心

孙　苗　杨　潇　王江涛　李国权　魏　莱　曾　容　李文善
王　涛

自然资源部国土空间规划研究中心

林俞先　柳　泽　李明霞　曹根榕

清华大学建筑学院

张　能　武廷海

序

国土空间是国民生存发展、人地耦合共生的场所和环境，承载着生产、生活、生态等各类建设开发活动，是生态文明建设的物质基础和空间载体。我国虽然地域辽阔，但适宜人类居住、生活的空间环境有限，如何统筹好保障粮食、生态等安全与建设开发活动日益增长的空间需求，有效破解国土空间资源的紧约束，优化国土空间格局，构建优势互补、高质量发展的区域经济布局和国土空间体系，成为人与自然和谐共生的现代化建设新格局的一项主要任务。

国土空间是一个复杂时空巨系统，具有显著的多维动态特征，采用先进的信息技术手段提升现代化治理能力与水平，成为时代的要求。党的二十大报告中提出要推进美丽中国建设、加快建设数字中国，2023 年 7 月全国生态环境保护大会又强调要“深化人工智能等数字技术应用，构建美丽中国数字化治理体系，建设绿色智慧的数字生态文明”。这就要求加快构建国土空间数字化治理体系，全面了解各类自然资源、资产、资本的状况，动态掌握国土空间开发保护态势，科学开展国土空间规划与治理，以有效塑造高品质的国土空间格局，形成高效能的国土空间治理体系，更好地支撑美丽中国建设和高质量发展。

我国一直高度重视国土空间的数字化发展，通过基础测绘、数字国土、“金土工程”、地理国情监测、国土调查及实景三维中国建设等工作，逐步积累了包括基础地理、土地、地质矿产、海洋等在内的多类型、多尺度、长时序国土空间数据资源，构建了覆盖国、省、市、县四级的业务网络，建成了国土空间规划、审批与监测监管等一大批业务化应用系统，逐步形成了以时空大数据中心、动态监测、综合业务办公、互联网 + 社会服务为主要内容的自然资源信息化体系，在加强国土空间用途管制、开展国土空间规划编制和实施监督、促进生态文明建设、提升社会治理能力等方面发挥了重要作用，取得了显著成效。

为有效推动国土空间治理的数智化，《全国国土空间规划纲要（2021—2035 年）》明确要求加强规划实施监督，建设全国国土空间规划实施监测网络（CSPON），定期开展监测评估。CSPON 监测工作以时空信息为基础，对国土空间人地系统进行全面、实时感知，对国土空间规划实施全过程监测，从整体上把握国土空间不同类型自然和人文要素的时空分布与变化规律，深刻认知人与自然“感性”行为规律，从而为国土空间科学合理的评估提供支撑。2023 年，自然资源部印发了《全国国土空间规划实施监测网络建设工作方案（2023—2027 年）》，要求积极落实数字中国战略，顺应新技术革命趋势，以业务需求为牵引，以智能工具和算法模型为支撑，注重顶层设计和基层探索有机结合，技术创新和制度创新双轮驱动，加强系统互联和数据治理，加大资源整合力度，加快建设“可感知、能学习、善治理、自适应”的智慧规划，提升国土空间治理现代化水平。

在 CSPON 建设过程中，我们面临三方面的问题和挑战。一是数据支撑的系统性、实时性不够。自然资源部已有数据较为分散、相互融合不够，缺乏国土空间规划分析评价所需的人口、社会、经济数据，部分数据实时性差。二是高层次分析研究能力不足。对研究对象的时空分布规律把握不够，问题研判和知识驱动的智慧决策能力短缺，难以全面有效地支撑国土空间格局解析、结构诊断、趋势预测、态势预警、规划分析、方案优化等方面的业务。三是尚未形成监测分析工作的合力。部直属单位之间统筹不足，没有发挥改革后部门的整体优势，在有效整合和调度部内外科研力量方面仍有较大的发展空间。

从 2022 年开始，自然资源部针对全国国土空间规划实施的全面监测评估之需，组织调查、信息化、研究等方面的单位，整合相关监测分析力量，统筹运用自然资源调查、规划、管理数据和相关人口、社会、经济数据，开展了专题分析和定量化研究，编写了《中国国土空间开发保护监测报告》的年度监测报告。该报告是从国家层面对国土空间自然和人文状况十余年的发展变化进行较为综合、系统的分析，包括对全国国土空间规划的主要目标和指标的实施执行情况进行分析评价，重点监测耕地与永久基本农田、生态保护红线、城镇开发边界等国土空间安全底线状况，对农业、生态、城镇、海洋等空间格局的变化进行分析，评价城镇化、产业化等方面的国土空间效率和居住、出行等方面的国土空间品质状况。该报告是《全国国土空间规划纲要（2021—2035 年）》定期评估的重要基础，对政府部门准确把握我国国土空间开发保护状况、社会公众全面了解我国国土空间国情具有重要参考价值。

中国工程院院士：

前 言

《中共中央　国务院关于建立国土空间规划体系并监督实施的若干意见》（中发〔2019〕18号）提出建立健全国土空间规划动态监测评估预警机制。《全国国土空间规划纲要（2021—2035年）》（以下简称《纲要》）指出，按照定期体检和五年一评估的要求，结合年度国土变更调查和地理国情监测成果，建立健全各级各类国土空间规划实施监测评估预警机制，定期开展监测评估。《纲要》提出，建设国土空间规划实施监测网络，对资源环境承载力、国土开发适宜性、国土空间开发保护现状和风险挑战实施动态监测评估，加强对重要控制线、重大战略区域、重点城市等规划实施情况和重大工程、重点领域、突出问题等的监测预警。

为落实《纲要》提出的定期体检要求，自2022年起，自然资源部组织相关单位对全国国土空间规划实施情况进行全面地监测和评估。《中国国土空间开发保护监测报告（2023）》（以下简称《报告》）以截至2023年的我国国土调查、自然资源管理及社会经济相关数据为基础，从全国、重点区域和省市等不同空间尺度，对国土空间自然和人文状况十余年的发展趋势进行分析，重点对全国国土空间规划的主要目标指标、2020—2023年变化情况进行分析评价，总结取得的成效，找出存在的问题和差距，并提出对策建议。

《报告》包括总览、国土空间安全、国土空间格局、国土空间效率、国土空间品质，共5章。第一章为总览，主要介绍国土空间发展状况和主要监测指标，对我国主要的自然资源利用指标进行国内外对比分析，最后总结国土空间开发保护的主要进展；第二章为国土空间安全，主要从耕地和永久基本农田、生态保护红线、城镇开发边界、水资源、能源与矿产资源、历史文化、自然灾害等方面对国土空间安全状况进行监测；第三章为国土空间格局，主要从战略布局、农业空间、生态空间、城镇空间、海洋空间、空间联结网络、生产力布局等方面对国土空间格局状况进行监测；第四章为国土空间效率，主要从城镇发展、现代产业、乡村振兴、用地节约集约、国有建设用地出让价款等方面对国土空间效率状况进行监测；第五章为国土空间品质，主要从居住、出行、公共空间与公共服务、社区生活圈等方面对国土空间品质状况进行监测。

《报告》编写工作在自然资源部国土空间规划局、自然资源调查监测司的组织协调下，由自然资源部信息中心、中国国土勘测规划院、国家基础地理信息中心、中国地质调查局、中国地质环境监测院、中国测绘科学研究院、自然资源部国土卫星遥感应用中心、国家海洋信息中心、自然资源部国土空间规划研究中心、清华大学建筑学院等单位合作完成。

各章节编写主要负责单位如下：

本书各章节内容及编写单位

章序	章名	内容	编写单位
1	总览	国土空间发展状况	自然资源部信息中心、自然资源部国土卫星遥感应用中心、中国地质调查局、中国地质环境监测院、国家基础地理信息中心、中国测绘科学研究院
		主要监测指标	各参与单位
		国内外对比分析	自然资源部信息中心
		主要进展	各参与单位
		小结	自然资源部信息中心
2	国土空间安全	耕地和永久基本农田	中国国土勘测规划院、自然资源部信息中心
		生态保护红线	自然资源部信息中心、国家海洋信息中心、中国国土勘测规划院
		城镇开发边界	自然资源部信息中心、中国国土勘测规划院
		水资源	中国地质调查局、中国地质环境监测院
		能源与矿产资源	自然资源部信息中心、中国地质调查局、中国地质环境监测院
		历史文化	清华大学建筑学院
		自然灾害	中国地质调查局、中国地质环境监测院
3	国土空间格局	战略布局	自然资源部国土空间规划研究中心、国家基础地理信息中心、中国地质调查局、中国地质环境监测院
		农业空间	自然资源部信息中心
		生态空间	自然资源部国土卫星遥感应用中心、中国国土勘测规划院
		城镇空间	国家基础地理信息中心、自然资源部国土空间规划研究中心、自然资源部信息中心
		海洋空间	国家海洋信息中心、自然资源部国土卫星遥感应用中心、自然资源部信息中心
		空间联结网络	自然资源部信息中心、国家基础地理信息中心
		生产力布局	中国测绘科学研究院
4	国土空间效率	城镇发展	国家基础地理信息中心、自然资源部国土卫星遥感应用中心、自然资源部信息中心
		现代产业	自然资源部信息中心
		乡村振兴	中国国土勘测规划院、自然资源部信息中心
		用地节约集约	自然资源部信息中心
		国有建设用地出让价款	自然资源部信息中心
5	国土空间品质	居住	中国国土勘测规划院、自然资源部信息中心
		出行	自然资源部信息中心
		公共空间与公共服务	国家基础地理信息中心、中国国土勘测规划院、中国测绘科学研究院
		社区生活圈	中国测绘科学研究院

《报告》的编制是自 2018 年机构改革以来的首次尝试。时间紧，任务重，有些内容比较粗浅，还有许多不完善的地方，加之笔者水平有限，不足之处在所难免，恳请读者斧正。

编写组

2024 年 9 月

目　录

第一章　总　览　001

第一节　国土空间发展状况 / 002

一、自然环境、人口发展趋势与变化特征 / 002

二、国土空间开发利用格局演变 / 008

第二节　主要监测指标 / 013

一、核心指标 / 013

二、其他重要指标 / 015

第三节　国内外对比分析 / 022

一、自然资源总量 / 022

二、人均自然资源量 / 025

第四节　主要进展 / 027

一、国土空间安全有效强化 / 027

二、国土空间格局持续优化 / 029

三、国土空间效率不断提高 / 030

四、国土空间品质稳步提升 / 030

第五节　小结 / 031

第二章　国土空间安全　033

第一节　耕地和永久基本农田 / 034

一、耕地基本情况 / 034

二、永久基本农田保护红线 / 036

第二节　生态保护红线 / 036

一、陆域生态保护红线 / 036

二、海洋生态保护红线 / 039

第三节　城镇开发边界 / 040

一、城镇开发边界内建设用地批准和供应 / 040

二、城镇开发边界内新增建设用地 / 041

第四节　水资源 / 042

一、水资源状况 / 042

二、用水状况 / 043

三、水土流失 / 045

第五节　能源与矿产资源 / 046

一、矿产资源储量 / 046

二、清洁能源资源潜力 / 047

三、矿产品生产与消费 / 049

四、矿产品贸易 / 052

第六节　历史文化 / 053

一、文化遗产数量 / 053

二、文化遗产空间分布 / 057

第七节　自然灾害 / 060

一、自然灾害总体特征 / 060

二、地质灾害 / 063

三、洪涝灾害 / 064

四、海洋灾害 / 065

五、气候变化的影响 / 066

第三章　国土空间格局 069

第一节　战略布局 / 070

一、重大战略区域 / 070
二、城市群 / 085
三、都市圈 / 089

第二节　农业空间 / 097

一、总体状况 / 097
二、农业种植情况 / 099

第三节　生态空间 / 101

一、生态用地 / 101
二、植被与碳汇 / 102
三、湖泊水面 / 109
四、冰川 / 110

第四节　城镇空间 / 112

一、城镇化范围 / 112
二、城镇用地 / 114
三、42 个国批城市城镇用地内部结构 / 115

第五节　海洋空间 / 121

一、海洋生态 / 121
二、海域利用 / 123
三、海岛利用 / 124
四、海洋经济 / 124

第六节　空间联结网络 / 125

一、交通和物流 / 125
二、能源用地 / 132
三、水利设施用地 / 132
四、人口联系强度 / 133
五、货运与投资 / 135

第七节　生产力布局 / 141

一、经济发展和产业布局 / 141
二、第一产业布局 / 146
三、第二产业布局 / 150
四、第三产业布局 / 159

第四章　国土空间效率 167

第一节　城镇发展 / 168

一、城镇化率增长速度 / 168
二、城市更新建设强度 / 174
三、城镇用地效率 / 174

第二节　现代产业 / 179

一、产业用地空间布局 / 179
二、重点产业用地 / 180

第三节　乡村振兴 / 187

一、乡村人口 / 187
二、村庄用地 / 187
三、乡村经济 / 189

第四节　用地节约集约 / 190

一、人均建设用地 / 190
二、单位 GDP 建设用地使用面积下降率 / 191

第五节　国有建设用地出让价款 / 192

一、国有建设用地出让价款总体情况 / 192
二、国有建设用地出让价款变化情况 / 194

第五章 国土空间品质 195

第一节 居住 / 196

一、城镇居住用地 / 196
二、村庄居住用地 / 196

第二节 出行 / 197

第三节 公共空间与公共服务 / 199

一、公共管理与公共服务 / 199
二、教育 / 199
三、医疗养老 / 202
四、文化活动 / 206
五、体育活动 / 208
六、绿地与开敞空间 / 210
七、博物馆 / 210

第四节 社区生活圈 / 213

一、公共服务设施覆盖率总体情况 / 213
二、各类设施覆盖率分项情况 / 214
三、各类设施覆盖率变化情况 / 220

第一章

总　览

第一节 国土空间发展状况

一、自然环境、人口发展趋势与变化特征

（一）地形复杂多样，资源与环境状况向好

1. 地形地貌复杂，适宜人类活动的区域较少

我国地形地貌复杂多样，山地、高原和丘陵约占陆地面积的 67%，盆地和平原约占陆地面积的 33%，地势西高东低，呈三级阶梯状。第一级阶梯以青藏高原为主，主要为海拔 3000 米以上的高原高山，气候寒冷，多年冻土和冰川广布；第二级阶梯以西北山地盆地、西南岩溶石山、内蒙古高原、黄土高原为主，山地起伏大；第三级阶梯以东北平原、黄淮海—长三角平原和华南低山丘陵为主，主要为平原和丘陵。因此，适宜人类活动的区域主要在第三级阶梯和部分第二级阶梯。

2. 水资源总量有所减少，水质稳中向好

2023 年，全国平均年降水量为 642.8 毫米，与多年平均值基本持平。水资源总量有所减少，降水量和水资源量从东南沿海向西北内陆递减，呈现出南多北少的格局。2020 年以来，全国水资源量持续减少。2023 年，全国水资源总量为 25782.5 亿立方米，比多年平均值少 6.6%。北方地区水资源量约占全国的 19%，南方地区约占 81%。

水质量状况稳中向好。2023 年，全国地表水Ⅰ～Ⅲ类水质断面比例为 89.4%，较 2020 年上升 6.0 个百分点；劣Ⅴ类水质断面比例为 0.7%，较 2020 年上升 0.1 个百分点。全国地下水环境质量考核点位Ⅰ～Ⅳ类水质点位占比为 77.8%，较 2020 年下降 1.6 个百分点；Ⅴ类占 22.2%，较 2020 年上升 1.6 个百分点。近岸海域优良水质（一、二类）面积比例为 85.0%，较 2020 年上升 7.6 个百分点。

我国冰川面积总体处于缩减趋势，西北 4 省（区）湖泊数量及水面面积

均呈明显上升趋势。其中，2020—2023年，冰川面积净减少1543平方千米。1972年西北4省（区）湖泊数量为374个，2021年增至399个，与1972年相比增加了25个。自1995年开始，西北4省（区）湖泊水面面积呈增大趋势，2019年达21740.70平方千米，为近50年最大值。

地下水降落漏斗面积呈减少趋势。2022年，全国地下水降落漏斗面积在50平方千米以上的共有37个，总面积为4.73万平方千米；与2021年低水位期相比，全国地下水降落漏斗总面积合计减少1.32万平方千米。

3. 生态环境稳中向好，发展基础不够稳固

生态状况整体向好。自2010年以来，生物多样性服务功能、陆地生态系统土壤保持服务功能和防风固沙服务功能呈增长态势，陆地生态系统水源涵养服务功能呈下降态势。生物多样性服务功能高值区主要分布在广东、海南以及云南南部等地区，低值区主要分布在中国西北与西南地区；陆地生态系统水源涵养服务功能高值区主要分布在海南、西藏东南部等地区，低值区主要分布在内蒙古、新疆等大部分地区；陆地生态系统土壤保持服务功能高值区主要分布在四川盆地西部、陕西、广东、广西等地区，低值区主要分布在我国东部、华北平原等地区；陆地生态系统防风固沙服务功能高值区主要分布在塔里木盆地东部、内蒙古中西部与西藏中部等地区，低值区主要分布在黄土高原地区。

植被覆盖度不断提高。2010—2020年，归一化植被指数（Normalized Difference Vegetation Index，NDVI）年度平均最大值呈波动上升趋势，最小值为2010年的0.5130，最大值为2020年的0.5357。2021—2023年，全国植被覆盖状况相对稳定。

碳汇功能有所增强。2023年，净生态系统生产力（Net Ecosystem Productivity，NEP）的空间分布呈现东北地区和部分南方省份高，中部、东部地区和南部部分地区低的空间格局，整体的NEP分布范围为−870~845克碳/（平方米·年），碳汇区域主要分布在云南、广东、黑龙江、吉林、辽宁等省份。2020—2022年，陆地生态系统NEP在南部和东北地区呈增长趋势，在长江流域、贵州等地区呈降低趋势。

全国红树林地面积持续上升，红树林生态保护修复成效显著。2020—2023 年，全国红树林地面积增加 3164 公顷，增幅达 11.7%。

我国生态环境先天脆弱，水土流失面积大，国土抗灾能力不够强，气候变化引发的自然灾害频发，生态环境稳中向好的基础不够稳固。

4. 主要能源与矿产资源储量总体增长，优势矿产资源居全球重要地位

我国主要能源和矿产资源储量总体增长，煤炭和钨等矿产品产量多年保持全球第一。近年来，我国持续加强基础地质调查和矿产资源勘探，实现了主要能源和矿产资源储量的增长和产量的提高。

（二）人口总量达峰，人口、经济空间分异较为明显

1. 人口总量与人口变化

2023 年，我国总人口为 14.1 亿，人口总量在 2021 年达峰后有所下降，空间上仍然呈现“东密西疏”的格局。以胡焕庸线为界，西北半壁与东南半壁的人口比例为 6.5 ∶ 93.5。2023 年，全国常住人口密度为 147 人 / 平方千米，地区间差异巨大。2022 年，深圳市常住人口密度为 8855 人 / 平方千米，而阿里地区仅为 0.36 人 / 平方千米（见图 1–1）。劳动力人口大幅减少，人口老龄化进程加快。2013 年，15~64 岁劳动力人口达到 10.1 亿，之后持续减少至 2022 年的 9.6 亿。65 岁以上老龄人口占比不断升高，2022 年达 14.86%，是 2000 年占比的 2.1 倍。2010—2020 年，有 247 个地级行政区劳动力人口减少，主要分布在东中部、东北和河西走廊等地区。78.3% 的地区 60 岁以上人口占比超过 15%，广泛分布在东中部、东北和河西走廊等地区。

人口变化呈现增长与收缩并存的格局，且收缩范围进一步扩大。2022 年，我国 21 个超大、特大城市[①]常住人口占全国的比重为 21%，该比重在 2000—2010 年提高了 2.1 个百分点，在 2011—2022 年提高了 3.4 个百分点。省会城市人口集聚能力全面增强。2000—2022 年，我国 27 个省会城市人口占本省的比重全面、持续提升，尤其是安徽、广西、海南、四川、宁夏等省区，增

① 21 个超大、特大城市包括北京、天津、沈阳、大连、哈尔滨、上海、南京、杭州、济南、青岛、郑州、武汉、长沙、广州、深圳、佛山、东莞、重庆、成都、昆明和西安。

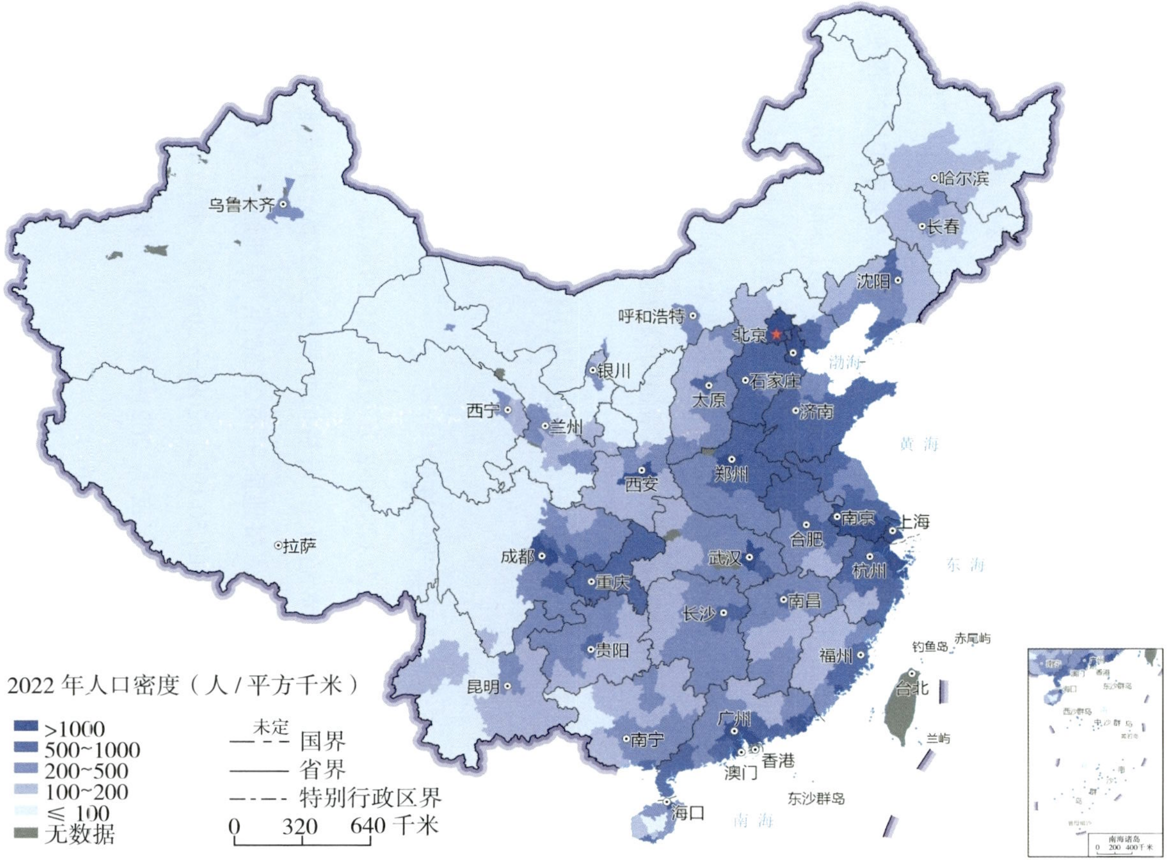

图 1-1 2022 年全国地级行政区人口密度分布

幅接近或超过2倍。与此同时，人口收缩城市数量迅速增加。2000—2010年，有89个地级行政区出现人口收缩，而2011—2022年增至150个，常住人口减少空间上表现为“一线、一带和一区”的分布格局，即胡焕庸线沿线、东西走廊和东北地区（见图1-2）。人口收缩城市以中小城市为主，并呈现城乡分异的特征，大部分为城增乡减型。

2. 经济空间分布

经济空间分布具有显著的空间集聚性与分异性。2023年，我国地区生产总值达126.06万亿元。高国内生产总值（GDP）城市主要分布在沿海区域，珠三角、长三角、京津冀、环渤海、成渝地区成为主力军。关中地区的西安、长江中游的武汉一枝独秀。西部和西北地区经济总量明显低于中东部地区，且南北发展不均衡。东北地区仅有哈尔滨、沈阳、大连经济总量保持高值集聚，其余地区经济规模占比相对较低。从GDP增速来看，榆林、鄂尔多斯、包头等GDP增速位于第一梯队，其余区域增幅则较为稳定。

（三）建设用地面积持续增加，耕地面积由减转增，生态用地面积由增转减

1. 耕地面积连续下降后实现三连增

2023年，全国耕地面积为12860.88万公顷（19.29亿亩），其中，水田面积为3118.52万公顷（4.68亿亩），占耕地面积的24.25%；水浇地面积为3287.36万公顷（4.93亿亩），占耕地面积的25.56%；旱地面积为6455.00万公顷（9.68亿亩），占耕地面积的50.19%。2009—2020年，耕地呈减少趋势，累计减少了794.79万公顷（1.19亿亩）。2021—2023年，耕地面积逐年增加，累计增加了117.21万公顷（1758.15万亩）。

2. 生态用地面积持续增加后转为减少趋势

2023年，全国林草湿地和陆地水域等生态用地面积为60583.21万公顷，其中林地28369.57万公顷、草地26321.57万公顷、湿地2351.98万公顷、陆地水域3540.08万公顷。2009—2020年，生态用地呈增加趋势，累计增加2055.82万公顷。2021—2023年，生态用地面积逐年减少，累计减少163.45万公顷。

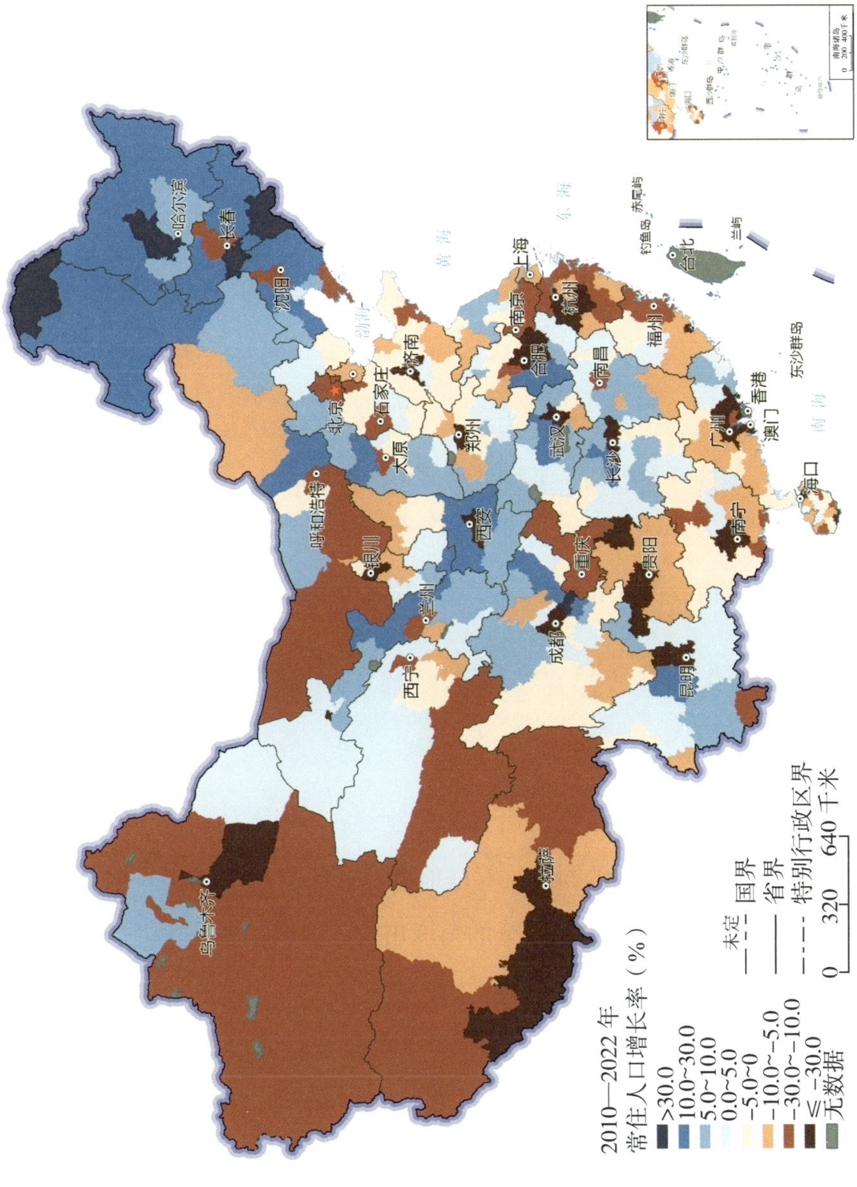

图1-2 2010—2022年全国常住人口增长率

3. 建设用地面积持续增加

2023 年，全国国有建设用地面积为 4228.88 万公顷，其中，城镇村及工矿用地 3610.37 万公顷、交通运输用地 532.12 万公顷、水工建筑用地 86.39 万公顷。2009—2023 年，建设用地面积增加了 1072.23 万公顷。其中，2009—2020 年增加了 979.12 万公顷，2021—2023 年增加了 93.10 万公顷。

二、国土空间开发利用格局演变

（一）新中国成立之前：基于自然地理基础的“一”字形国土开发利用格局

新中国成立之前，我国生产力水平十分低下，经济基础非常薄弱，生产力分布畸形，地区分布极端不平衡，沿海地区发展较快，内陆地区发展较慢。77% 以上的工业总产值集中在占国土面积不到 12% 的东部沿海地带，而广大内地，尤其是西南、西北等地区，处于与工业相脱离的落后状态。①

（二）“一五”至“五五”前期：基于均衡发展战略的沿海和内地平衡开发利用格局

新中国成立之后，为了改变沿海与内地发展不平衡的状况，党中央在有计划按比例发展国民经济的同时，对内地进行重点建设。“一五”时期，从生产布局的客观要求和我国国防安全的角度出发，强调把经济建设的重点放在内地，“一五”时期确定的 694 个大中型建设项目中，内地约占 68%，沿海约为 32%，沿海地区生产总值所占比重从 1953 年的 53.29% 降至“一五”时期结束（1957 年）时的 52%。“三五”至“五五”前期，提出以“三线”建设为重点，实施均衡发展战略，重点加强西南地区建设。“三五”时期，累计向“三线”地区投资 482.43 亿元，占基本建设投资总额的 52.7%；整个内地建设投资为 611.15 亿元，占全部基本建设投资总额的 66.8%；沿海投资为 282.91 亿

① 陈栋生．区域经济学［M］．郑州：河南人民出版社，1993：284-285，293-294.

元，占比为 30.9%。[①] 这一时期，我国区域发展格局受平衡发展战略影响和支配，追求区域平衡发展目标，过度强调区域的平衡布局和发展。

（三）改革开放之后至 21 世纪初：基于“梯度推移理论”的东部、中部、西部梯度开发利用格局

20 世纪 70 年代末至 80 年代初，梯度推移理论被引入我国生产力总体布局与区域经济研究，被用来探讨开拓重点空间的转移和调整空间结构的途径。我国东部、中部、西部三大地带划分的理论以梯度推移理论为基础。

“六五”时期，开始实施沿海地区发展战略，重点发展经济特区和沿海开放城市，通过沿海地区的发展带动内地发展。[②]“七五”时期，国家明确将全国划分为东部、中部、西部三大地带，明确了先东部、后中部、再西部的发展顺序；之后进一步提出，“要加速东部沿海地带的发展，同时把能源、原材料建设的重点放到西部，并积极做好进一步开发西部地带的准备”，由此形成了东部地区普遍高于中部地区、中部地区又普遍高于西部地区的东部、中部、西部的梯度变化格局，在此背景下，中央提出让一部分人、一部分地区先富起来，通过先富带动后富，最终实现共同富裕。[③]

（四）21 世纪初至党的十八大：基于“点—轴”理论的“T”形国土开发利用格局

基于当时我国的具体国情和城市的空间分布形态，20 世纪 80 年代中期，国内学者陆大道提出国土规划的“点—轴”系统理论模型以及中国国土开发的“T”形国土开发利用格局战略（见图 1–3）。2000 年前后，我国形成了以东部沿海地带与横贯东西的长江为主要发展轴线、以沿线重点城市为中心城市的“T”形国土开发利用格局。

---

① 孙久文，年猛．中国国土开发空间格局的演变研究［J］．南京社会科学，2011（11）：8–14.

② 陆大道．中国区域发展的理论与实践［M］．北京：科学出版社，2003.

③ 东部地区包括北京、天津、河北、辽宁、上海、江苏、浙江、福建、山东、广东、海南 11 个省（市）；中部地区包括山西、内蒙古、吉林、黑龙江、安徽、江西、河南、湖北、湖南、广西 10 个省（区）；西部地区包括四川、贵州、云南、西藏、陕西、甘肃、青海、宁夏、新疆 9 个省（区）。

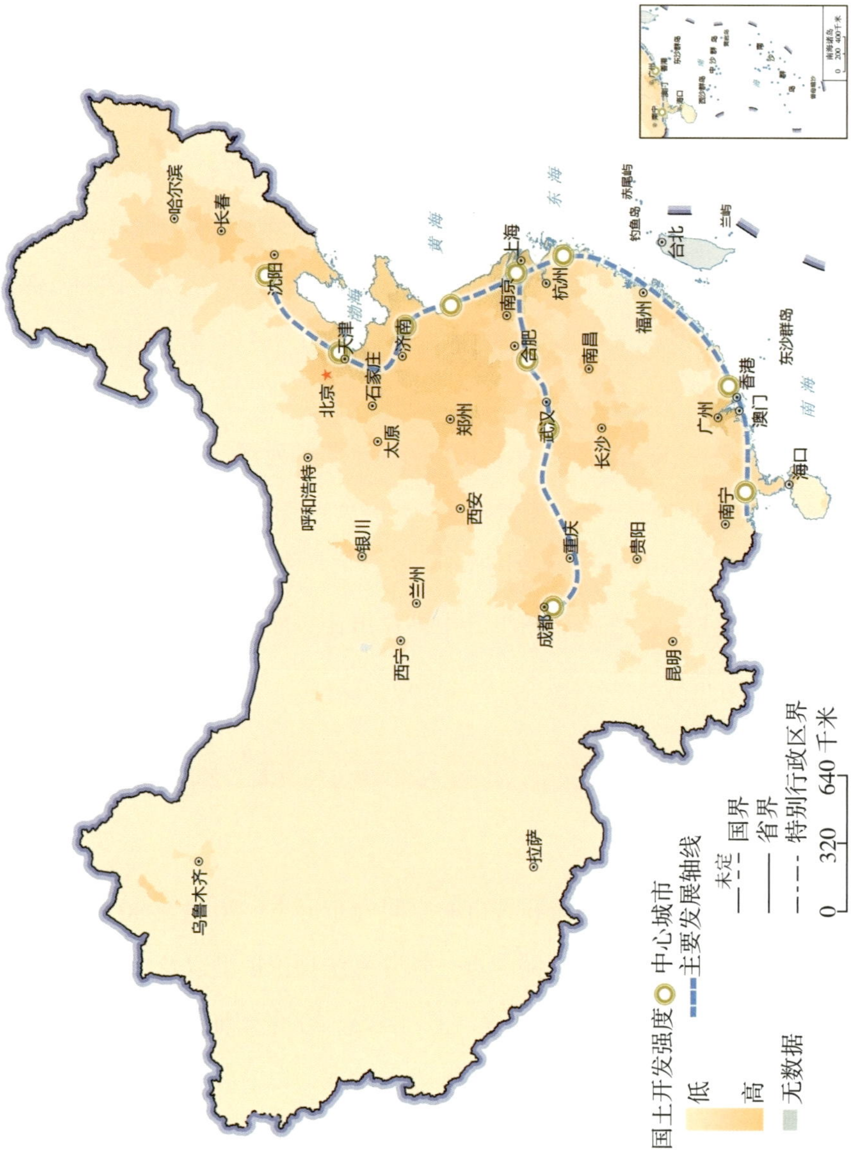

图1-3 我国“T”字形国土开发利用格局

（五）党的十八大以来：基于区域协调发展战略的“多中心、网络化”国土开发利用格局

党的十八大以来，区域协调发展进一步受到重视。党的十九大报告首次明确提出要坚定实施区域协调发展战略。在主体功能区战略、区域重大战略、区域协调发展战略、新型城镇化战略和乡村振兴战略等国家战略和时代大背景下，我国国土开发利用格局进一步优化，“两横三纵”城镇化战略格局已经基本形成（见图 1-4）。以京津冀、长三角、粤港澳大湾区、成渝地区以及长江中游五大核心城市群为战略增长极，以北部湾城市群、中原城市群、山东半岛城市群等 14 个城市群为主要增长节点，以陆桥通道、长江经济带、沿海、京哈、京广等为主要轴带，大中小城市和小城镇协同发展的多中心、网络化、开放式的区域开发格局逐渐明晰。

图 1-4　我国“两横三纵”城镇化开发格局

第二节 主要监测指标

一、核心指标

（一）耕地面积

2023 年，全国耕地面积为 12860.88 万公顷（19.29 亿亩），较 2020 年增长了 117.21 万公顷（1758.15 万亩），连续 3 年实现耕地面积增加。其中，水田、水浇地、旱地面积分别为 3118.52 万公顷（4.68 亿亩）、3287.36 万公顷（4.93 亿亩）、6455.00 万公顷（9.68 亿亩）；与 2020 年相比，水浇地和旱地面积分别增加了 80.81 万公顷（1212.15 万亩）、46.26 万公顷（693.90 万亩），水田面积减少了 9.86 万公顷（147.90 万亩），但减少幅度在降低。

（二）永久基本农田面积

截至 2023 年，全国划定永久基本农田 1.03 亿公顷（15.46 亿亩），永久基本农田主要分布在东北、华东、华北、华南等地区。

（三）生态保护红线面积

截至 2023 年，全国划定生态保护红线面积约 319 万平方千米，其中陆域生态保护红线面积约 304 万平方千米，占陆域国土面积的比例超过 30%，海洋生态保护红线面积约 15 万平方千米。

（四）大陆自然岸线保有率

根据 2023 年新修测岸线数据，我国大陆自然岸线占比大于 35%，严守住了大陆自然岸线保有率底线要求。

（五）林地面积

2023年，全国林地面积为28369.57万公顷，较2020年减少了38.50万公顷。林地以乔木林地为主，乔木林地占所有林地的69%，其中超半数分布在我国西部地区；其次是灌木林地，占比约为21%，其中约86%分布在西部地区。

（六）草地面积

2023年，全国草地面积为26321.57万公顷，较2020年减少了116.35万公顷。草地以天然牧草地为主，约占草地总面积的81%，且大部分分布在我国西部地区；人工牧草地面积较小，仅占草地总面积的0.2%，主要分布在新疆和内蒙古。

（七）湿地面积

2023年，全国湿地面积为2351.98万公顷，较2020年减少了12.69万公顷。湿地约有74%分布在我国西部地区，以沼泽草地和内陆滩涂为主，其分别占湿地面积的47%和25%。

（八）国土开发强度

2023年，全国国土开发强度为4.41%，较2020年增长了0.10个百分点。

（九）新增建设用地面积

2023年，全国新增建设用地面积为28.97万公顷。2021—2023年，累计新增建设用地93.10万公顷。

（十）单位国内生产总值建设用地使用面积下降率

2021—2023年，全国单位国内生产总值建设用地使用面积下降率为12.7%。

二、其他重要指标

（一）城镇开发边界面积

2023 年，全国在城镇开发边界内批准建设用地为 19.24 万公顷（288.61 万亩），建设用地供应面积为 29.51 万公顷（442.69 万亩）。

（二）水资源量

2023 年，全国水资源总量为 25782.5 亿立方米，其中地表水资源量为 24633.5 亿立方米，地下水资源量为 7807.1 亿立方米，地下水与地表水资源不重复量为 1149.0 亿立方米。2023 年，全国人均水资源量为 1756.6 立方米。2020—2023 年，全国水资源量和人均水资源量都有所减少，分别减少了 5822.7 亿立方米和 483.2 立方米。

（三）水质

2023 年，全国地表水Ⅰ～Ⅲ类水质断面比例为 89.4%，较 2020 年上升 6.0 个百分点；劣Ⅴ类水质断面比例为 0.7%，较 2020 年上升 0.1 个百分点。2023 年，近岸海域优良水质（一、二类）面积比例为 85.0%，较 2020 年上升 7.6 个百分点。

（四）能源与矿产资源

2023 年，我国主要能源矿产剩余探明技术可采储量有所增长，多种金属矿产资源量增长明显。除煤炭和萤石外，我国 2023 年度重要矿产品的外采度普遍偏高，均超过 40%，但 2020—2023 年，多种矿产品外采度下降明显。

（五）文化遗产数量

截至 2023 年，全国共有 766722 个不可移动文物、5058 家全国重点文物保护单位、57 处世界遗产、142 座国家历史文化名城、799 个中国历史文化名镇名村。与 2020 年相比，世界遗产增加 2 处，国家历史文化名城增加 7 座。

（六）自然灾害受灾情况

2023 年，各种自然灾害共造成约 0.95 亿人次不同程度受灾，较 2020 年减少 0.43 亿人。2023 年，全国共登记地质灾害隐患点 27.46 万处，与 2020 年相比，地质灾害隐患点数量减少 5.41 万处。2023 年，全年地质灾害数量为 3668 起，较 2020 年减少 4172 起；全年洪涝灾害共造成 5278.9 万人次不同程度受灾，较 2020 年减少 2582.6 万人次；全国共发生致灾性海洋灾害 13 次，共造成直接经济损失 25.1 亿元，为 2020 年的 3 倍。

（七）农业空间面积

2023 年，全国农业空间面积为 17094.79 万公顷，较 2020 年增加了 24.37 万公顷。粮食种植面积为 11833.33 万公顷（17.75 亿亩），较 2020 年减少 346.67 万公顷（0.52 亿亩）。

（八）生态空间面积

2023 年，全国林草湿地和陆地水域等生态用地面积为 60583.21 万公顷，较 2020 年减少 163.45 万公顷。

（九）城镇空间面积

2023 年，全国城镇用地面积为 1142.12 万公顷，较 2020 年增加了 75.60 万公顷。

（十）海洋空间面积

2023 年，全国共批准用海总面积 20.90 万公顷，同比增长 7.4%，较 2020 年减少 6.9%。“十三五”时期以来，沿海城市实施 175 个海洋生态保护修复项目，共整治修复海岸线 1680 千米、滨海湿地 5 万多公顷。2023 年，新实施 16 个海洋生态保护修复项目，预计整治修复海岸线 125 千米、滨海湿地 1.30 万公顷。

（十一）空间联结网络

2023 年，全国交通运输用地面积为 1042.91 万公顷，较 2020 年增加了 67.30 万公顷。路网密度持续增长，2020—2023 年，42 个国批城市[①]公路网密度由 0.608 千米 / 平方千米增加到 0.635 千米 / 平方千米，铁路网密度由 0.048 千米 / 平方千米增加到 0.053 千米 / 平方千米。2023 年，全国完成货运量 557.06 亿吨，较 2020 年增长 84.48 亿吨。

（十二）城镇用地效率

2023 年，全国人均城镇用地面积为 122.46 平方米，全国单位城镇用地二、三产业增加值为 1025.13 万元 / 公顷，较 2020 年分别增加了 4.25 平方米和 147.95 万元 / 公顷。

（十三）产业用地效率

2023 年，全国工矿仓储用地供应面积为 17.46 万公顷，较 2020 年增加了 0.82 万公顷。2023 年，全国单位工业用地增加值为 918.68 万元 / 公顷，较 2020 年增加了 165.92 万元 / 公顷。

（十四）乡村用地效率

2023 年，全国人均村庄用地面积为 448.51 平方米，较 2020 年增加了 19.73 平方米。2023 年，全国农垦生产总值为 6557.89 亿元，较 2020 年减少了 1721.90 亿元。

（十五）人均建设用地面积

2023 年，全国人均建设用地面积为 299.99 平方米，较 2020 年增加了 7.11 平方米。

---

① 全国现有 44 个国批城市及地区，《报告》仅列出 42 个国批城市，不包括雄安新区和三沙市。

（十六）国有建设用地出让价款

2023 年，全国国有建设用地出让总价款为 50669.76 亿元，较 2020 年降低了 36.99%。

（十七）居住用地面积

2023 年，全国城镇居住用地总面积为 416.50 万公顷，占城镇用地的 36.46%，较 2020 年增加了 15.85 万公顷。全国村庄居住用地总面积为 1250.45 万公顷，占村庄用地的 58.45%，较 2020 年减少了 18.38 万公顷。

（十八）通勤时间和人口

2023 年，105 个大型以上城市单程平均通勤时间为 34.5 分钟，45 分钟内通勤人口占比为 78.6%。

（十九）公共管理与公共服务用地面积及设施数量

2023 年，全国公共管理与公共服务用地总面积为 227.35 万公顷，较 2020 年增加了 19.24 万公顷。全国绿地与开敞空间用地总面积为 50.93 万公顷，较 2020 年增加了 5.92 万公顷。2023 年，296 个地级城市人均教育设施用地面积为 6.02 平方米，人均医疗卫生设施用地面积为 0.55 平方米，人均公共文化设施用地面积为 0.16 平方米，人均公共体育设施用地面积为 0.37 平方米。

（二十）社区生活圈覆盖率

2020—2023 年，36 个重点城市社区 15 分钟生活圈覆盖率从 7.31% 增至 7.72%。其中，社区卫生服务设施步行 15 分钟覆盖率从 86.32% 增至 90.18%，体育设施步行 15 分钟覆盖率从 82.49% 增至 85.90%，社区文化活动步行 15 分钟覆盖率从 66.82% 增至 67.67%，社区中学步行 15 分钟覆盖率从 60.46% 增至 65.35%，足球场步行 15 分钟覆盖率从 38.35% 增至 42.00%，而消防救援 5 分钟可达覆盖率、社区小学步行 10 分钟覆盖率、公园绿地广场步行 5 分钟覆盖率和社区养老设施步行 5 分钟覆盖率有所减少，分别从 76.18%、49.58%、49.02% 和 9.24% 降至 75.16%、42.36%、45.62% 和 7.89%。

国土空间开发保护重要指标情况见表 1–1。

表 1–1 国土空间开发保护重要指标情况[①]

类型	一级指标	二级指标	2020 年	2023 年
国土空间安全	耕地面积	△耕地面积（亿亩）	19.12	19.29
		水田面积（亿亩）	4.69	4.68
		水浇地面积（亿亩）	4.81	4.93
		旱地面积（亿亩）	9.61	9.68
	永久基本农田面积	△永久基本农田面积（亿亩）	15.46	15.46
	生态保护红线面积	△生态保护红线面积（万平方千米）	—	319
		陆域生态保护红线面积（万平方千米）	—	304
		海洋生态保护红线面积（万平方千米）	—	15
	大陆自然岸线保有率	△大陆自然岸线保有率（%）	35.00	＞ 35.00
	城镇开发边界面积	城镇开发边界内批地面积（万亩）	—	288.61
		城镇开发边界内供地面积（万亩）	—	442.69
	水资源量	水资源量（亿立方米）	31605.2	25782.50
		人均水资源量（立方米）	2239.8	1756.60
	水质	地表水Ⅰ ~ Ⅲ类水质断面比例（%）	83.4	89.4
		劣Ⅴ类水质断面比例（%）	0.6	0.7
		地下水环境质量考核点位Ⅰ ~ Ⅳ类水质点位占比（%）	79.4**	77.8
		地下水环境质量考核点位Ⅴ类水质点位占比（%）	20.6**	22.2
		近岸海域优良水质（一、二类）面积比例（%）	77.4	85.0
	能源与矿产资源	矿产资源储量	—	详见正文
		矿产资源外采度（%）	—	详见止文

① 核心指标以△标识。

续表

类型	一级指标	二级指标	2020 年	2023 年
国土空间安全	文化遗产数量	全国不可移动文物总数（个）	766722	766722
		全国重点文物保护单位（家）	5058	5058
		世界遗产数量（处）	55	57
		国家历史文化名城数量（座）	135	142
		中国历史文化名镇名村数量（个）	799	799
	自然灾害受灾情况	自然灾害受灾人数（亿人次）	1.38	0.95
		登记地质灾害隐患点数量（万处）	32.87	27.46
		地质灾害数量（起）	7840	3668
		洪涝灾害受灾人数（万人次）	7861.5	5278.9
		致灾性海洋灾害次数（次）	15	13
国土空间格局	农业空间面积	农业空间面积（万公顷）	17070.42	17094.79
		粮食种植面积（亿公顷）	1.22	1.18
		粮食产量（万吨）	66949	69541
	生态空间面积	生态用地面积（万公顷）	60746.66	60583.21
		△林地面积（万公顷）	28408.07	28369.57
		△草地面积（万公顷）	26437.92	26321.57
		△湿地面积（万公顷）	2364.67	2351.98
		陆地水域面积（万公顷）	3535.99	3540.08
	城镇空间面积	城镇化实体面积（万平方千米）	—	15.58*
		城镇用地面积（万公顷）	1066.52	1142.12
	海洋空间面积	批准用海面积（万公顷）	22.46	20.90
		整治修复海岸线长度（千米）	—	125
		整治修复滨海湿地面积（万公顷）	—	1.30
	空间联结网络	交通运输用地面积（万公顷）	975.61	1042.91
		42 个国批城市公路网密度（千米 / 平方千米）	0.608	0.635
		42 个国批城市铁路网密度（千米 / 平方千米）	0.048	0.053
		货运量（亿吨）	472.59	557.06
国土空间效率	城镇用地效率	人均城镇用地面积（平方米）	118.21	122.46
		单位城镇用地二、三产业增加值（万元 / 公顷）	877.18	1025.13

续表

类型	一级指标	二级指标	2020 年	2023 年
国土空间效率	产业用地效率	工矿仓储用地供应面积（万公顷）	16.64	17.46
		单位工业用地增加值（万元 / 公顷）	752.76	918.68
	乡村用地效率	人均村庄用地面积（平方米）	428.78	448.51
		农垦生产总值（亿元）	8279.79	6557.89
	建设用地节约集约	人均建设用地面积（平方米）	292.88	299.99
		△单位国内生产总值建设用地使用面积下降率（%）	—	12.7***
		△国土开发强度（%）	4.31	4.41
		△新增建设用地规模（万公顷）	46.13	28.97
	国有建设用地出让价款	国有建设用地出让总价款（亿元）	80409.56	50669.76
国土空间品质	居住用地面积	城镇居住用地面积（万公顷）	400.65	416.50
		村庄居住用地面积（万公顷）	1268.83	1250.45
	通勤时间和人口	105 个大型以上城市单程平均通勤时间（分钟）	—	34.5
		45 分钟内通勤人口占比（%）	—	78.6
	公共管理与公共服务用地面积及设施数量	公共管理与公共服务用地面积（万公顷）	208.11	227.35
		296 个地级城市人均教育设施用地面积（平方米）	—	6.02
		296 个地级城市人均医疗卫生设施用地面积（平方米）	—	0.55
		296 个地级城市人均公共文化设施用地面积（平方米）	—	0.16
		296 个地级城市人均公共体育设施用地面积（平方米）	—	0.37
		绿地与开敞空间用地面积（万公顷）	45.01	50.93
	社区生活圈覆盖率	社区 15 分钟生活圈覆盖率（%）	7.31	7.72
		社区卫生服务设施步行 15 分钟覆盖率（%）	86.32	90.18
		体育设施步行 15 分钟覆盖率（%）	82.49	85.90
		消防救援 5 分钟可达覆盖率（%）	76.18	75.16
		社区文化活动步行 15 分钟覆盖率（%）	66.82	67.67
		社区中学步行 15 分钟覆盖率（%）	60.46	65.35
		社区小学步行 10 分钟覆盖率（%）	49.58	42.36
		公园绿地广场步行 5 分钟覆盖率（%）	49.02	45.62
		足球场步行 15 分钟覆盖率（%）	38.35	42.00
		社区养老设施步行 5 分钟覆盖率（%）	9.24	7.89

注：标注 * 的为 2022 年数据；标注 ** 的为 2021 年数据；标注 *** 的为 2020—2023 年的单位国内生产总值建设用地使用面积下降率。

第三节 国内外对比分析

一、自然资源总量

（一）中国耕地面积长期稳居世界第 3 位

据世界银行数据，2021 年世界耕地总面积为 14.20 亿公顷，[①] 排名前 4 的国家分别为美国 1.58 亿公顷、印度 1.54 亿公顷、中国 1.28 亿公顷[②] 和俄罗斯 1.22 亿公顷，上述 4 国耕地面积超过 1 亿公顷，合计占世界耕地总面积的近 40.0%，中国耕地面积占世界耕地总面积的 9.1%。世界耕地面积占世界土地面积的比例为 10.8%，其中，印度、乌克兰等耕地面积占各国土地面积的比例超过 50.0%，英国、法国、德国、意大利、荷兰等国家耕地面积占比超过 20.0%。

（二）中国森林面积居世界第 5 位

据世界银行数据，2021 年世界森林总面积为 40.5 亿公顷，森林面积超过 1 亿公顷的国家有俄罗斯（8.2 亿公顷）、巴西（5.0 亿公顷）、加拿大（3.5 亿公顷）、美国（3.1 亿公顷）、中国（2.2 亿公顷）、[③] 澳大利亚（1.3 亿公顷）和刚果（金）(1.2 亿公顷），这 7 个国家集中了世界上超过 60.0% 的森林面积。中国森林面积占全球森林面积的 5.5%。2021 年，全球森林覆盖率平均为 31.2%，据不完全统计，有约 100 个国家的森林覆盖率超过世界平均水平，其中瑞典、日本、韩国等国家的森林覆盖率较高，在 60.0% 以上。2023 年，中国的森林覆盖率超过 25%。

---

① 世界耕地面积以世界人口与人均耕地面积的乘积计。
② 中国耕地面积数据来自国土调查成果共享应用服务平台。
③ 中国森林面积及森林覆盖率数据来自第九次全国森林资源清查数据。

（三）中国草地面积居世界第 1 位

据联合国粮食及农业组织数据，[①]2022 年，世界草地总面积为 18.1 亿公顷，草地面积超过 1 亿公顷的国家有 5 个，分别是中国 2.6 亿公顷[②]、美国 2.0 亿公顷、俄罗斯 1.6 亿公顷、加拿大 1.6 亿公顷、澳大利亚 1.4 亿公顷，这 5 个国家集中了世界约 51% 的草地面积。中国草地面积居世界第 1 位，约占全球草地总面积的 15%。

（四）中国可再生内陆淡水资源总量居世界第 5 位

据世界银行数据，2020 年世界可再生内陆淡水资源[③]总量为 42.8 万亿立方米，排名前 5 的国家分别是巴西 5.7 万亿立方米、俄罗斯 4.3 万亿立方米、加拿大 2.9 万亿立方米、美国 2.8 万亿立方米、中国 2.8 万亿立方米，这 5 个国家合计约占世界可再生内陆淡水资源总量的 43%。中国居世界第 5 位，占世界可再生内陆淡水资源总量的 6.6%。

世界主要资源情况见表 1–2。

表 1–2 世界主要资源情况

国家（地区）	耕地面积（2021 年）（万公顷）	森林面积（2021 年）（亿公顷）	森林覆盖率（2021 年）（%）	草地面积（2022 年）（亿公顷）	可再生内陆淡水资源总量（2020 年）（万亿立方米）
世界	142001.35	40.45	31.18	18.10	42.81
中国	12751.68	2.20	23.00	2.64	2.81
美国	15773.68	3.10	33.87	2.01	2.82
加拿大	3825.90	3.47	39.47	1.61	2.85
俄罗斯	12164.90	8.15	49.78	1.61	4.31
澳大利亚	3126.50	1.34	17.42	1.40	0.49
英国	600.98	0.03	13.22	0.11	0.15
法国	1795.66	0.17	31.66	0.11	0.20
德国	1165.80	0.11	32.68	0.07	0.11
日本	408.60	0.25	68.41	0.01	0.43

① 世界草地面积数据采用 CCI–LC 统计数据。
② 中国草地面积数据来自国土调查成果共享应用服务平台。
③ 可再生内陆淡水资源是指某国国内的可再生资源（内陆河流及降雨产生的地表水）。

续表

国家（地区）	耕地面积（2021 年）（万公顷）	森林面积（2021 年）（亿公顷）	森林覆盖率（2021 年）（%）	草地面积（2022 年）（亿公顷）	可再生内陆淡水资源总量（2020 年）（万亿立方米）
巴西	5825.28	4.95	59.27	0.69	5.66
印度	15444.79	0.72	24.36	0.25	1.45
南非	1200.00	0.17	14.03	0.24	0.04

注：世界草地面积采用 CCI-LC 统计数据。下同。

（五）中国国土开发强度低于世界主要国家

随着工业化和城镇化的快速发展，我国建设用地规模逐年扩大。2009—2023 年，中国国土开发强度从 3.7% 提高到 4.4%，仍低于荷兰、德国、韩国、日本、美国等国家。[①]

世界主要国家国土开发强度见图 1-5。

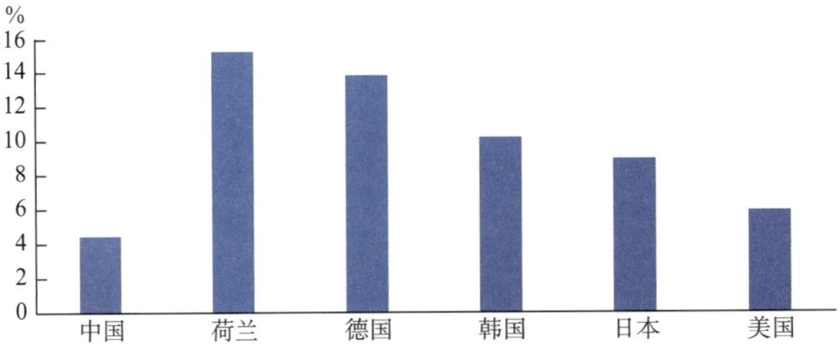

图 1-5　世界主要国家国土开发强度

（六）主要矿产资源储量处于世界前列

2023 年，中国钨、锡、锑、稀土、钛、石膏、膨润土、芒硝、萤石、菱镁矿、石墨等储量居世界首位，钼、铅、锌、锶、磷、石棉、滑石等矿产储量位居世界前列。中国煤炭以 2185.7 亿吨的储量居全球第 4 位；中国石油探

① 德国、日本、韩国和荷兰数据来源于统计部门网站，德国、日本为 2017 年数据，荷兰为 2015 年数据；美国数据来源于 2015 *National Resources Inventory*，调查对象为非国有土地（non-federal land），总面积为 19.44 亿英亩（约合 787 万平方千米），约占美国国土总面积（983 万平方千米）的 80%。

明储量为 38.51 亿吨，居全球第 13 位；中国天然气探明储量为 6.74 万亿立方米，居全球第 6 位。

二、人均自然资源量

（一）中国人均耕地面积约为世界平均水平的 1/2

据世界银行数据，2021 年，世界人均耕地面积为 0.18 公顷，排名前 3 的国家分别是哈萨克斯坦 1.56 公顷、澳大利亚 1.22 公顷、加拿大 1.00 公顷，其他产粮大国人均耕地面积分别为阿根廷 0.92 公顷、俄罗斯 0.85 公顷、乌克兰 0.75 公顷、美国 0.48 公顷、巴西 0.27 公顷、印度 0.11 公顷。中国耕地总量虽大，但人均耕地较少，仅为 0.09 公顷，约为世界平均水平的 1/2。

（二）中国人均森林面积约为世界平均水平的 1/3

据世界银行数据，2021 年，世界人均森林面积为 0.51 公顷，人均森林面积较高的主要国家有加拿大 9.07 公顷、俄罗斯 5.68 公顷、澳大利亚 5.22 公顷、蒙古国 4.23 公顷、芬兰 4.04 公顷、瑞典 2.69 公顷、巴西 2.31 公顷。中国人均森林面积为 0.16 公顷，约为世界平均水平的 1/3。

（三）中国人均草地面积约为世界平均水平的 4/5

据联合国粮食及农业组织数据，2022 年，世界人均草地面积为 0.23 公顷，人均草地面积较高的主要国家有蒙古国 9.94 公顷、冰岛 9.43 公顷、澳大利亚 5.40 公顷、哈萨克斯坦 4.39 公顷、加拿大 4.12 公顷，德国、日本及印度人均草地面积不足 0.1 公顷。中国人均草地面积为 0.19 公顷，约为世界平均水平的 4/5。

（四）中国人均可再生内陆淡水资源量约为世界平均水平的 1/3

据世界银行数据，2020 年，世界人均可再生内陆淡水资源量为 5499 立方米，有近50个国家的人均可再生内陆淡水资源量超过1万立方米。中国人均可再生内陆淡水资源量为1993立方米，约为世界平均水平的36%，远低于加拿大、俄罗斯、美国、澳大利亚、新西兰、芬兰等发达国家。

世界人均主要资源情况见表1–3。

表1–3 世界人均主要资源情况

国家（地区）	人均耕地面积（2021年）（公顷）	人均森林面积（2021年）（公顷）	人均草地面积（2022年）（公顷）	人均可再生内陆淡水资源量（2020年）（立方米）
世界	0.18	0.51	0.23	5499.28
中国	0.09	0.16	0.19	1993.41
美国	0.48	0.93	0.60	8500.06
加拿大	1.00	9.07	4.12	74943.52
俄罗斯	0.85	5.68	1.12	29687.74
澳大利亚	1.22	5.22	5.40	19181.85
英国	0.09	0.05	0.17	2161.56
法国	0.27	0.26	0.17	2959.84
德国	0.14	0.14	0.08	1286.66
日本	0.03	0.20	0.01	3405.64
韩国	0.03	0.12	0.01	1251.06
巴西	0.27	2.31	0.32	26552.99
印度	0.11	0.05	0.02	1035.53
南非	0.20	0.29	0.41	761.88

（五）中国人均建设用地面积处于世界中等水平

2023年，中国人均建设用地面积为300平方米。欧美发达国家人均建设用地面积普遍较高，德国、美国、荷兰人均建设用地面积分别为597平方米、569平方米和372平方米，日本（262平方米）、韩国（199平方米）则低于我国的人均水平。①

世界主要国家人均建设用地面积见图1–6。

① 德国、日本、韩国和荷兰数据来源于统计部门网站，德国、日本为2017年数据，美国、荷兰为2015年数据。因各国土地利用分类差异较大，多数国家（地区）无直接定义的建设用地类型，本表对照我国建设用地口径作了归并整合，然后进行对比分析。

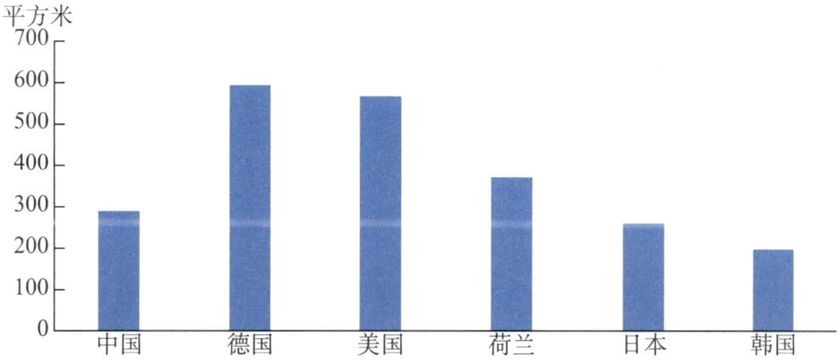

图 1-6 世界主要国家人均建设用地面积

（六）中国矿产资源人均探明储量处于世界中等水平

中国矿产资源人均探明储量占世界平均水平的 58%，居世界第 53 位。

第四节 主要进展

一、国土空间安全有效强化

（一）全面划定三条控制线

全面划定的耕地和永久基本农田、生态保护红线、城镇开发边界三条控制线，落实了最严格的耕地保护制度、生态环境保护制度和节约用地制度，将三条控制线确定为调整经济结构、规划产业发展、推进城镇化不可逾越的红线，夯实了中华民族永续发展的基础。截至 2023 年底，全国划定永久基本农田 1.03 亿公顷（15.46 亿亩）。2020—2023 年，耕地面积实现连续 3 年增加，增加了 117.2 万公顷（1758 万亩）。全国生态保护红线划定面积为 319 万平方千米，其中陆域生态保护红线为 304 万平方千米，占陆域国土面积的 30% 以上，海洋生态保护红线为 15 万平方千米。2023 年，严控占用自然岸线开发利用活动，中国生态恢复岸线长度约为 1412 千米，大陆自然岸线占比超过35%，严守住了大陆自然岸线保有率底线要求。相较于2020年，2023年红树林地面积增加了3164公顷。

（二）水资源和生态状况向好

我国水质状况稳中向好，2023年全国地表水Ⅰ～Ⅲ类水质断面比例为89.4%，较2020年上升6.0个百分点；劣Ⅴ类水质断面比例为0.7%，较2020年上升0.1个百分点。海洋生态质量持续提升，2023年近岸海域优良水质（一、二类）面积比例为85.0%，较2020年上升7.6个百分点，其中，夏季符合第一类海水水质标准的海域面积占管辖海域面积的97.9%。

（三）能源与矿产资源安全得到加强

2020—2023年，我国主要能源矿产剩余探明技术可采储量有所增长，多种金属矿产资源量增长明显。主要能源矿产中，煤炭储量增长34.7%，石油、天然气剩余探明技术可采储量分别增长6.4%和7.6%；主要金属矿产中，铅矿、锌矿、钼矿、锑矿储量增长比较明显；非金属矿产中，萤石、晶质石墨、重晶石储量增长比较明显。能源结构更合理，化石能源消费量占比下降，非化石能源消费量占比上升，由15.9%上升至17.9%，上升了2.0个百分点。水电装机容量为42154万千瓦，较2020年增长13.9%；核电装机容量为5691万千瓦，较2020年增长14.1%；风电装机容量为44134万千瓦，较2020年增长56.8%；太阳能发电装机容量为60949万千瓦，较2020年增长140.5%。

（四）自然灾害损失有所减少

2023年，我国各种自然灾害共造成9544.4万人次不同程度受灾，因灾死亡、失踪691人，与近5年均值相比，受灾人次和因灾死亡、失踪人数分别下降24.4%和2.8%。

二、国土空间格局持续优化

（一）重大战略区域协同发展水平提升

我国在空间、人口等多个维度均呈现出都市圈化特征，初步形成多中心、网络化、开放式、集约型城镇空间格局，区域间协同水平持续提升。

（二）农业、生态、城镇三大空间结构优化

我国粮食主产区耕地面积和粮食产量稳步增长。2023 年，13 个粮食主产省耕地面积较 2020 年增加 62.15 万公顷。“三区三线”划定后建设项目占用永久基本农田面积呈下降趋势，陆地生态系统碳汇在南部和东北地区呈增长趋势，土地城镇化快于人口城镇化的趋势有所扭转。

（三）空间联结网络持续优化

我国交通运输用地面积大幅增长，由 2020 年的 975.61 万公顷增加到 2023 年的 1042.91 万公顷。42 个国批城市总体公路网密度和铁路网密度均有所增加，2020—2023 年，公路网密度由 0.608 千米 / 平方千米增长到 0.635 千米 / 平方千米，铁路网密度由 0.048 千米 / 平方千米增长到 0.053 千米 / 平方千米。

（四）经济持续发展

2000—2023 年，我国国内生产总值从 10.03 万亿元增至 126.06 万亿元。第一产业增加值从 1.47 万亿元增至 8.98 万亿元，第二产业增加值从 4.57 万亿元迅猛增至 48.26 万亿元，第三产业增加值从 3.99 万亿元增至 68.82 万亿元。

三、国土空间效率不断提高

（一）建设用地利用效率提升

全国单位国内生产总值建设用地使用面积持续下降，2020—2023 年，全国单位国内生产总值建设用地使用面积下降率为 12.7%，年均下降 4.4%。2020—2023 年，人均城镇用地面积由 118.21 平方米增至 122.46 平方米，增加了 4.25 平方米。单位城镇用地二、三产业增加值显著增长，由 2020 年的 877.18 万元 / 公顷增至 2023 年的 1025.13 万元 / 公顷，增加了 147.95 万元 / 公顷。

（二）用水效率提升

2023 年，全国万元国内生产总值（当年价）用水量为 46.9 立方米，万元工业增加值（当年价）用水量为 24.3 立方米。与 2020 年相比，万元国内生产总值用水量和万元工业增加值用水量分别下降 13.5% 和 20.39%（按可比价计算）。

四、国土空间品质稳步提升

（一）全国城镇居住用地增加

2023 年，全国城镇居住用地总面积为 416.50 万公顷，占城镇建设用地的 36.46%，较 2020 年增加了 15.85 万公顷。

（二）公共服务水平提升

2023 年，全国公共服务用地总面积为 227.35 万公顷，较 2020 年增加了 19.24 万公顷，全国绿地与开敞空间用地总面积为 50.93 万公顷，较 2020 年增加了 5.92 万公顷。15 分钟生活圈覆盖率有所提升，2020—2023 年，36 个大城市社区 15 分钟生活圈覆盖率从 7.3% 增长到 7.7%，社区卫生服务设施步行 15 分钟覆盖率从 86.3% 增长到 90.2%，体育设施步行 15 分钟覆盖率从 82.5% 增长到 85.9%，社区文化活动步行 15 分钟覆盖率从 66.8% 增长到 67.7%，社区中学步行 15 分钟覆盖率从 60.5% 增长到 65.4%，足球场步行 15 分钟覆盖率从 38.4% 增长到 42.0%。我国公共服务水平得到提升。

第五节 小结

近年来，我国国土空间开发保护工作取得许多积极进展，国土空间安全得到有效强化，国土空间格局持续优化，国土空间效率不断提高，国土空间品质稳步提升，但不可忽视的是，国土空间开发保护工作还存在一些风险和挑战。一是全球气候变化造成海平面上升，冰川退缩，高温、强降雨等极端事件增多，自然灾害频发。二是人口持续向超大、特大城市和省会城市集聚的趋势没有得到有效改变。三是城镇无序扩张的趋势得到缓解，但国土空间品质仍待提高。

基于此，《报告》提出我国国土空间开发保护的政策建议：一是进一步完善灾害监测手段，提高灾害预报预警精准度和时效性，加强基层能力建设和人员培训，持续排查整治灾害隐患点和风险区，不断提升防范应对地质灾害、洪涝灾害和海洋灾害的能力。二是推进以人为本的新型城镇化，建立新增城镇建设用地指标与常住人口增加相协调的配置机制，促进人口与用地匹配，助力优势地区拥有更大发展空间。三是改革土地计划管理制度，分类精准保障用地指标，坚持“项目跟着规划走，要素跟着项目走”原则，对纳入重点保障范围的主导产业、重大项目用地，由国家统一配置新增建设用地计划指标，提高土地要素配置精准性和利用效率。四是优化医疗、教育、公共交通、体育设施、购物、公园绿地等基本公共服务布局，重点加强养老设施、足球场、公园绿地广场、社区小学等的用地供给，促进公共服务资源向基层延伸、向农村覆盖、向边远地区倾斜，提升国土空间品质。

第二章

国土空间安全

第一节 耕地和永久基本农田

一、耕地基本情况

（一）耕地面积连续 3 年增加

2023 年，全国耕地总面积为 12860.88 万公顷（19.29 亿亩），与 2009 年相比减少 5.0%，但与 2020 年相比增加了 0.9%，耕地实现了连续 3 年增加，耕地面积持续减少的势头得到有效遏制。其中，水田面积为 3118.52 万公顷（4.68 亿亩），占耕地总面积的 24.25%；水浇地面积为 3287.36 万公顷（4.93 亿亩），占耕地总面积的 25.56%；旱地面积为 6455.00 万公顷（9.68 亿亩），占耕地总面积的 50.19%。与 2020 年相比，水田减少了 9.86 万公顷（147.90 万亩），水浇地增加了 80.81 万公顷（1212.21 万亩），旱地增加了 46.26 万公顷（693.90 万亩）。

（二）我国耕地地区分布不平衡，空间集中的趋势明显

2023 年，黑龙江、内蒙古、河南、吉林、新疆、山东、河北和安徽的耕地面积居全国前列，这 8 个省份的耕地约占全国耕地面积的 1/2。其中，黑龙江为 1716.77 万公顷（25751.49 万亩）、内蒙古为 1161.74 万公顷（17426.09 万亩）、河南为 757.96 万公顷（11369.39 万亩）、吉林为 745.26 万公顷（11178.84 万亩）、新疆为 719.13 万公顷（10786.95 万亩）、山东为 653.93 万公顷（9808.94 万亩）、河北为 608.84 万公顷（9132.59 万亩）、安徽为 556.35 万公顷（8345.18 万亩）。耕地面积最少的省份依次是北京 13.07 万公顷（195.98 万亩）、上海 16.09 万公顷（241.41 万亩）、天津 33.67 万公顷（505.11 万亩）、西藏 44.53 万公顷（667.88 万亩）、海南 49.48 万公顷（742.17 万亩）、青海 57.00 万公顷（855.03 万亩）、福建 92.63 万公顷（1389.39 万亩）（见图 2–1）。

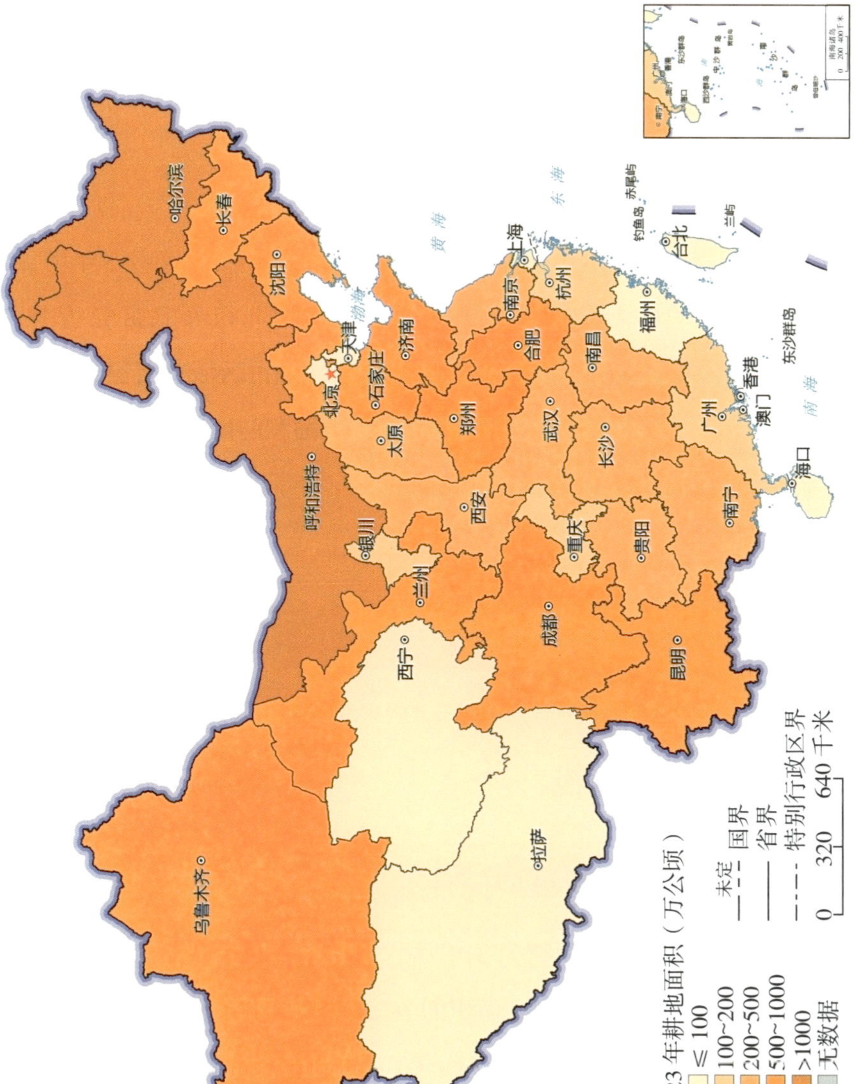

图 2-1 2023 年全国各省份耕地面积

2020—2023 年，全国耕地流出到其他地类 353.88 万公顷（5308.13 万亩）。其中，流向建设用地 82.24 万公顷（1233.61 万亩），占比 23.24%；流向林地、草地、湿地等生态用地 195.92 万公顷（2938.86 万亩），占比 55.37%；流向未利用地（田坎、盐碱地、沙地、裸土地等）14.91 万公顷（223.68 万亩），占比 4.21%。耕地整体面临着来自建设占用、生态退出、人为撂荒等多方面的风险，流向建设用地和流向生态用地的比例近 80%。

二、永久基本农田保护红线

截至 2023 年，全国划定永久基本农田 1.03 亿公顷（15.46 亿亩）。从区域分布来看，东北、华东、华中地区永久基本农田面积占区域总面积的比例超 25%，西北、西南地区永久基本农田面积占区域总面积的比例均不到 7%。

第二节 生态保护红线

一、陆域生态保护红线

（一）全国生态保护红线划定情况

全国生态保护红线划定面积为 319 万平方千米，其中，陆域生态保护红线为 304 万平方千米，占陆域国土面积的 30% 以上，海洋生态保护红线为 15 万平方千米。划定区域集中分布在青藏高原、天山山脉、内蒙古高原、大小兴安岭、秦岭、黄河流域、长江流域、海岸带等国家重要生态安全屏障区、生物多样性优先保护区和生态脆弱区（见图 2-2），涵盖了大部分天然林、草地、湿地等典型陆地自然生态系统以及红树林、珊瑚礁、海草床等典型海洋自然生态系统。

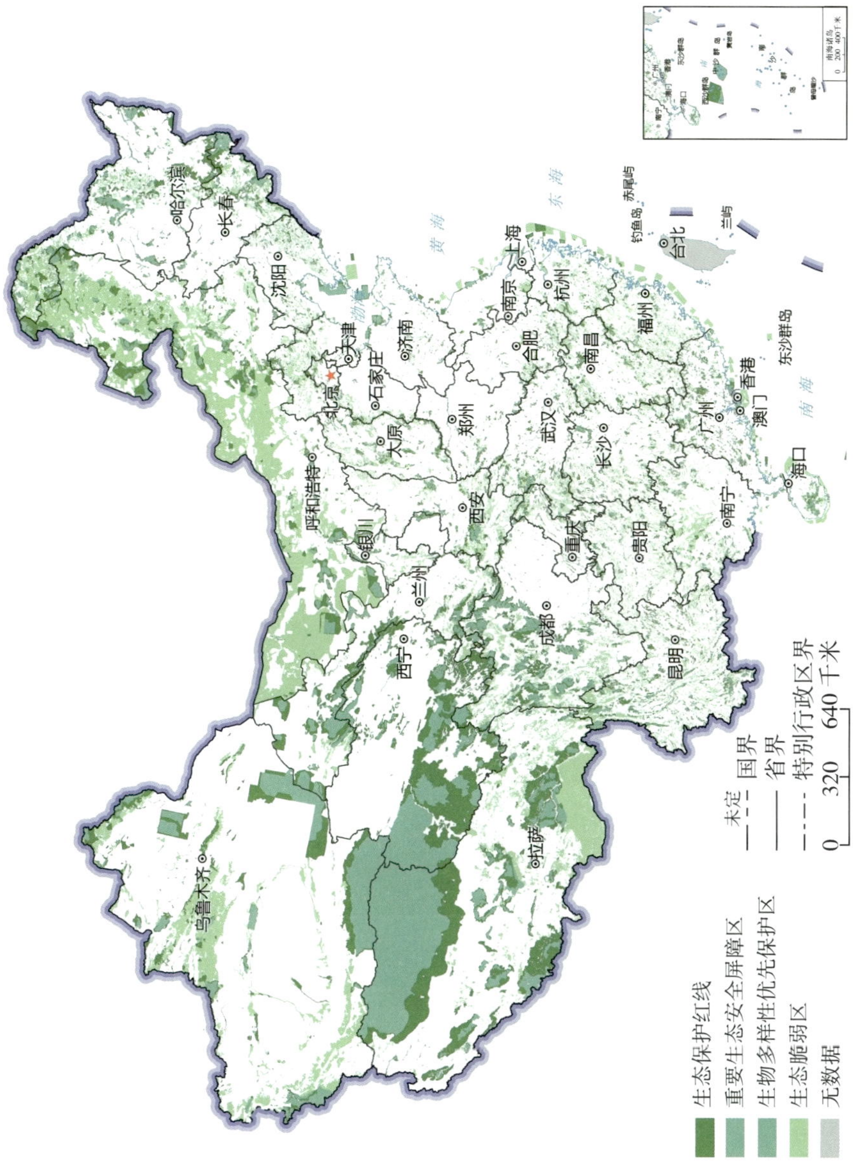

图 2-2 我国生态保护红线空间分区

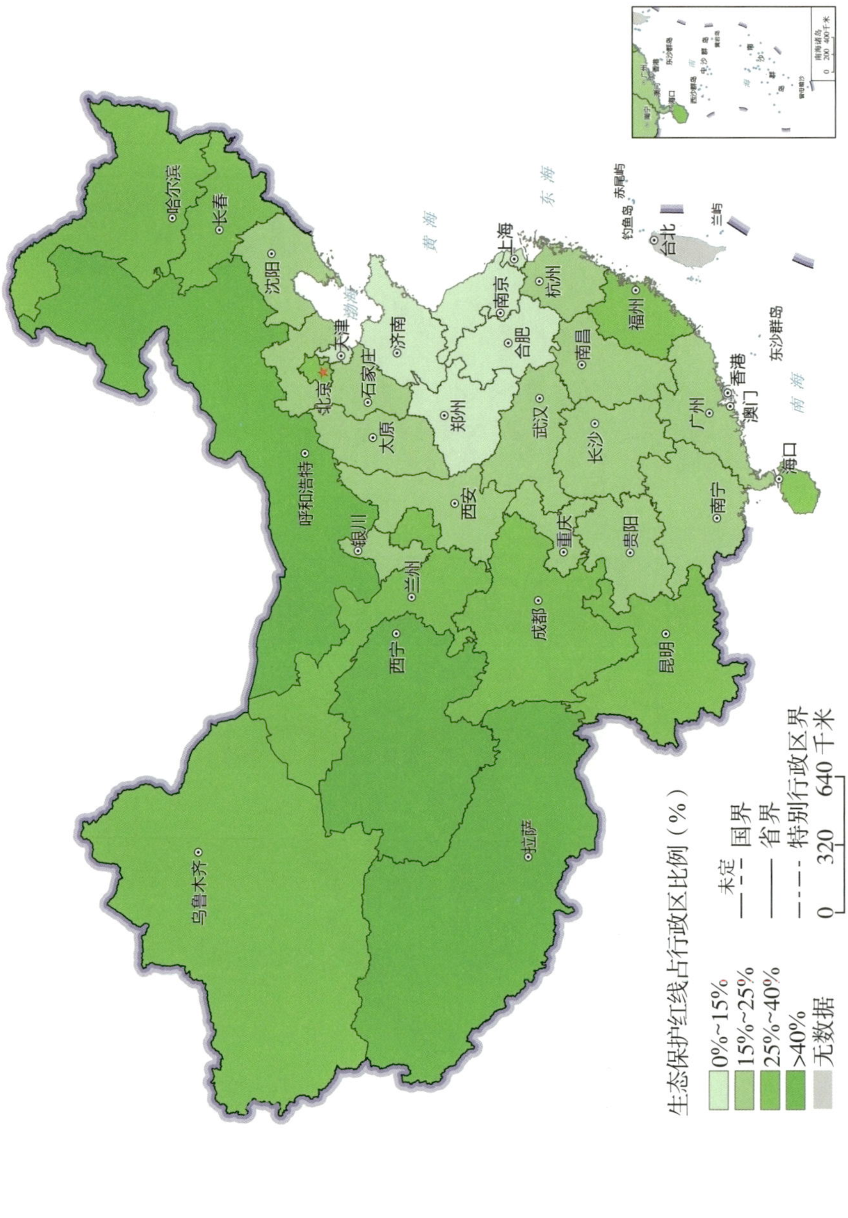

图 2-3 我国生态保护红线占行政区比例的空间分布

（二）陆域生态保护红线空间分布

西藏、内蒙古陆域生态保护红线面积较大，且占行政区总面积的 50% 以上。从各省陆域生态保护红线划定面积来看，排名前 5 的分别是西藏、内蒙古、新疆、青海、黑龙江，5 省（区）共占全国陆域生态保护红线的 67.12%。陆域生态保护红线在划定过程中不预设比例，内蒙古、西藏划定陆域生态保护红线面积占行政区总面积的 50% 以上，青海占 40% 以上，江苏、山东、河南 3 省占比不到 10%（见图 2–3）。

（三）陆域生态保护红线结构

划定后的陆域生态保护红线由 3 部分组成：一是整合优化后的自然保护地，面积不低于 180 万平方千米，约占陆域生态保护红线总面积的 56%；二是自然保护地外水源涵养、生物多样性维护、水土保持、防风固沙、海岸防护等生态功能极重要区域，以及水土流失、沙漠化、石漠化、海岸侵蚀等生态极脆弱区域共约 85 万平方千米，占陆域生态保护红线总面积的 28%；三是其他具有潜在重要生态价值的生态空间约 50 万平方千米，占陆域生态保护红线总面积的 16%。

（四）陆域生态保护红线内部土地利用结构

陆域生态保护红线中，林地、草地、陆地水域和湿地面积最大。根据 2023 年全国国土变更调查数据，划定的陆域生态保护红线中，林地占 37.9%，草地占 37.5%，湿地占 4.4%，水域及水利设施占 5.5%，以沙地、裸土地为主的其他土地占 13.3%。此外，耕地占 0.7%，园地占 0.3%，交通运输用地占 0.2%，城镇村及工矿用地占 0.1%。

二、海洋生态保护红线

（一）海洋生态保护红线管理

海洋生态保护红线包括近岸管理海域内生态保护红线和近岸管理海域外

生态保护红线两部分，总面积约 15 万平方千米。近岸管理海域内，海洋生态保护红线约 8.5 万平方千米，其中约 36% 为自然保护地，自然保护地外主要是海岸防护、生物多样性保护的重要生态功能区和海岸侵蚀、沙源流失的生态极脆弱区；近岸管理海域外，自然保护地面积约 6.6 万平方千米，全部纳入海洋生态保护红线。

（二）自然岸线保护格局继续强化

2023 年，我国继续有效落实自然岸线保有率制度，严控占用自然岸线开发利用活动。据 2023 年新修测岸线数据统计，我国严守住了 35% 的大陆自然岸线保有率底线要求。

第三节 城镇开发边界

一、城镇开发边界内建设用地批准和供应

2023 年，全国城镇开发边界内批准建设用地面积为 19.24 万公顷（288.61 万亩）。其中，城镇开发边界内批准建设用地面积最大的 5 个省份分别为山东 2.62 万公顷（39.23 万亩）、广东 1.83 万公顷（27.42 万亩）、四川 1.55 万公顷（23.18 万亩）、河南 1.24 万公顷（18.61 万亩）、安徽 1.18 万公顷（17.67 万亩）（见图 2–4）。

2023 年，全国城镇开发边界内建设用地供应面积为 29.51 万公顷（442.69 万亩）。其中，城镇开发边界内建设用地供应面积最大的 5 个省份分别为河北 2.43 万公顷（36.42 万亩）、山东 2.22 万公顷（33.24 万亩）、河南 2.13 万公顷（31.98 万亩）、四川 2.00 万公顷（30.00 万亩）、江苏 1.91 万公顷（28.69 万亩）（见图 2–5）。

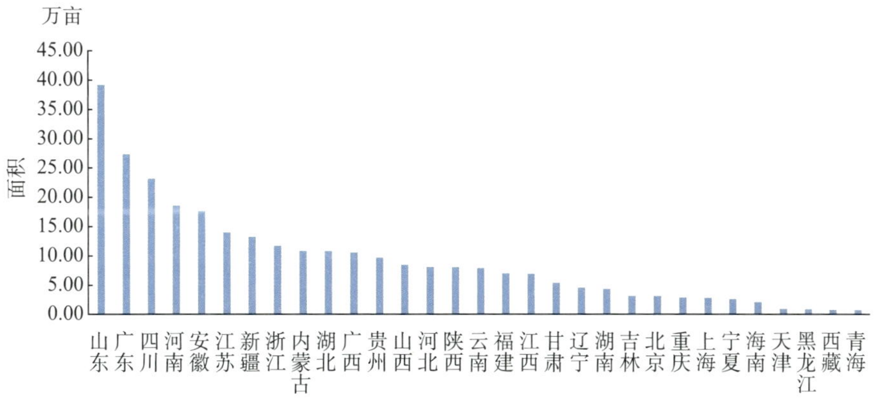

图 2-4　2023 年各省份城镇开发边界内批准建设用地面积情况

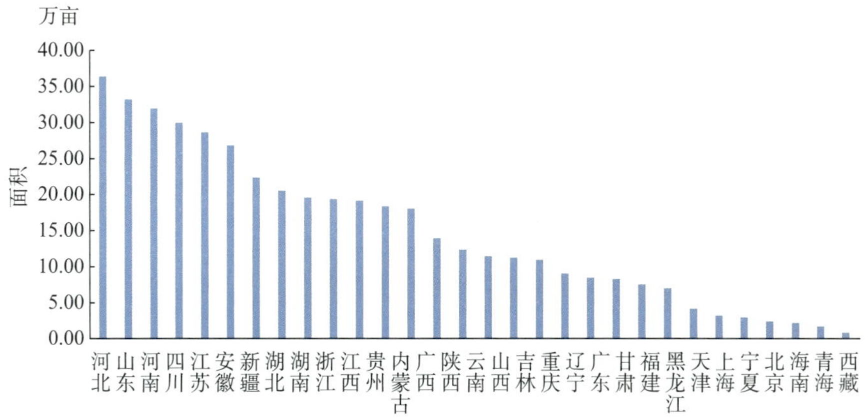

图 2-5　2023 年各省份城镇开发边界内建设用地供应情况

二、城镇开发边界内新增建设用地

2021—2023 年，城镇开发边界内新增建设用地 53.92 万公顷。其中，城镇开发边界内新增建设用地面积最多的省份是广东 5.26 万公顷，占比 9.76%；其次是山东 3.82 万公顷，占比 7.08%；四川 3.54 万公顷，占比 6.57%；安徽 3.37 万公顷，占比 6.25%（见图 2-6）。

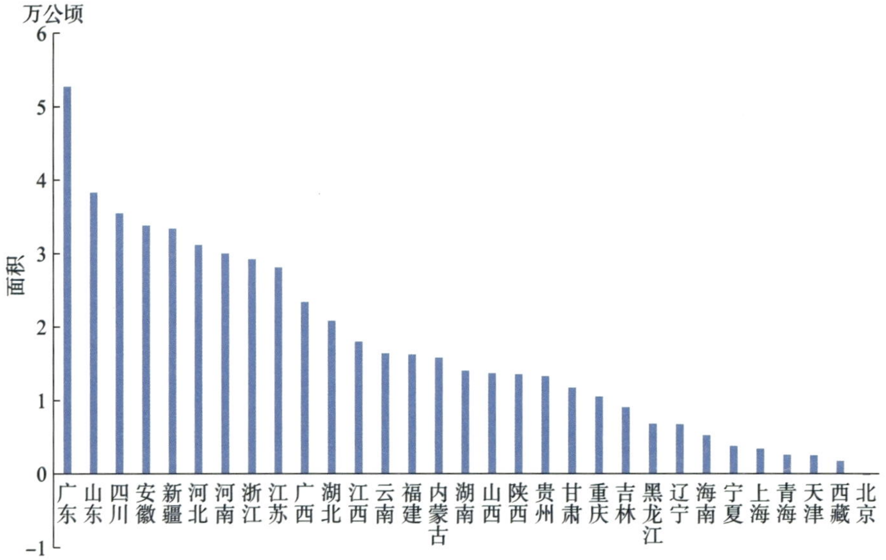

图 2-6　2021—2023 年各省份城镇开发边界内新增建设用地情况

第四节　水资源

一、水资源状况

2023 年，全国降水量与多年平均值基本持平，水资源量比多年平均值偏少。根据 2023 年度《中国水资源公报》，2023 年全国平均年降水量为 642.8 毫米，与多年平均值基本持平。全国水资源总量为 25782.5 亿立方米，比多年平均值少 6.6%，比 2022 年减少 4.8%。其中，地表水资源量为 24633.5 亿立方米，地下水资源量为 7807.1 亿立方米，地下水与地表水资源不重复量为 1149.0 亿立方米。

（一）水资源时空分布不均

一是水资源总量多，但人均水资源少。我国水资源总量占全球水资源总量的 6%，居世界第 6 位，但人均水资源量仅为世界平均水平的 1/4，被联合国列为 13 个贫水国之一。二是水资源地区分布不均，水土资源配置不平衡。

受海陆位置、水汽来源、地形地貌等因素的影响，我国水资源地区分布总趋势从东南沿海向西北内陆递减，呈现出南多北少的局面（见图 2-7）。北方地区居住人口约占全国的 46%，拥有全国近 60% 的耕地面积，但水资源拥有量约占全国水资源量的 19%，尤其是华北、西北部分地区水资源严重短缺；南方地区水资源拥有量约占全国水资源总量的 81%，其中长江流域最多，占全国水资源总量的 34.9%。三是水资源时间分配不均，年际、年内变化较大。我国大部分地区受季风影响明显，降水量、径流量的年际变化和年内变化较大，而且干旱地区的变化一般大于湿润地区。

（二）水质量状况得到改善

2023 年，全国地表水Ⅰ～Ⅲ类水质断面比例为 89.4%，较 2020 年上升 6.0 个百分点；劣Ⅴ类水质断面比例为 0.7%，较 2020 年上升 0.1 个百分点。长江干流国控断面连续 3 年全线达到Ⅱ类水质，黄河干流首次全线达到Ⅱ类水质。我国管辖海域海水水质总体稳定。长江流域、珠江流域、浙闽片河流、西南诸河和西北诸河水质持续为优，黄河流域、淮河流域和辽河流域水质良好。地下水水质总体保持稳定。全国地下水环境质量考核点位Ⅰ～Ⅳ类水质点位比例为 77.8%，Ⅴ类水质点位比例为 22.2%，部分重点污染源周边地下水超标问题仍较严重。

二、用水状况

（一）用水结构得到优化

2023 年，全国供水总量和用水总量均为 5906.5 亿立方米，较 2022 年减少 91.7 亿立方米。其中，按供水结构统计，地表水水源供水量占 82.5%，地下水水源供水量占 13.9%，其他（非常规）水源供水量占 3.6%；按用水结构统计，生活用水量占 15.4%，工业用水量占 16.4%，农业用水量占 62.2%，人工生态环境补水量占 6.0%。

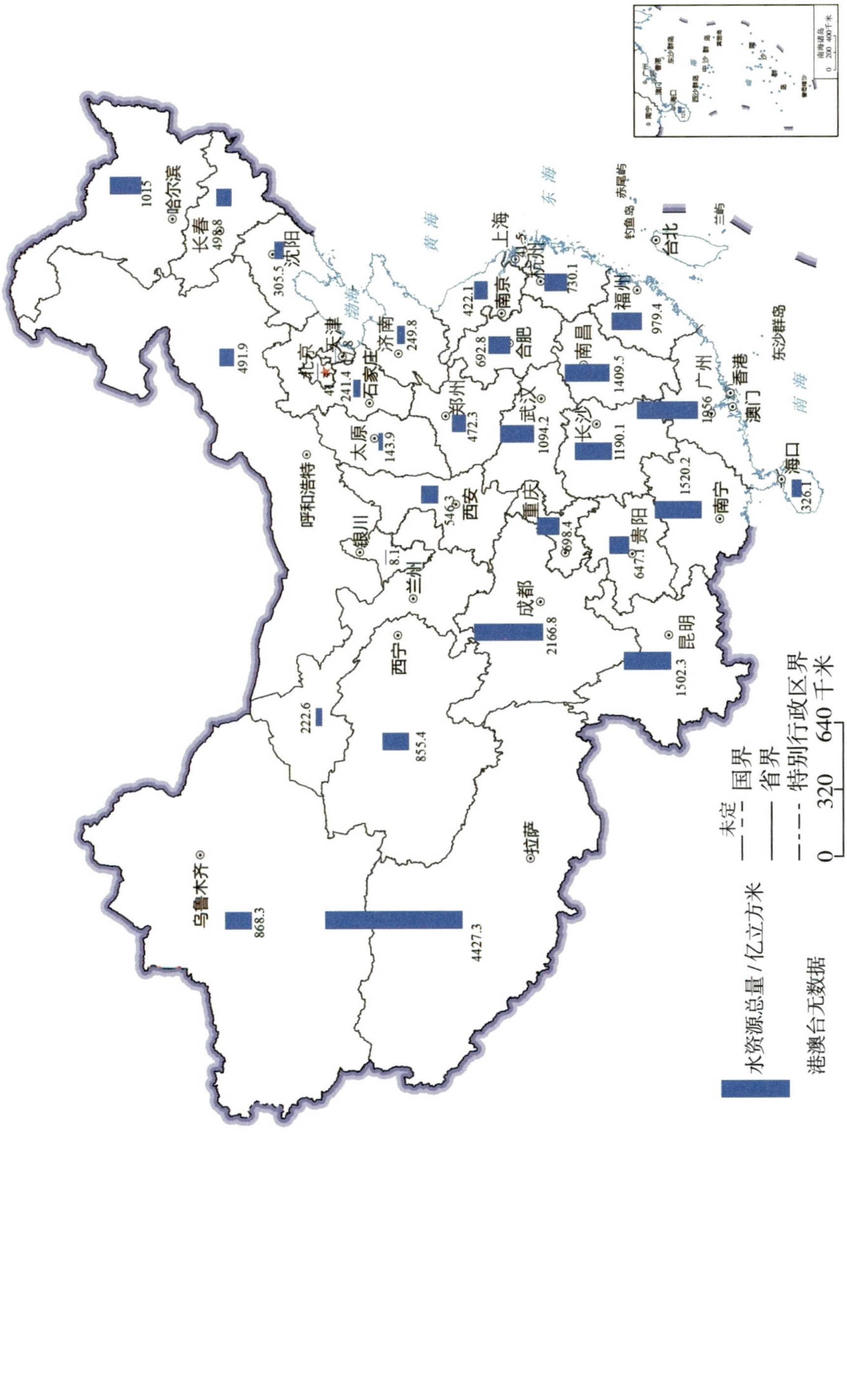
水资源总量 / 亿立方米
港澳台无数据
未定 国界
省界
特别行政区界
0 320 640 千米
哈尔滨
1015
长春
498.8
沈阳
305.5
491.9
北京
天津
石家庄
241.4
济南
249.8
太原
143.9
呼和浩特
郑州
472.3
西安
546.3
银川
兰州
南京
422.1
合肥
692.8
上海
杭州
730.1
福州
979.4
南昌
1409.5
武汉
1094.2
长沙
1190.1
广州
1856
香港
澳门
海口
326.1
南宁
1520.2
贵阳
647.1
重庆
698.4
成都
2166.8
昆明
1502.3
西宁
855.4
222.6
拉萨
4427.3
乌鲁木齐
868.3
台北
钓鱼岛
赤尾屿
东沙群岛
黄海
东海
南海
渤海
南海诸岛
0 200 400千米

图 2-7 全国水资源分布

（二）用水效率得到提升

2023 年，全国人均综合用水量为 419.0 立方米，万元国内生产总值（当年价）用水量为 46.9 立方米。耕地实际灌溉亩均用水量为 347.0 立方米，农田灌溉水有效利用系数为 0.576，万元工业增加值（当年价）用水量为 24.3 立方米，人均生活用水量为 177 升 / 日，其中人均城乡居民生活用水量为 125 升 / 日。按可比价计算，万元国内生产总值用水量和万元工业增加值用水量分别比 2022 年下降 6.4% 和 3.9%。

（三）地下水超采趋缓

从水资源分区来看，东南诸河区、珠江区、海河区、辽河区等 4 个水资源一级区地下水位呈弱上升或上升态势的监测站点比例超过了 50%，分别为 72.7%、60.5%、59.6%、54.7%；西北诸河区、西南诸河区、淮河区、长江区、松花江区、黄河区 6 个水资源一级区地下水位呈弱下降或下降态势的监测站点比例超过了 50%，分别为 67.0%、63.2%、62.1%、59.7%、58.8%、56.7%。全国地下水降落漏斗面积在 50 平方千米以上的共有 37 个，总面积超过 4.73 万平方千米，主要分布在华北平原、黄淮平原、松辽平原、三江平原、汾渭盆地、大同盆地、银川平原、河西走廊、准噶尔盆地和塔里木盆地等，其中松辽平原、华北平原、黄淮平原、汾渭盆地同时发育深层地下水降落漏斗。

三、水土流失

水土流失和泥沙淤积严重。2022 年，全国水土流失面积降至 265.34 万平方千米，较 2021 年减少 2.08 万平方千米，减幅为 0.78%。水土保持率从 2011 年的 68.88% 提高到 2022 年的 72.26%，中度及以上侵蚀占比由 53.08% 降至 35.28%。从类型上看，水土流失以水力侵蚀和风力侵蚀为主，其中水力侵蚀面积占 41.10%、风力侵蚀面积占 58.90%。水力侵蚀面积减幅为 1.38%，风力侵蚀面积减幅为 0.36%。东部、中部、西部地区水土流失面积均有所减少，西部地区减少量大。2022 年西部地区水土流失较 2021 年减少 1.37 万平方千米，中部地区减少 0.43 万平方千米，东部地区减少 0.28 万平方千米。

第五节 能源与矿产资源

一、矿产资源储量

我国主要能源矿产剩余探明技术可采储量有所增长，多种金属矿产资源量增长明显。截至 2023 年底，全国已发现 173 种矿产，其中能源矿产 13 种、金属矿产 59 种、非金属矿产 95 种、水气矿产 6 种；全国已发现并具有资源储量的矿产为 164 种。2020—2023 年，我国能源矿产中，煤炭储量增长 34.7%，石油、天然气剩余探明技术可采储量分别增长 6.4% 和 7.6%；金属矿产中，铁矿储量增长 55.5%，钒矿储量增长 8.3%，铅矿储量增长 101.7%，锌矿储量增长 93.6%，铝土矿储量增长 22.7%，锡矿储量增长 62.5%，钼矿储量增长 108.9%，锑矿储量增长 135.3%，金矿储量增长 66.2%；非金属矿产中，菱镁矿储量增长 40.5%，萤石储量增长 120.1%，钾盐储量增长 18.3%，钠盐储量减少 25.1%，重晶石储量增长 227.1%，高岭土储量增长 26.2%，晶质石墨储量增长 91.9%（见表 2-1）。

表 2-1　2023 年我国主要矿种的储量及其变化

矿种	单位	储量	相比 2020 年的增减量	增减率（%）
煤炭	亿吨	2185.70	562.82	34.7
石油	亿吨	38.51	2.32	6.4
天然气	立方米	67424.52	4758.74	7.6
铁矿	亿吨（矿石）	169.17	60.39	55.5
钒矿	万吨（五氧化二钒）	1029.82	78.62	8.3

续表

矿种	单位	储量	相比 2020 年的增减量	增减率（%）
铅矿	万吨（金属量）	2487.45	1254.35	101.7
锌矿	万吨（金属量）	5992.71	2897.88	93.6
铜矿	万吨（金属量）	4064.79	1363.49	50.5
铝土矿	亿吨（矿石）	70752.22	13101.98	22.7
钨矿	万吨（三氧化钨）	285.11	62.62	28.1
锡矿	万吨（金属量）	117.44	45.19	62.5
钼矿	万吨（金属量）	780.56	406.95	108.9
锑矿	万吨（金属量）	82.74	47.57	135.3
金矿	吨（金属量）	3203.77	1276.40	66.2
菱镁矿	万吨（矿石）	69521.05	20045.18	40.5
萤石	万吨（氟化钙）	10690.01	5832.46	120.1
晶质石墨	万吨（石墨矿物）	10040.01	4808.16	91.9
钾盐	万吨（氯化钾）	33200.80	5141.26	18.3
钠盐	亿吨（氯化钠）	155.35	–51.76	–25.1
重晶石	万吨（矿石）	12068.88	8379.76	227.1
高岭土	万吨（矿石）	72147.37	14989.16	26.2

资料来源：《全国矿产资源储量通报》。

贫矿多、富矿少。我国矿产资源开发的规模化、集约化水平总体偏低，大型和超大型矿山少，小型矿山和小矿偏多，“多、小、散”的开发局面还未得到根本转变。铁矿平均品位为 33%，富铁矿石储量仅占全国铁矿石储量的 2%，而巴西、澳大利亚和印度的铁矿石平均品位分别为 65%、62% 和 60%。

二、清洁能源资源潜力

清洁能源资源潜力大。风能资源方面，我国东北地区西部和东北部、华北北部、内蒙古中东部、新疆北部和东部、西北地区西北部、西藏大部、华东东南部沿海等地高空 70 米风力发电机常用安装高度的风能资源较好，有利于风力发电。太阳能资源方面，2022 年全国平均年水平面总辐照量约为 1493.4 千瓦 · 时 / 平方米（见图 2–8），比 1991—2020 年平均水平降低

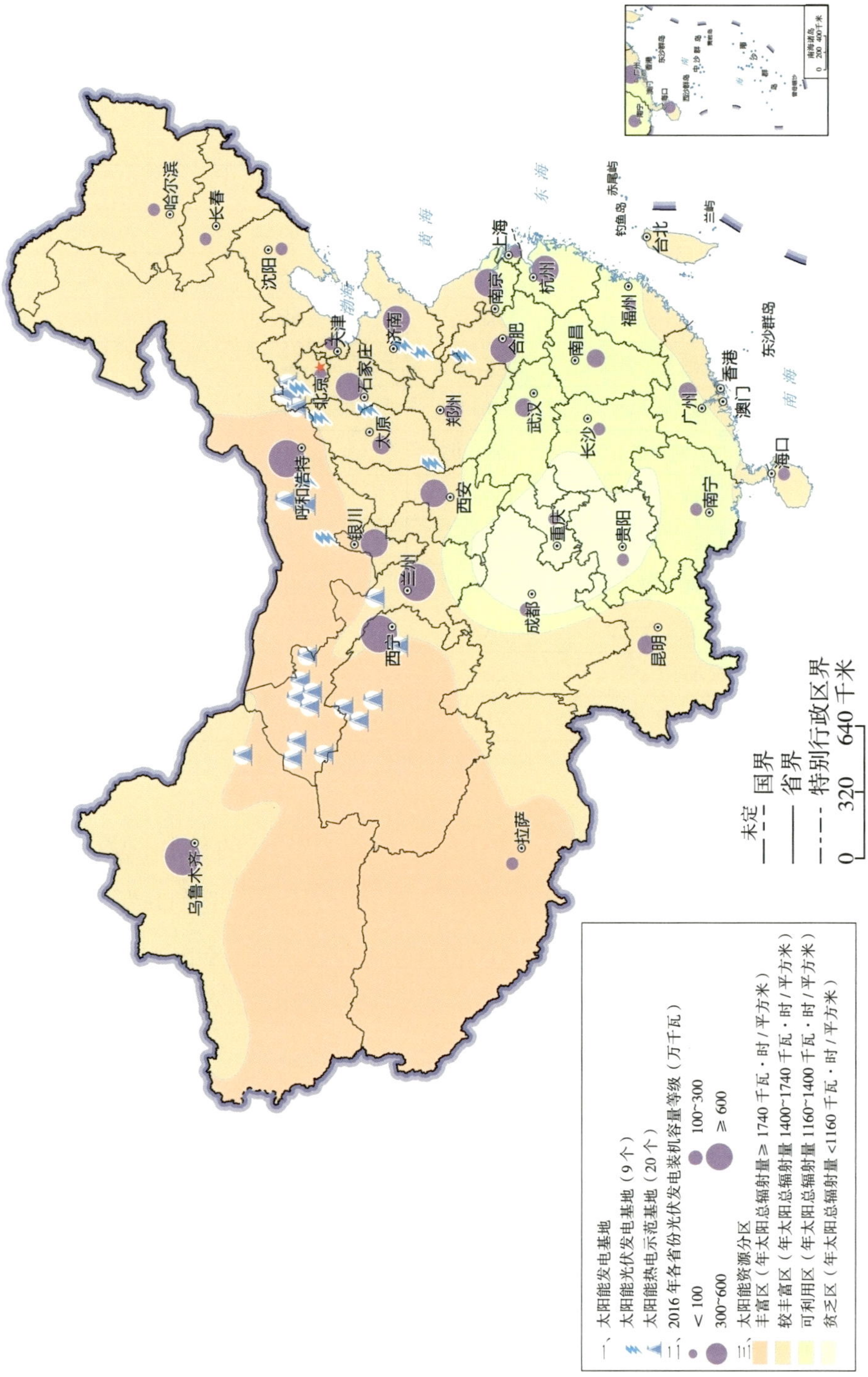

图 2-8 中国太阳能资源分布

1.69%；全国平均光伏发电年最佳斜面总辐照量约为 1748.7 千瓦·时 / 平方米，较 1991—2020 年平均水平降低 1.11%。地热资源方面，浅层地温能资源每年可采量折合标准煤 7 亿吨，全国地热水资源每年可采量折合标准煤 18.65 亿吨。天然气水合物方面，海域圈定 6 个天然气水合物成矿远景区，预测资源量达 744 亿吨；陆域圈定 9 个天然气水合物有利成矿区块，预测资源量为 350 亿吨油当量。

三、矿产品生产与消费

（一）能源增产保供成效明显

2023 年，一次能源生产总量为 48.3 亿吨标准煤，比 2022 年增长 4.2%（见图 2–9）。能源生产结构中，煤炭占 66.6%，石油占 6.2%，天然气占 6.0%，水电、核电、风电、太阳能发电等非化石能源占 21.2%。能源消费总量为 57.2 亿吨标准煤，比 2022 年增长 5.7%，能源自给率为 84.4%。

图 2–9　2013—2023 年我国一次能源生产情况

（二）化石能源消费量占比下降，非化石能源消费量占比上升

2023 年，煤炭消费占一次能源消费总量的 55.3%，比 2022 年下降 0.7 个百分点；石油占比为 18.3%，比 2022 年上升 0.3 个百分点；天然气占比为 8.5%，比 2022 年上升 0.1 个百分点；水电、核电、风电、太阳能发电等非化

石能源占比为 17.9%，比 2022 年上升 0.3 个百分点。与 2013 年相比，煤炭消费占能源消费的比重下降了 12.1 个百分点，水电、核电、风电、太阳能发电等非化石能源的占比提高了 7.7 个百分点（见图 2–10）。

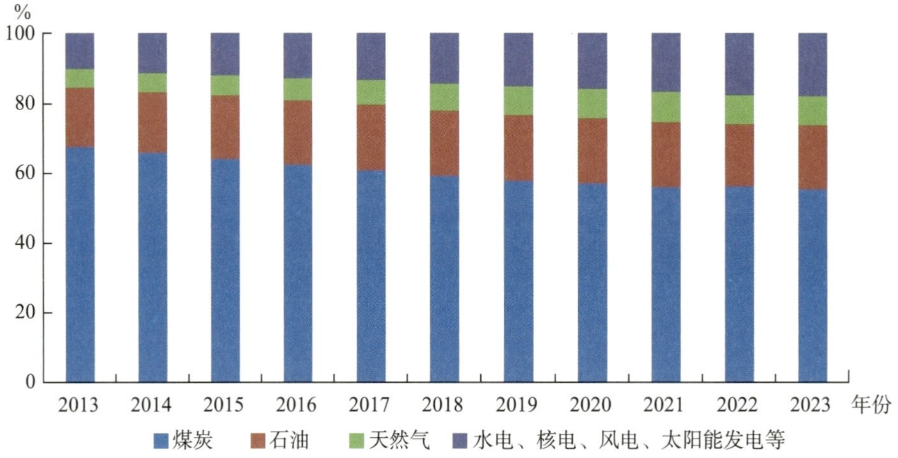

图 2–10　2013—2023 年我国一次能源消费结构变化

（三）能源矿产产量创历史新高

2023 年，煤炭产量为 47.1 亿吨，比 2022 年增长 3.4%，消费量增长 5.6%。原油产量为 2.09 亿吨，增长 2.1%，连续 5 年保持增长（见图 2–11）；消费量增长 9.1%。天然气产量为 2324.3 亿立方米，增长 5.6%，连续 7 年增产超 100 亿立方米；消费量增长 7.2%。

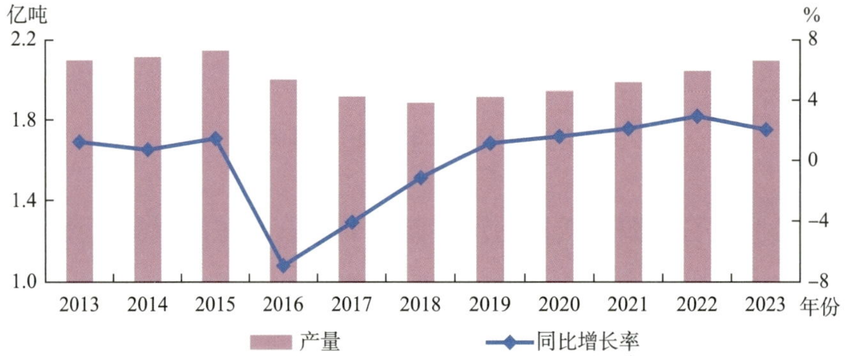

图 2–11　2013—2023 年我国原油产量及变化

主要金属矿产品生产供给稳中有升。2023年，铁矿石产量为9.9亿吨，比2022年增长7.1%；粗钢产量为10.2亿吨，与2022年持平（见图2-12）。主要有色金属矿产品中，铜精矿产量为161.9万吨，下降3.9%；铅精矿产量为161.4万吨，增长7.1%；锌精矿产量为296.5万吨，下降2.4%。10种有色金属产量共7469.8万吨，增长7.1%；其中精炼铜为1298.8万吨，增长13.5%；电解铝为4159.4万吨，增长3.7%。

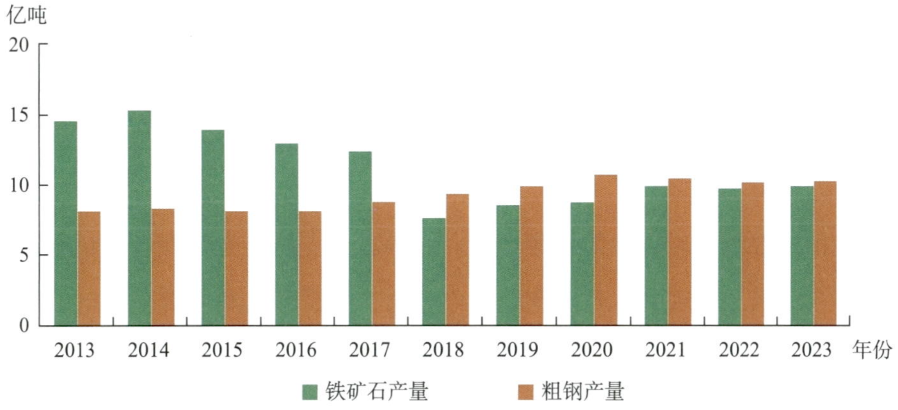

图2-12 2013—2023年我国铁矿石与粗钢产量变化

2023年，磷矿石产量为10530.9万吨（折含五氧化二磷30%），比2022年增长7.8%；水泥20.2亿吨，下降0.7%（见图2-13）。

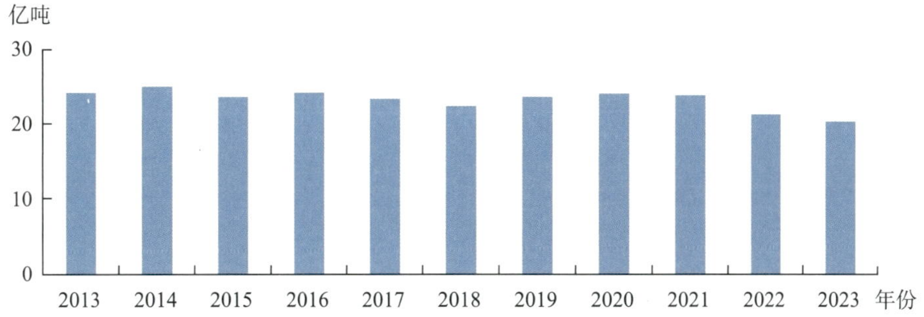

图2-13 2013—2023年我国水泥产量变化

（四）全国发电装机容量增长较快，太阳能等清洁能源发展迅速

2023年末，全国发电装机容量为29.2亿千瓦，比2022年末增长13.9%。

其中，火电装机容量为13.9亿千瓦，增长4.5%；水电装机容量为4.2亿千瓦，增长2.4%；核电装机容量为5691万千瓦，增长2.5%；并网风电装机容量为4.4亿千瓦，增长11.2%；并网太阳能发电装机容量为39261万千瓦，增长19.0%。全年水电、核电、风电、太阳能发电等清洁能源发电量达31906亿千瓦·时，比2022年增长7.8%。同时，我国已经成为全球最大的金属矿产消费国，在全球矿产资源生产、供应方面起到了重要的作用，在全球矿业中地位非常显著。

（五）能源矿产利用清洁化、低碳化水平较低，新能源开发利用仍不够

我国能源结构对煤炭的依赖度较高，2023年一次能源消费中，化石能源占比达82.3%，以风电、光伏发电为代表的新能源开发利用仍受到电力系统对大规模高比例新能源接网和消纳的适应性不足、土地资源约束明显等因素的制约。

四、矿产品贸易

初级矿产品外采度有所降低。除煤炭和萤石外，我国2023年度重要矿产品外采度普遍偏高，均超过40%。传统能源和新能源产业发展所需的矿产资源的外采度普遍偏高，但与2020年相比，多种矿产品外采度下降明显，比如天然气外采度降低39.1个百分点，铜外采度降低26.3个百分点（见表2–2）。

表2–2　2020年、2023年我国部分矿产品外采度比较

矿种	2020年外采度（%）	2023年外采度（%）
煤炭	7.2	9.1
石油	71.3	72.8
天然气	83.8	44.7

续表

矿种	2020 年外采度（%）	2023 年外采度（%）
铁	57.4	54.4
铜	92.9	66.6
铝土矿	53.9	68.4
钾盐	54.5	47.1
萤石	12.2	9.2

资料来源：国家统计局、海关总署、《全国矿产资源储量通报》。

第六节 历史文化

一、文化遗产数量

（一）我国历史文化资源种类繁多、数量庞大

我国历史文化资源量大面广、构成情况复杂，可分为不可移动文物、文化公园、世界遗产、城乡文化遗产、文化景观、烈士纪念地、非物质文化遗产、潜在文化遗产 8 种类型。[①]

截至 2023 年底，我国纳入各类名录的文化遗产资源总量逾 95 万处，数量最多的文化遗产类型为不可移动文物（76.7 万处），其次分别为非物质文化遗产代表性项目（10 万余项）、历史建筑（6.35 万处）、烈士纪念设施（2.5 万个）、传统村落（8155 个）（见表 2–3）。

① 文物和文化遗产内容丰富、类型多样，其保护以分类保护为主，文化遗产保护政策政出多门，管理主体复杂。目前尚不存在国土空间历史文化资源的统一分类标准。这里提出的 8 类文化遗产是在对全国文化遗产进行系统梳理后提出的建议。详见张能．文化遗产保护纳入空间规划的资源基础与实践策略研究［D］. 北京：清华大学，2022.

表 2-3 中国历史文化资源汇总表（2023 年）①②

类型			数量
不可移动文物	全国重点文物保护单位		5058 处
	省级文物保护单位		2 万处
	市县级文物保护单位		12 万处
	第三次文物普查不可移动文物		766722 处
文化公园	国家文化公园		5 处
	国家考古遗址公园		55 处
世界遗产	世界遗产	文化遗产	39 处
		自然遗产	14 处
		自然与文化双遗产	4 处
	世界遗产预备名录		62 处
城乡文化遗产	历史文化名城	国家历史文化名城	142 座
		省级历史文化名城	182 座
	中国历史文化名镇		312 个
	中国历史文化名村		487 个
	历史文化街区		1200 余片
	历史建筑		6.35 万处
	中国传统村落		8155 个
文化景观	中国重要农业文化遗产		188 项
	国家工业遗产		195 个

① 表中不含台湾地区数据。

② 潜在文化遗产是指尚未列入各类保护名录，经研究认定有必要纳入保护和管控的各类文化遗产、文化景观、文化廊道。潜在文化遗产的内容和数量存在弹性，各级各类国土空间规划和相关专项规划可根据实际情况制定名录，所以表中未列出具体数量。

续表

类型			数量
文化景观	中央企业工业文化遗产		121 项
	世界灌溉工程遗产		34 项
	国家级风景名胜区		244 处
	国家水利风景区		934 处
烈士纪念地	烈士纪念设施保护单位	国家级烈士纪念设施	181 个
		省级烈士纪念设施	419 个
		市级和县级烈士纪念设施	3300 个
		其他烈士纪念设施	389 个
	未列入保护单位的烈士纪念设施		约 2.1 万个
	国家级抗战纪念设施、遗址		254 处
非物质文化遗产	非物质文化遗产代表性项目名录	人类非物质文化遗产代表作名录中国项目	42 项
		国家级非物质文化遗产代表性项目名录	1557 项
		其他各级非物质文化遗产代表性项目名录	10 万余项

（二）不可移动文物是我国历史文化资源的主体

目前，我国共核定公布全国重点文物保护单位 5058 处，省级文物保护单位 2 万余处，市县级文物保护单位 12 万余处。根据国家文物局提供的全国第三次全国文物普查结果，全国登记不可移动文物 766722 处，其中文物保护单位 84445 处，含全国重点文物保护单位 9586 处、省级重点文物保护单位 14333 处、市县级文物保护单位 60526 处、未核定公布为文物保护单位的不可移动文物 682277 处（见图 2–14）。

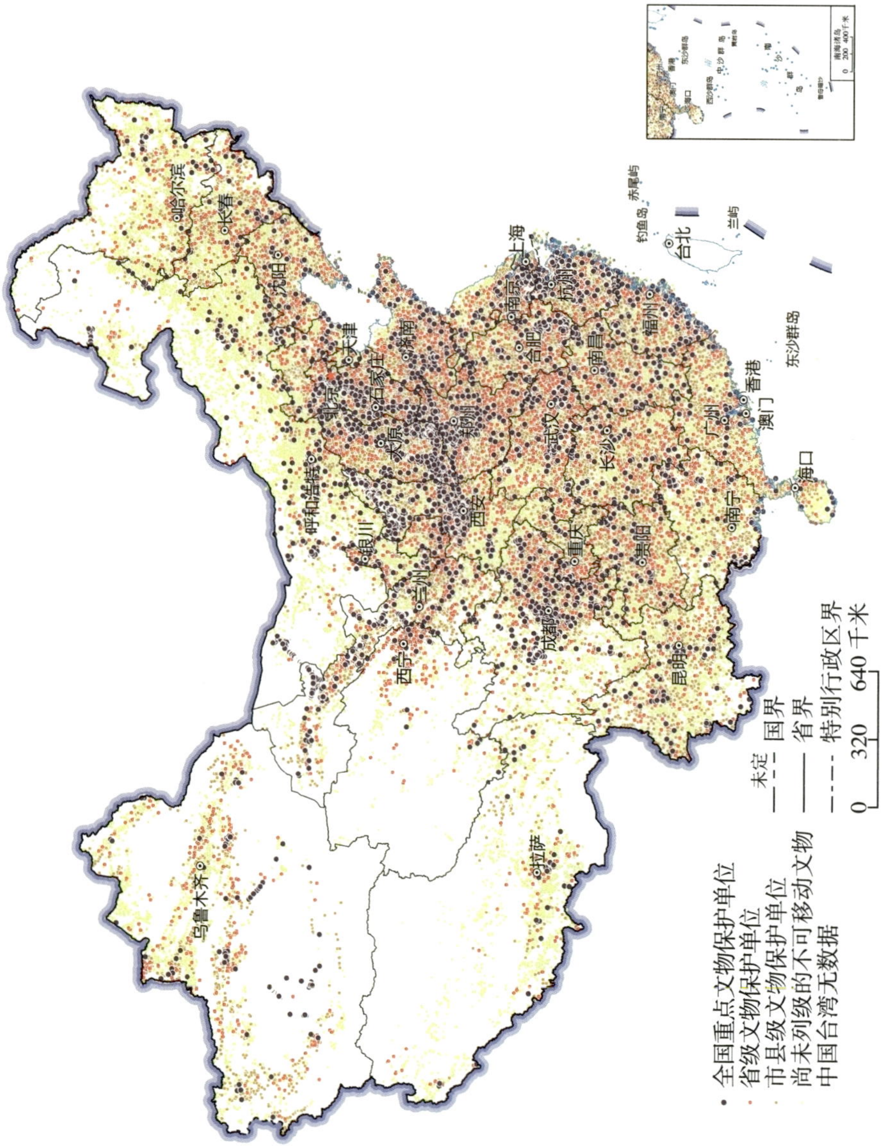

图 2-14 中国第三次文物普查文物资源空间分布

二、文化遗产空间分布

我国历史文化资源密集分布在胡焕庸线东部地区，并呈现多中心分布态势。黄河中下游（中原）地区、长江下游（江浙）地区、长江上游（巴蜀）地区是我国文化遗产资源集中分布的三大核心地区。此外，长江中游（荆楚）地区、东南沿海（海峡）地区、环泰山地区、环燕山太行山地区、辽河流域、珠江流域等地区也是重要的文物资源集聚区。因此，我国文物资源集聚区主要有 9 个（见图 2–15）。

（一）中原区

中原区位于黄河中游，其地域范围北达河套、南抵秦巴山区和南阳盆地、东连黄海平原、西接陇南，包括山西省中南部、河北省南部、陕西省和河南省全境，形成了一个偌大的文物资源集聚的连绵地带。中原区基本等同于历史上的“华夏”之空间范围，区域内承载了史前的仰韶—龙山—二里头文化，哺育了灿烂的夏商周文明，坐落着西安、洛阳、郑州、开封、安阳等一系列历史古都和文化名城，是中华文明起源的中心地带及唐代以前我国文化的核心地区。

（二）江浙区

江浙区位于长江下游，其地域为长江三角洲，包括上海及浙江全省、江苏省南部和安徽省东部，是我国第二大文物资源集聚区。这一区域承载着史前的马家浜—崧泽—良渚文化，孕育了江南人文渊薮，坐落着南京、杭州、苏州、扬州等历史古都及文化名城，在唐宋以后的历史中发展成为我国社会经济的中心。

（三）巴蜀区

巴蜀区位于四川盆地，包括四川省东部及重庆市大部分地区。这一地区自古山川屏蔽、交通闭塞，文化自成一体。区内史前宝墩—三星堆文化相对

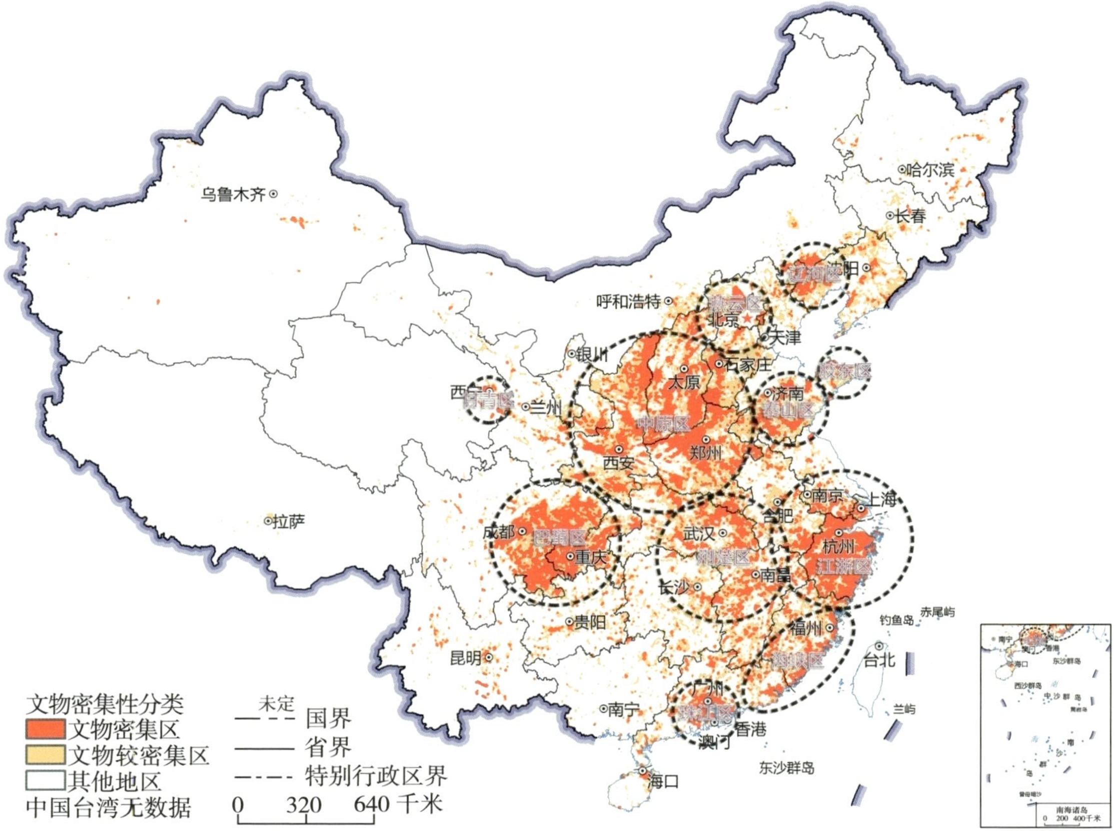

图 2-15　我国文物资源集聚区

独立，自秦以后汇入中原文化体系，并发展出灿烂的四川文化，是中华文明起源发展的重要单元。

（四）荆楚区

荆楚区位于长江中游，以江汉平原、鄱阳湖、洞庭湖为核心，主要包括湖北省东部和东北部、江西省西北部。这一地区自古山川纵横、泽薮密布，孕育了屈家岭—石家河新石器文化和灿烂的楚文明，是中华文明起源发展的重要单元。

（五）泰山区

泰山区位于山东省中南部环泰山地带，承载着史前的大汶口文化以及历史上的齐鲁文化，是孔孟故里和儒家文化的发祥地，在中华文明起源和发展中占据独特地位。

（六）燕云区

燕云区地处燕山、太行山向华北平原的过渡地带，跨北京、河北、内蒙古、山西 4 个省（区、市）。作为农耕文明与草原文化的交接带，燕云区历史地位独特，坐落着北京、大同等历史古都和文化名城，并凭借首都北京成为元代至今的政治中心。

（七）辽河区

辽河区位于辽宁省西南部的辽河流域，新石器时代红山文化繁荣发展，成为中华文明的重要源头之一。历史上，辽河区是我国北方各民族的共同家园，并在宋金时期一度成为北方王朝的中心地带。

（八）海峡区

海峡区主要为福建省及广东省东部沿海的狭长地带，东临台湾海峡，自史前时代起，其区域文化便具有强烈的海洋文明特征，是闽越文化、闽南文化与潮汕文化的主要承载区域。

（九）珠江区

珠江区位于广东省的珠三角地区。历史上，珠江地区与长江流域一同成为南方稻作文明的发祥地之一，并孕育了珠江文化、岭南文化。西汉至清代，珠三角地区成为海上丝绸之路的重要起点和对外商贸交流的重要门户，推动了中西方文化的交汇。近代，珠江三角洲成为中国民主革命的策源地和先行地。进入 20 世纪后，珠三角地区又成为改革开放的重要前沿。

第七节 自然灾害

一、自然灾害总体特征

（一）2023 年我国自然灾害的主要特点

根据国家防灾减灾救灾委员会办公室、应急管理部发布的数据，2023 年我国自然灾害主要特点表现为以下 7 个方面：一是全国自然灾害时空分布不均，“北重南轻”格局明显。自然灾害以洪涝、台风、地震和地质灾害为主，干旱、风雹、低温冷冻和雪灾、沙尘暴与森林草原火灾等也有不同程度发生。二是台风生成和登陆个数偏少、登陆强度偏强，带来多场极端强降雨。2023 年，西北太平洋和南海共有 17 个台风生成，较常年显著偏少，其中 6 个登陆我国，较常年略偏少。台风灾害共造成 1131.6 万人次不同程度受灾，因灾死亡失踪 12 人，倒塌房屋 7000 余间，直接经济损失达 474.9 亿元。三是我国大陆中强震明显偏弱，甘肃积石山 6.2 级地震造成重大损失。2023 年，中国大陆共发生 5.0 级以上地震 11 次。甘肃积石山 6.2 级地震造成甘肃、青海两省 151 人死亡，983 人受伤，倒塌房屋 7 万间，严重损坏房屋 9.9 万间，一般损坏房屋 25.2 万间，直接经济损失 146.12 亿元。四是西南、华北、西北等地出现阶段性干旱，灾情总体轻于常年。2023 年，我国先后发生西南冬春连旱、北方局地夏旱、西北地区伏秋旱，灾情总体偏轻。干旱灾害造成 2097.4 万人次不同程度受灾，农作物受灾面积 3803.7 千公顷，直接经济损失 205.5 亿元。五是风雹灾害多点散发，江苏等地遭遇强对流天气侵袭。2023 年，全国共出现 33 次强对流天气过程，较近 5 年同期均值偏少，主要集中在春夏两季。全国共有 1100 余个县（市、区）遭受风雹灾害影响，广泛分散在华北、黄淮、西北、西南等地。风雹灾害共造成 605.3 万人次不同程度受灾，因灾死亡 57 人，农作物受灾面积 1174.5 千公顷，直接经济损失 117.3 亿元。六是东北、华北遭受低温冷冻和雪灾，西藏林芝发生严重雪崩灾害。2023 年，全国共遭受 31 次冷空气过程影响，其中寒潮过程 8 次。低温冷冻和雪灾共造成 322.5 万人次不同程度受灾，因灾死亡 30 人，农作物受灾面积 519.2 千公顷，直接经济损失 49.2 亿元。七是森林草原火灾起数处于历史低位，形势总体平稳。2023 年，全国共发生森林火灾 328 起，主要集中在内蒙古、黑龙江、广西、云南 4 省（区）。森林草原火灾起数处于历史低位，森林火灾、草原火灾起数较近 5 年均值分别下降 77.5%、46.8%。

（二）我国自然灾害的主要特点

我国自然灾害隐患多、分布广、灾情重、风险大，是世界上自然灾害最严重、受威胁人口最多的国家之一。我国自然灾害主要表现为以下 4 个特点：一是灾害类型多。除现代火山活动导致的灾害外，几乎所有的自然灾害，如水灾、旱灾、地震、台风、风雹、雪灾、山体滑坡、泥石流、病虫害、森林火灾等，每年都有发生。截至 2023 年底，全国共登记地质灾害隐患点 274613 处（见图 2-16）。其中，滑坡 88198 处、崩塌 134131 处、泥石流 32638 处、其他类型地质灾害 19646 处，地质灾害隐患点威胁 1194 万人和 6572 亿元财产的安全。2023 年全国共发生地质灾害 3668 起，造成 77 人死亡失踪，直接经济损失 13.65 亿元。与 2020 年相比，地质灾害隐患点数量基本持平。二是灾害分布范围广。截至 2023 年，我国滑坡、崩塌、泥石流和地面塌陷易发

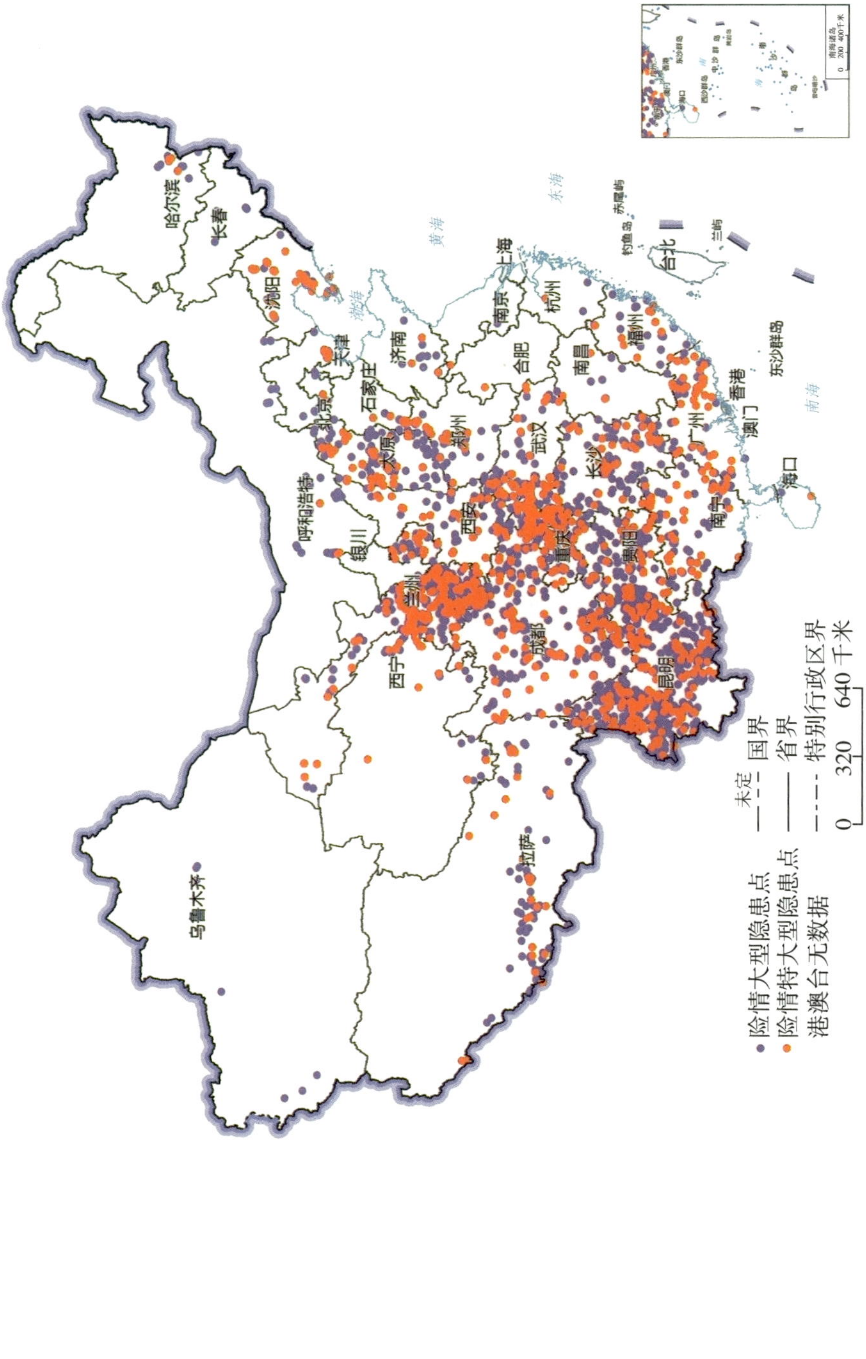

图 2-16 全国地质灾害险情大型以上等级隐患点分布

区面积共计约717万平方千米，其中高易发区面积约128万平方千米，中易发区面积约279万平方千米，高、中易发区主要分布在川东渝南鄂西湘西山地、青藏高原东缘、云贵高原、秦巴山地、黄土高原、汾渭盆地周缘、东南丘陵山地、新疆伊犁、燕山等地区；地震动峰值加速度大于0.15度的高危险区面积约351万平方千米，占国土面积的36.6%，现有195个县（市、区）位于地震高危险区。三是灾害影响严重。2023年，全年各种自然灾害共造成9544.4万人次不同程度受灾，因灾死亡失踪691人，紧急转移安置334.4万人次，直接经济损失3454.5亿元。四是灾害风险加剧。汛期长江、淮河等大江大河中下游地区洪涝灾害风险大，全国近50%的国土属干旱、半干旱地区，旱灾波及范围广、持续时间长、影响面广。20世纪以来，青藏高原及周边地区发生冰湖溃决洪水277起，累计造成7000余人死亡。

二、地质灾害

地质环境主要受地质条件控制，但人类活动对地质环境的影响愈加强烈。我国地质灾害主要表现为以下4个特点：一是城镇建设、农业生产等活动造成地面塌陷、地裂缝、崩塌、滑坡、泥石流等灾害频发。我国地面塌陷主要分布在南方岩溶发育区、北方煤炭采空区和西北湿陷性黄土分布区等，高易发区面积约40万平方千米；我国华北平原、汾渭盆地、黄淮平原等地区地面沉降灾害日趋严重，并伴生了地裂缝灾害，全国遭受地面沉降灾害的城市超过50个。华北平原已成为世界上超采地下水较严重、沉降类型较复杂的地区之一。同时，在沧州、衡水和保定等地区不同程度地发生地裂缝灾害。二是不合理的生态建设加剧了水土流失、石漠化、土地沙化等问题。部分地区植树造林系统水土资源条件不足，造成区域性地下水位下降，破坏水平衡，导致水土流失、石漠化、土地沙化、河湖干涸等严重生态退化问题。三是重大基础设施建设加剧了区域性地质灾害风险。以三峡工程为例，三峡工程建设以来，蓄水后每年30米水库水位波动，一定程度上改变了三峡水库岸坡地质环境条件，加剧了三峡库区地质灾害的发生。大规模移民迁建等工程活动在一定程度上改变了库区脆弱的地质环境条件，导致地质灾害易发、频发，部分滑坡、泥石流复活。四是粗放式矿产资源开发造成土地损毁、水土污染、矿山地质灾害等地质环境问题。全国采矿累计损毁土地超过 220 万公顷，以华北、东北、西北地区最为突出，超过总量的 80%，其中采煤沉陷区超过 80 万公顷，主要分布在山西、黑龙江、安徽、河南、河北、内蒙古等省区。全国矿山废水年均产出量超过 110 亿立方米，因废水排放和处置不当引发的水土环境污染事件时有发生。

三、洪涝灾害

我国是世界上洪涝灾害多发、频发的国家之一，大约 2/3 的国土面积上可能发生不同类型和不同程度的洪涝灾害。受自然地理环境、气候特征以及人为活动等相关影响，我国洪涝灾害总体呈现夏多冬少、东多西少，沿海多、内陆少，平原湖区多、高原山地少等分布特点。洪涝灾害的高发区集中在广西东南部、广东沿海、海南、浙江沿海以及浙赣皖交界处、辽宁、四川的局部地区，洪涝灾害发生频率在 50% 以上；华南大部、江南大部及湖北东部和西南部、四川盆地西部、云南南部、辽宁东部等地洪涝发生频率为 30% ~ 50%；华北黄淮、长江三角洲、西南地区东部一带洪涝发生频率为 10% ~ 30%；西北大部及西藏、内蒙古等地洪涝发生频率低，在 10% 以下。

我国洪涝灾害严重。2023 年，华北、东北遭受严重暴雨洪涝灾害，局地山洪地质灾害突发，全国平均降水量为 612.9 毫米，较常年减少 3.9%，出现区域暴雨过程 35 次。“七下八上”① 期间，受“杜苏芮”台风残留云系影响，华北、东北相继出现极端暴雨天气，海河发生流域性特大洪水，造成京津冀等地重大人员伤亡和财产损失，松花江流域发生严重汛情灾情，黑龙江、吉林等地受灾严重。西南、西北等局地山洪地质灾害多点散发，四川、重庆、

① “七下八上”即防汛关键时期，是指每年公历的 7 月下半月到 8 月上半月（7 月 16 日至 8 月 15 日），是中国华北、东北地区降水最为集中的一段时期，是中国北方华北、东北地区的雨季。

陕西等地人员伤亡较大。全年洪涝灾害共造成5278.9万人次不同程度受灾，因灾死亡失踪309人，倒塌房屋13万间，直接经济损失2445.7亿元。

2023年发生多起较为严重的洪涝灾害，主要表现为：一是重庆暴雨洪涝和地质灾害。2023年6月底至7月初，重庆部分地区遭受强降雨袭击，引发洪涝和地质灾害，造成万州、巫山、巫溪、石柱、綦江等27个县（区）35.8万人不同程度受灾，因灾死亡失踪25人，紧急转移安置1.8万人；倒塌房屋600余间，严重损坏房屋700余间，一般损坏房屋1800余间；农作物受灾面积2.28万公顷；直接经济损失13.1亿元。二是京津冀地区暴雨洪涝灾害。2023年7月底至8月初，受台风“杜苏芮”残余环流影响，京津冀等地遭受极端强降雨，引发严重暴雨洪涝、滑坡、泥石流等灾害，造成北京、河北、天津551.2万人不同程度受灾，因灾死亡失踪107人，紧急转移安置143.4万人；倒塌房屋10.4万间，严重损坏房屋45.9万间，一般损坏房屋77.5万间；农作物受灾面积41.61万公顷；直接经济损失1657.9亿元。三是东北地区暴雨洪涝灾害。2023年8月初，受台风残留云系北上和西风槽叠加影响，东北地区多地出现强降雨，引发洪涝灾害。此次强降雨造成黑龙江、吉林119.4万人不同程度受灾，因灾死亡失踪47人，紧急转移安置40.4万人；倒塌房屋1.8万间，严重损坏房屋2.6万间，一般损坏房屋7.4万间；农作物受灾面积54.41万公顷；直接经济损失215.2亿元。

四、海洋灾害

我国海洋灾害风险突出，防灾减灾能力仍需加强。2023年，我国海洋灾害以风暴潮、海浪和赤潮灾害为主，海冰、绿潮等灾害也有不同程度发生，造成直接经济损失最严重的是风暴潮灾害。2023年全国共发生致灾性海洋灾害13次，共造成直接经济损失25.1亿元，为2020年的3倍。中国沿海海平面变化总体呈加速上升趋势，2023年，中国沿海海平面较常年（1993—2011年）高72毫米，部分监测岸段海岸侵蚀和海水入侵加剧，高海平面期发生的风暴潮和滨海城市洪涝给福建、广东、广西、海南等地带来较大影响。截至

2015 年底，我国已建成海堤 1.45 万千米，其在海洋灾害防御中发挥了重要作用。自 2020 年以来，我国持续开展海岸带保护修复工程，实施海堤生态化改造，推进了自然的、更具韧性的海岸带综合防护体系建设。

五、气候变化的影响

（一）气温上升明显

2000—2020 年，全球地表温度比 1850—1900 年高出约 0.99℃（0.84℃ ~ 1.10℃）。2022 年全球平均温度比 1850—1900 年均值高出 1.15 ℃。2015—2022 年是 1850 年有仪器记录数据以来最暖的 8 个年份。

我国是全球气候变化的敏感区和影响显著区，升温速率明显高于同期全球平均水平。1901—2018 年，我国地表年平均气温上升约 1.24 ℃。1951—2022 年，中国地表年平均气温呈显著上升趋势，升温速率为 0.26℃ /10 年，增温幅度显著高于全球水平，其中青藏地区增温速率最大，约为 0.37℃ /10 年（1961—2022 年），华北、西北和东北地区次之。

预计到 2100 年，我国地表平均气温可能增温 1.3 ~ 5.0℃。近 20 年是 20 世纪初以来我国的最暖时期，1901 年以来的 10 个最暖年份中，除 1998 年外，其余 9 个均出现在 21 世纪。人类活动造成的温室气体排放是全球气候变暖最重要的原因。

（二）全球气候变化的重大影响与风险

全球气候变暖加剧了气候系统的不稳定，造成极端天气气候事件频发、强度增强，极端强降水发生的可能性增大，高温、强降雨等极端事件增多增强，我国气候风险水平趋于上升。

我国气候变化的重大影响与风险主要有以下 7 种：一是海平面总体波动上升，影响海洋生态安全。1980—2022 年，我国沿海海平面变化总体呈波动上升趋势，上升速率为 3.4 毫米 / 年，高于全球海洋平均海平面上升速率。二是冰川退缩、冻土融化，影响冰冻圈生态安全。与 20 世纪 50 年代相比，我国 82.2% 的冰川处于退缩状态，共有 1983 条冰川消失，退缩总面积达 7794 平方千米，以天山区域冰川消退最为严重。未来几十年，占中国冰川总数 80% 以上的面积小于 1 平方千米的小冰川将面临消失风险，冰川退缩和冻土消融使青藏高原湖泊面积增大、数量增多，也增大了冰湖溃决、泥石流、冰崩等灾害事件发生的频率和风险。三是陆地水资源系统变化显著，加剧水安全风险。未来我国干旱范围和强度有增大趋势，呈现为西南至东北走向的干旱增强区。北方地区水资源衰减明显，黄河、海河、辽河流域 1980—2016 年平均水资源比 1956—1979 年平均减少 14.6%，近 10 年减少 21.2%。长江、珠江等南方河流洪水风险增加，未来水旱灾害可能更为严重。四是导致我国生物多样性下降、生态系统功能降低，土地退化和荒漠化风险加剧。气候变化将导致我国植被带和生物群区向北和更高海拔地区移动，北方落叶林将大幅减少，北方草原分布东移，干旱—半干旱区湿地面积急剧下降；新疆大部、西藏北部和西北部、青海西北部沙质荒漠化明显加重。暖干化对森林、草原、荒漠和湿地风险突出，生态系统稳定性和生物多样性降低。五是对粮食安全的不利影响更为明显。气候变暖使农业热量资源增加，利于种植制度调整，中晚熟作物播种面积增加，东北地区种植边界北扩，华北地区可向高纬度、高海拔地区适当扩大种植面积。但气候变化对农业的不利影响更为明显和突出，具体表现为：部分作物单产和品质降低，耕地质量下降，肥料和用水成本增加，病虫害可能增多，农业灾害加重。研究表明，地球表面温度每升高 1℃，玉米、小麦和水稻的全球产量损失预计增加 10% ~ 25%。如果到 2100 年全球温度上升 2℃，每年玉米、小麦和水稻的减产幅度可能分别达 10%、12% 和 17%。六是极端自然灾害强度增加，频率增高，传染病模式改变、范围扩大。20 世纪 60 年代以来，暴雨频次和强度增加，以华南地区暴雨强度最大、频次最多，华东地区洪涝灾害经济损失最重。我国平均年干旱日数呈增加趋势，华北、黄淮、西北东部、东北西部、华南西部、西南大部以及内蒙古等地是我国干旱多发区。2022 年，农作物年均因旱受灾和成灾面积分别达 2400 万公顷和 1300 万公顷，且分别以每 10 年 95.5 万公顷和 106.5 万公顷的速度呈总体增加趋势。气候变化增加了我国血吸虫病、疟疾和登革热等虫媒传染病，细菌性痢疾和霍乱等肠道传染病以及呼吸道传染病的潜在发病风险，扩大了媒介传播范围，延长了媒介寿命，增加了病原体在媒介内的生长发育速度，加重了人群的健康风险。七是我国大城市面临高温热浪、强降水、重污染等极端天气不断增多和加剧的风险。气候变化可能导致越来越多的城市面对更加频繁的高温热浪、强降水等极端天气事件，城市热岛效应也加剧了灾害风险。随着气候变暖的进一步加剧，京津冀、长三角、珠三角、长江中游和成渝五大城市群极端温度和极端降水事件的风险将进一步增大。

第三章

国土空间格局

第一节 战略布局

一、重大战略区域

（一）京津冀地区

京津冀地区包括北京、天津、河北（石家庄、唐山、秦皇岛、邯郸、邢台、保定、张家口、承德、沧州、廊坊、衡水）全域。地区陆域行政区总面积为 21.8 万平方千米，仅占全国陆域面积的 2.27%，而 2023 年地区常住总人口为 10942.8 万，占全国的 7.77%；GDP 达 10.44 万亿元，占全国的 8.35%。

1. 耕地面积有所增加

2023 年，京津冀地区耕地面积为 655.58 万公顷，其中水田 17.40 万公顷，占比 2.65%；水浇地 428.24 万公顷，占比 65.32%；旱地 209.93 万公顷，占比 32.02%（见图 3-1）。2020—2023 年，京津冀地区耕地面积增加 12.24 万公顷，其中水田面积增加 0.40 万公顷、水浇地面积增加 9.68 万公顷、旱地面积增加 2.16 万公顷。

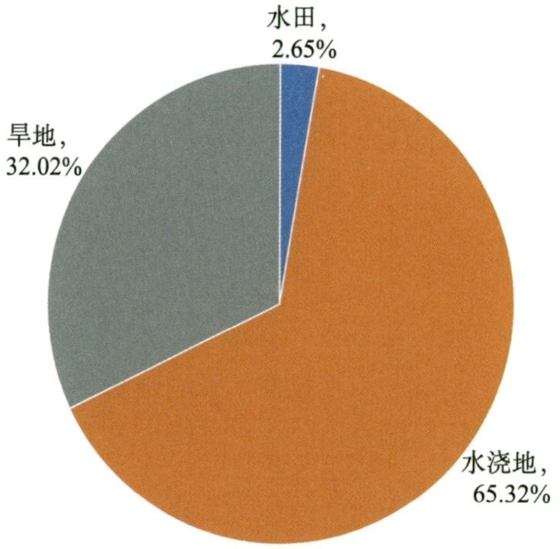

图 3-1　2023 年京津冀地区耕地面积构成

2. 生态用地面积小幅减少，其中林地减少最多

2023 年，京津冀地区生态用地面积为 1039.38 万公顷，其中湿地 17.18 万公顷、林地 744.25 万公顷、草地 194.68 万公顷、水域 83.25 万公顷（见图 3–2）。与 2020 年相比，京津冀地区生态用地面积共减少了 11.76 万公顷，其中草地面积减少 1.93 万公顷、林地面积减少 10.94 万公顷、湿地面积减少 0.51 万公顷、水域面积增加了 1.62 万公顷。

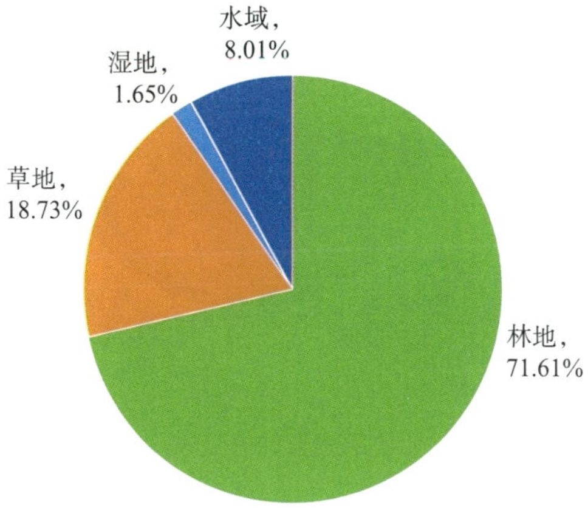

图 3–2 2023 年京津冀地区生态用地面积构成

3. 建设用地利用较为集约，地耗和人均建设用地面积均略低于全国平均水平

2023 年，京津冀地区地耗为 30.36 公顷 / 亿元，较 2022 年下降了 3.49%。人均建设用地面积为 289.77 平方米，低于全国平均水平。

4. 公路用地、货运量和货物进出口总值增长迅速

一是公路用地面积增长迅速。2023 年，京津冀地区交通运输用地面积为 53.43 万公顷，其中铁路用地 4.59 万公顷、轨道交通用地 0.30 万公顷、公路用地 25.63 万公顷、机场用地 0.81 万公顷、港口码头用地 0.81 万公顷、管道运输用地 0.04 万公顷、农村道路 21.24 万公顷（见图 3–3）。2020—2023 年，京津冀地区交通运输用地增加了 2.20 万公顷，其中面积增加最多的地类是公路用地 1.25 万公顷，其次是农村道路 0.63 万公顷。二是公路货运量增加。京津冀地区 2023 年的公路货运量为 27.06 亿吨，占当年全国公路货运量的

6.71%。2020—2023 年，公路货运量增加了 0.46 亿吨。三是货物进出口总值增加。2023 年，京津冀地区的进出口总值是 50655.19 亿元，占当年全国进出口总值的 12.13%；京津冀地区的货物出口总值比 2020 年的货物出口总值增加了 44.62%。

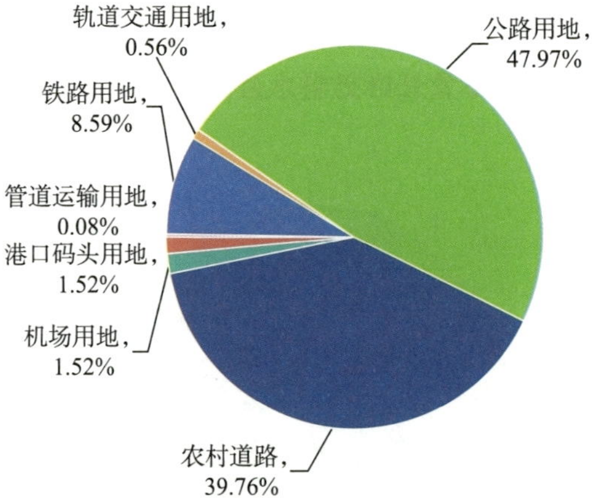

图 3-3　2023 年京津冀地区交通运输用地构成

5. 居住用地面积减少，公共服务用地面积增加

一方面，村庄居住用地面积减少。2023 年，京津冀地区居住用地面积为 128.64 万公顷，其中城镇居住用地面积为 34.42 万公顷，占比 26.76%；村庄居住用地面积为 94.22 万公顷，占比 73.24%。2023 年，京津冀地区居住用地面积较 2020 年减少了 0.11 万公顷，其中城镇居住用地增加了 2.75 万公顷，村庄居住用地面积减少了 2.86 万公顷。另一方面，公共管理与公共服务用地、绿地与开敞空间、公共设施用地面积增加。2023 年，京津冀地区公共管理与公共服务用地面积为 19.07 万公顷，较 2020 年增加 1.76 万公顷。其中，城市内部公共管理与公共服务用地 8.04 万公顷，占地区公共管理与公共服务用地的 42.16%；建制镇内部公共管理与公共服务用地 4.74 万公顷，占地区公共管理与公共服务用地的 24.86%；村庄内部公共管理与公共服务用地 6.29 万公顷，占地区公共管理与公共服务用地的 32.98%。2023 年，京津冀地区绿地与开敞空间 5.68 万公顷，较 2020 年增加 1.04 万公顷。其中，城市内部绿地与开敞空间共 3.20 万公顷，占地区绿地与开敞空间的 56.24%；建制镇内部绿地与开敞空间共 1.19 万公顷，占地区绿地与开敞空间的 20.91%；村庄内部绿地与开敞空间共 1.30 万公顷，占地区绿地与开敞空间的 22.85%。2023 年，京津冀地区公用设施用地 2.43 万公顷，较 2020 年增加 0.19 万公顷。其中，城市内部公用设施用地 0.63 万公顷，占地区公用设施用地的 25.91%；建制镇内部公用设施用地 0.53 万公顷，占地区公用设施用地的 21.95%；村庄内部公用设施用地 1.27 万公顷，占地区公用设施用地的 52.14%。

（二）长江经济带

长江经济带包括上海、重庆、江苏、浙江、安徽、江西、湖北、湖南、四川、云南、贵州全域。地区陆域行政区总面积为 205.23 万平方千米，占全国陆域面积的 21.38%，而 2022 年地区常住总人口为 60779.89 万，占全国的 43.12%；GDP 达到 58.43 万亿元，占全国的 46.35%。

1. 耕地面积有所增加

2023 年，长江经济带耕地面积为 3834.36 万公顷，其中水田 1924.50 万公顷，占比 50.19%；水浇地 171.82 万公顷，占比 4.48%；旱地 1738.04 万公顷，占比 45.33%（见图 3–4）。2020—2023 年，长江经济带耕地面积增加 37.77 万公顷，其中水田减少 5.31 万顷、水浇地增加 8.26 万公顷、旱地增加 34.82 万公顷。

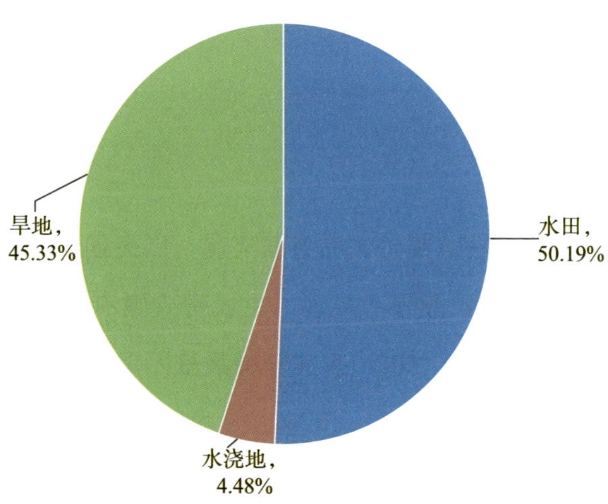

图 3–4　2023 年长江经济带耕地面积构成

2. 生态用地面积有所减少

2023年，长江经济带生态用地面积为13470.56万公顷，其中林地10931.59万公顷，占比81.15%；草地1175.30万公顷，占比8.72%；湿地246.36万公顷，占比1.83%；水域1117.30万公顷，占比8.29%（见图3-5）。2020—2023年，长江经济带生态用地面积减少52.80万公顷，其中林地减少38.13万公顷，草地减少0.91万公顷，湿地减少4.96万公顷，水域减少10.61万公顷。

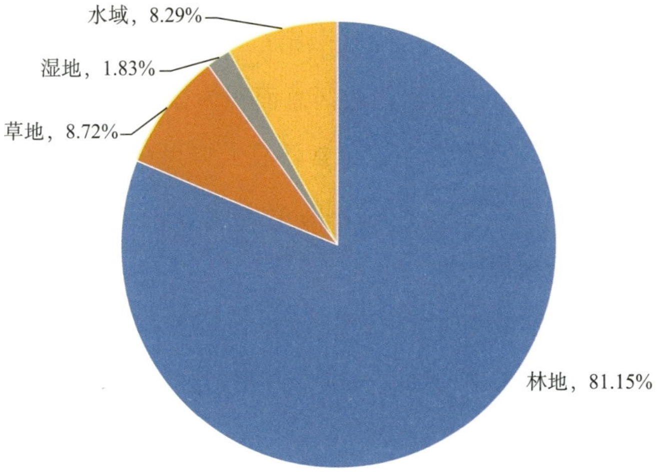

图3-5　2023年长江经济带生态用地面积构成

3. 建设用地利用较为集约，地耗和人均建设用地面积均较低

2023年，长江经济带地耗较低，为27.78公顷/亿元。2023年，人均建设用地面积为267.04平方米，低于全国平均水平。

4. 公路用地、公路货运量和货物进出口总值增长迅速

一是公路用地面积增长迅速。2023年，长江经济带交通运输用地面积为387.90万公顷，其中铁路用地17.19万公顷、轨道交通用地1.17万公顷、公路用地166.40万公顷、机场用地4.24万公顷、港口码头用地2.44万公顷、管道运输用地0.22万公顷、农村道路192.24万公顷（见图3-6）。2020—2023年，长江经济带交通运输用地增加了31.28万公顷，其中面积增加最多的地类

是农村道路 16.56 万公顷，其次是公路用地 12.51 万公顷。二是公路货运量增长迅速。长江经济带 2023 年的公路货运量为 181.62 亿吨，占当年全国公路货运量的 45.03%。2020—2023 年，公路货运量增加了 27.75 亿吨。三是货物进出口总值增加。2023 年，长江经济带的进出口总值是 190048.1 亿元，占当年全国进出口总值的 45.51%；2020—2023 年，长江经济带的货物出口总值增加了 40315.3 亿元。

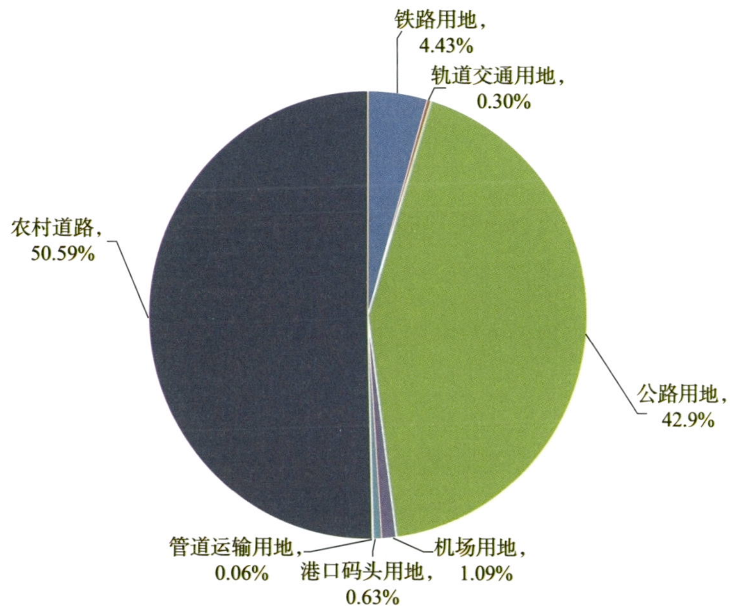

图 3-6 2023 年长江经济带交通运输用地面积构成

5. 居住用地面积减少，公共服务用地面积增加

一是居住用地面积减少。2023 年，长江经济带居住用地面积为 709.80 万公顷，其中，城镇居住用地面积为 167.43 万公顷，占比 23.59%；村庄居住用地面积为 542.37 万公顷，占比 76.41%。2020—2023 年，长江经济带居住用地面积减少了 2.16 万公顷，其中，城镇居住用地面积增加了 5.13 万公顷，村庄居住用地面积减少了 7.29 万公顷。二是公共管理与公共服务用地、绿地与开敞空间、公共设施用地面积增加。2023 年，长江经济带公共管理与公共服务用地面积为 89.25 万公顷，其中，城市内部公共管理与公共服务用地面积为 34.96 万公顷，占地区公共管理与公共服务用地的 39.17%；建制镇内部公共管理与公共服务用地 27.40 万公顷，占地区公共管理与公共服务用地的 30.69%；村庄内部公共管理与公共服务用地 26.89 万公顷，占地区公共管理与公共服务用地的 30.13%。2020—2023 年，长江经济带公共管理与公共服务用地增加 7.56 万公顷。2023 年，长江经济带绿地与开敞空间 20.29 万公顷，其中，城市内部绿地与开敞空间 12.21 万公顷，占地区绿地与开敞空间的 60.21%；建制镇内部绿地与开敞空间 5.31 万公顷，占地区绿地与开敞空间的 26.18%；村庄内部绿地与开敞空间 2.76 万公顷，占地区绿地与开敞空间的 13.61%。2020—2023 年，长江经济带绿地与开敞空间增加 1.91 万公顷。2023 年，长江经济带公用设施用地 10.85 万公顷，其中，城市内部公用设施用地 2.03 万公顷，占地区公用设施用地的 18.71%；建制镇内部公用设施用地 2.45 万公顷，占地区公用设施用地的 22.58%；村庄内部公用设施用地 6.37 万公顷，占地区公用设施用地的 58.71%。2020—2023 年，长江经济带公用设施用地增加 1.44 万公顷。

（三）粤港澳大湾区

由于缺乏香港和澳门数据，本《报告》仅分析珠三角地区。珠三角地区包括广州、佛山、肇庆、深圳、东莞、惠州、珠海、中山、江门 9 个城市，是粤港澳大湾区的重要组成部分。行政区总面积为 5.50 万平方千米，仅占全国陆域面积的 0.60%，而 2023 年总人口为 7869.76 万，占全国的 5.59%；生产总值达到 11.02 万亿元，占全国的 8.81%，其中深圳、广州和佛山是珠三角地区生产总值前 3 位的城市，生产总值均超过 1.00 万亿元。

1. 耕地面积有所增加

2023 年，珠三角地区耕地面积为 40.83 万公顷，其中水田 30.51 万公顷，占比 74.73%；水浇地 7.29 万公顷，占比 17.86%；旱地 3.02 万公顷，占比为 7.41%（见图 3–7）。2020—2023 年，珠三角地区耕地面积增加 2253.45 公顷，其中水田减少 149.45 公顷，水浇地增加 2631.45 公顷，旱地减少 228.55 公顷。

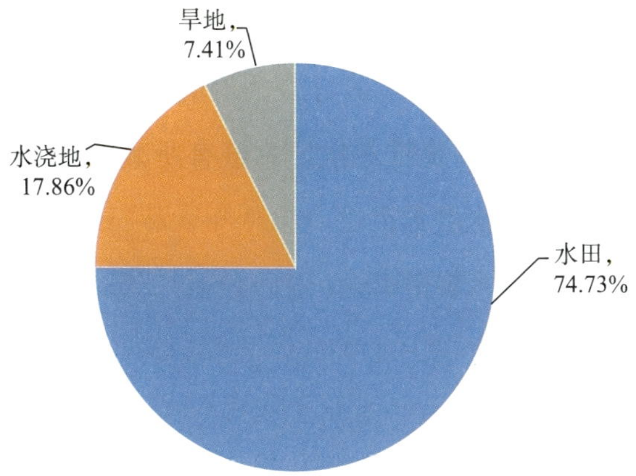

图 3-7　2023 年珠三角地区耕地面积构成

2. 生态用地面积有所减少

2023 年，珠三角地区生态用地面积为 353.42 万公顷。其中，林地 279.05 万公顷，占比 78.96%；草地 8.55 万公顷，占比 2.42%；陆地水域 61.90 万公顷，占比 17.52%；湿地 3.91 万公顷，占比 1.11%（见图 3-8）。2020—2023 年，珠三角地区生态用地面积减少 3.82 万公顷。其中，林地减少 2.30 万公顷，草地增加 0.07 万公顷，湿地减少 0.13 万公顷，陆地水域减少 1.46 万公顷。

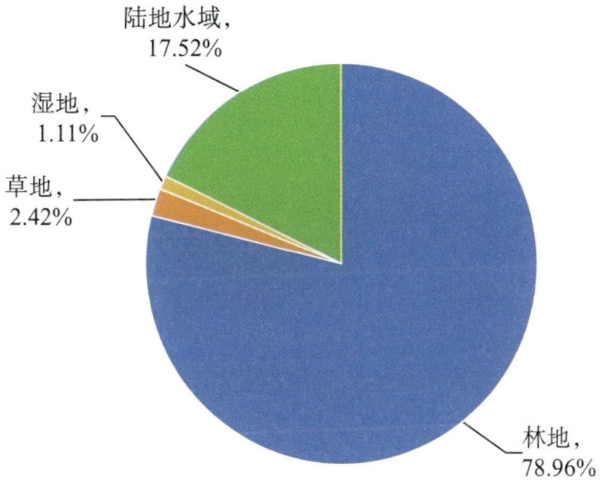

图 3-8　2023 年珠三角地区生态用地面积构成

3. 建设用地面积及城镇建设用地面积均有所增加

2023 年，珠三角地区建设用地面积为 107.43 万公顷。其中，城镇建设用地面积为 64.54 万公顷，占比 60.08%。2020—2023 年，珠三角地区建设用地面积增加了 51579.95 公顷，其中城镇建设用地增加了 18926.68 公顷。

4. 公路用地增长迅速，货物进出口总值有所减少

一方面，公路用地面积增长迅速。2023 年，珠三角地区交通运输用地面积为 15.57 万公顷，其中，铁路用地 0.80 万公顷、轨道交通用地 0.28 万公顷、公路用地 10.16 万公顷、机场用地 0.48 万公顷、港口码头用地 0.54 万公顷、管道运输用地 0.02 万公顷、农村道路 3.28 万公顷（见图 3-9）。珠三角地区交通运输用地较 2020 年增加了 16731.10 公顷，其中面积增加最多的地类是公路用地 11416.44 公顷，其次为农村道路 2455.10 公顷。另一方面，货物进出口总值有所减少。2022 年，珠三角地区的货物进出口总值是 79351.79 亿元，比 2021 年下降 4.90%，占全国货物进出口总值的 18.87%。2022 年，珠三角地区的货物出口总值是 50963.99 亿元，占当年货物进出口总值的 64.23%；货物进口总值是 28387.80 亿元，占当年货物进出口总值的 35.77%。

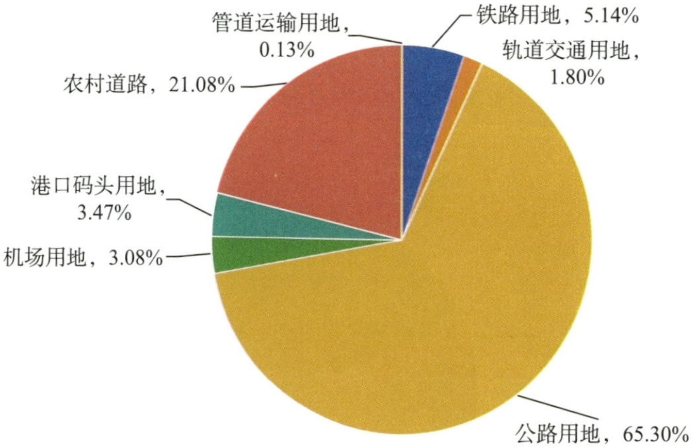

图 3-9　2023 年珠三角地区交通运输用地面积构成

5. 居住用地面积增加，公共及商业服务用地面积减少

一是居住用地面积增加，尤其是城镇居住用地。2023 年，珠三角地区居住用地面积为 29.80 万公顷，其中，城镇居住用地面积为 18.78 万公顷，占比 63.02%；村庄居住用地面积为 11.02 万公顷，占比 36.98%。2020—2023

年，珠三角地区居住用地面积增加了 3779.03 公顷，其中，城镇居住用地增加了 2698.34 公顷，占比 71.40%；村庄居住用地面积增加了 1080.69 公顷，占比 28.60%。二是公共服务用地面积减少，尤其是城镇公共服务用地。2023 年，珠三角地区公共服务用地面积为 5.19 万公顷，其中，城镇公共服务用地面积为 4.15 万公顷，占比 79.96%；村庄公共服务用地面积为 1.04 万公顷，占比 20.04%。2020—2023 年，珠三角地区公共服务用地面积减少了 29164.38 公顷，其中，城镇公共服务用地减少了 23328.19 公顷，占比 79.99%；村庄公共服务用地面积减少了 5836.19 公顷，占比 20.01%。三是商业服务用地面积减少，尤其是城镇商业服务用地。2023 年，珠三角地区商业服务用地面积为 6.31 万公顷，其中，城镇商业服务用地面积为 5.24 万公顷，占比 83.04%；村庄商业服务用地面积为 1.07 万公顷，占比 16.96%。2020—2023 年，珠三角地区商业服务用地面积减少了 12561.99 公顷，其中，城镇商业服务用地减少了 10599.14 公顷，占比 84.37%；村庄商业服务用地减少了 1962.85 公顷，占比 15.63%。

6. 工矿用地面积及特殊用地面积总体上均有所增加

一方面是工矿用地面积总体上有所增加。2023 年，珠三角地区工矿用地面积为 24.83 万公顷，较 2020 年增加了 1.73 万公顷。另一方面是特殊用地面积总体上有所增加。2023 年，珠三角地区特殊用地面积为 0.81 万公顷，较 2020 年增加了 0.12 万公顷。

（四）长三角地区

根据中共中央、国务院印发的《长江三角洲区域一体化发展规划纲要》，长江三角洲区域一体化发展区规划范围包括上海市、江苏省、浙江省、安徽省。行政区总面积为 35.91 万平方千米，仅占全国陆域面积的 3.7%，而 2023 年总人口为 23761.00 万人，占全国的 16.88%；GDP 达到 30.50 万亿元，占全国 GDP 的 24.39%。

1. 耕地面积有所增加

2023 年，长三角地区耕地面积为 1118.48 万公顷，其中，水田 668.79 万公顷，占比 59.79%；水浇地 109.21 万公顷，占比 9.76%；旱地 340.48 万公顷，占比 30.44%（见图 3-10）。2020—2023 年，长三角地区耕地面积增加 14.70 万公顷，其中水田增加 0.95 万公顷、水浇地增加 7.90 万公顷、旱地增加 5.85 万公顷。

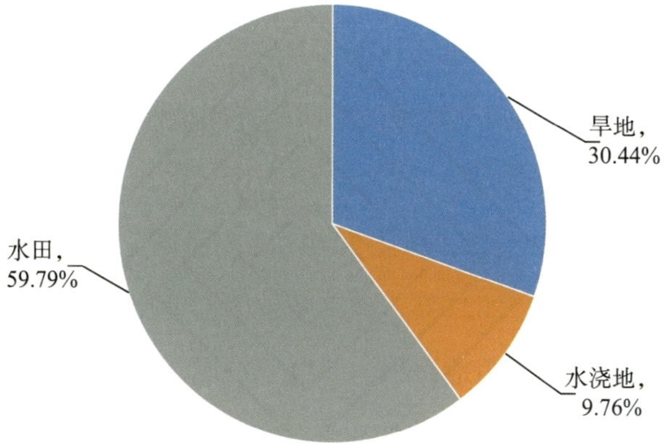

图 3-10　2023 年长三角地区耕地面积构成

2. 生态用地面积有所减少

2023 年，长三角地区生态用地面积为 1699.60 万公顷，其中，林地 1100.73 万公顷，占比 64.76%；草地 26.91 万公顷，占比 1.58%；水域 504.42 万公顷，占比 29.68%；湿地 67.54 万公顷，占比 3.97%（见图 3-11）。2020—2023 年，长三角地区生态用地面积减少 9.30 万公顷，其中林地减少 3.74 万公顷、草地增加 5.15 万公顷、水域减少 8.54 万公顷、湿地减少 2.17 万公顷。

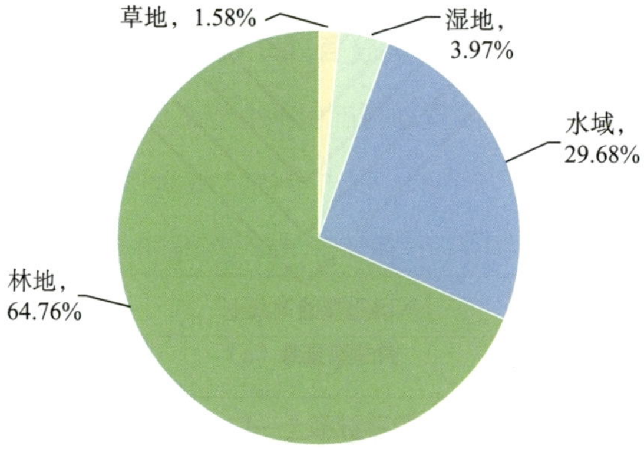

图 3-11　2023 年长三角地区生态用地面积构成

3. 建设用地面积增加，土地利用不断集约

2023 年，长三角地区建设用地面积为 613.14 万公顷，与 2020 年相比，建设用地面积增加了 0.15 万公顷。2023 年，长三角地区地耗较低，为 20.10 公顷 / 亿元。2023 年，长三角地区人均建设用地面积为 258.04 平方米，低于全国平均水平，较 2020 年下降 0.91%。

4. 公路用地面积增长迅速

2023 年，长三角地区交通运输用地面积为 104.49 万公顷，其中铁路用地 5.61 万公顷、轨道交通用地 0.68 万公顷、公路用地 52.31 万公顷、机场用地 1.30 万公顷、港口码头用地 1.87 万公顷、管道运输用地 0.09 万公顷、农村道路 42.63 万公顷（见图 3-12）。2020—2023 年，长三角地区交通运输用地增加了 7.46 万公顷，交通运输用地中面积增加最多的地类是公路用地 4.09 万公顷，其次是农村道路 2.57 万公顷。

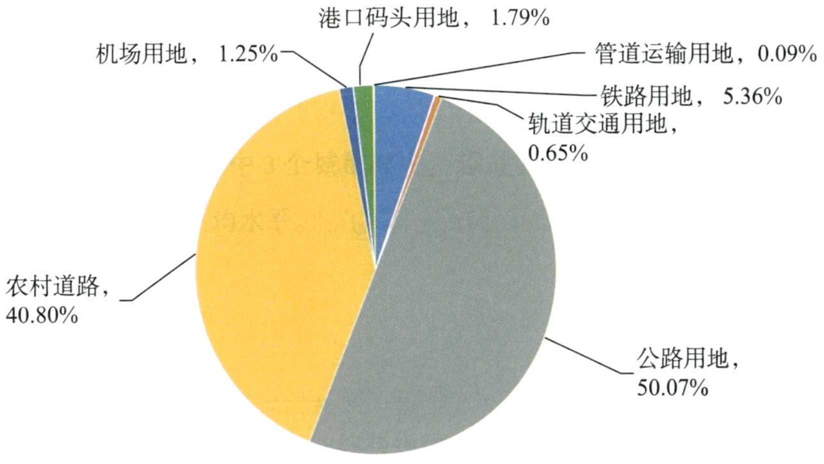

图 3-12　2023 年长三角地区交通运输用地面积构成

5. 居住用地面积减少，尤其是村庄住宅用地

2023 年，长三角地区居住用地面积为 244.39 万公顷，其中，城镇居住用地面积为 76.28 万公顷，占比 31.21%；村庄居住用地面积为 168.11 万公顷，占比 68.79%。长三角地区居住用地面积较 2020 年减少了 3.19 万公顷，其中城镇居住用地增加了 2.52 万公顷，村庄居住用地面积减少了

5.72 万公顷。

6. **公共服务用地面积增加**

2023 年，长三角地区公共管理与公共服务用地面积为 37.24 万公顷；绿地与开敞空间用地面积为 10.00 万公顷；公用设施用地面积为 4.33 万公顷；商业服务业用地面积为 20.74 万公顷。2020—2023 年，长三角地区公共管理与公共服务用地面积增加 2.80 万公顷，绿地与开敞空间用地面积增加 0.63 万公顷，公用设施用地面积增加 0.48 万公顷，商业服务业用地面积增加 1.06 万公顷。

（五）黄河流域

推动黄河流域生态保护和高质量发展，是贯彻落实区域协调发展战略、统筹生态保护与经济发展的重要举措，为黄河流域各省（区）实现高质量发展提供了重大历史机遇。黄河流域研究涉及青海、四川、甘肃、宁夏、内蒙古、山西、陕西、河南、山东 9 个省（区），本次统计共涉及 75 个地区（州、盟、市）。黄河流域陆域行政区总面积为 224.74 万平方千米，占全国陆域面积的 23.40%。2022 年，地区常住总人口为 25849.34 万人，占全国人口的 18.31%；GDP 为 16.94 万亿元，仅占全国 GDP 的 14.00%。

1. **耕地面积有所增加**

2023 年，黄河流域耕地面积为 2522.13 万公顷，其中，水田 46.53 万公顷，占比 1.84%；水浇地 1178.48 万公顷，占比 46.73%；旱地 1297.12 万公顷，占比 51.43%（见图 3–13）。2020—2023 年，黄河流域耕地面积增加 36.41 万公顷，其中水田增加 0.02 万公顷、水浇地增加 25.49 万公顷、旱地增加 10.89 万公顷。

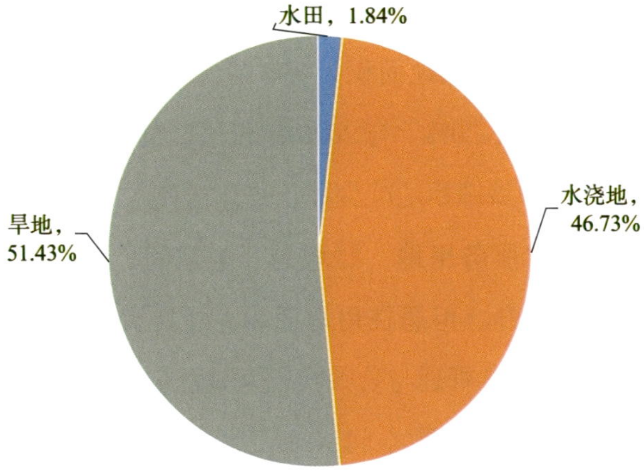

图 3-13 2023 年黄河流域耕地面积构成

2. 生态用地面积小幅减少，其中草地减少最多

2023 年，黄河流域生态用地面积为 15065.67 万公顷，其中湿地 730.73 万公顷、林地 5260.70 万公顷、草地 8572.01 万公顷、水域 502.23 万公顷（见图 3-14）。与 2020 年相比，黄河流域生态用地面积共减少了 58.15 万公顷，其中草地面积减少 37.06 万公顷、林地面积减少 8.72 万公顷、湿地面积减少 1.38 万公顷、水域面积减少 10.99 万公顷。

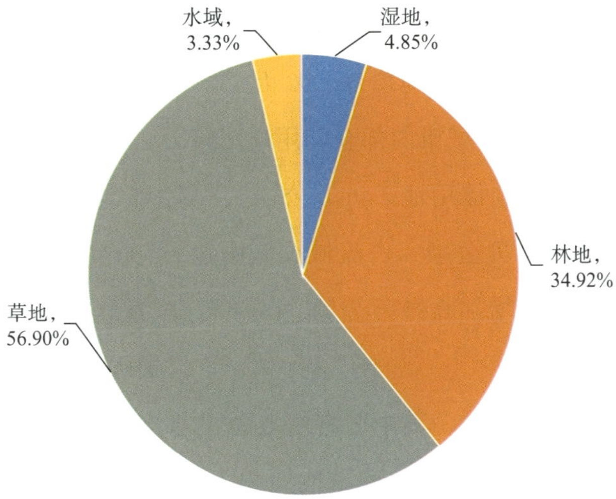

图 3-14 2023 年黄河流域生态用地面积构成

3. 建设用地面积增加，城镇用地面积减少

2023年，黄河流域建设用地面积为870.34万公顷，其中，城镇用地面积为219.32万公顷，占比25.20%。与2020年相比，黄河流域建设用地面积增加了20.31万公顷，其中城镇用地减少了5.93万公顷。

4. 公共管理与公共服务用地、绿地与开敞空间、公共设施用地等面积增加，国土空间品质提升，但居住用地面积有所减少

2023年，黄河流域公共管理与公共服务用地面积为46.22万公顷，较2020年增加3.76万公顷。绿地与开敞空间10.41万公顷，较2022年增加1.24万公顷。公用设施用地6.00万公顷，较2022年增加0.70万公顷。2023年，黄河流域居住用地面积为329.76万公顷，其中城镇居住用地面积为78.99万公顷，占比23.95%；村庄居住用地面积为250.77万公顷，占比76.05%。与2022年相比，黄河流域居住用地面积减少了0.62万公顷，其中城镇居住用地面积增加了4.80万公顷，村庄居住用地面积减少了5.43万公顷。

5. 工矿用地和仓储用地增加

2023年，黄河流域工矿用地面积为88.76万公顷，其中，城市内部工矿用地16.42万公顷，占流域工矿用地的18.50%；建制镇内部工矿用地34.78万公顷，占流域工矿用地39.18%；村庄内部工矿用地37.56万公顷，占流域工矿用地的42.32%。与2022年相比，黄河流域的工矿用地增加4.84万公顷，其中建制镇内部工矿用地增加5.92万公顷。2023年，黄河流域仓储用地11.00万公顷，其中，城市内部仓储用地2.19万公顷，占流域仓储用地的19.90%；建制镇内部仓储用地2.46万公顷，占流域仓储用地的22.41%；村庄内部仓储用地6.34万公顷，占流域仓储用地的57.69%。与2022年相比，黄河流域的仓储用地增加0.85万公顷，其中村庄内部仓储用地增加0.28万公顷。

6. 交通运输用地增加，其中公路用地面积增长较多

2023年，黄河流域交通运输用地面积为210.11万公顷，其中铁路用地14.47万公顷、轨道交通用地0.24万公顷、公路用地88.72万公顷、农村道路104.21万公顷、机场用地2.05万公顷、港口码头用地0.23万公顷、管道运输用地 0.20 万公顷（见图 3-15）。与 2022 年相比，黄河流域交通运输用地增加了 12.26 万公顷，其中面积增加最多的地类是公路用地，为 6.24 万公顷。

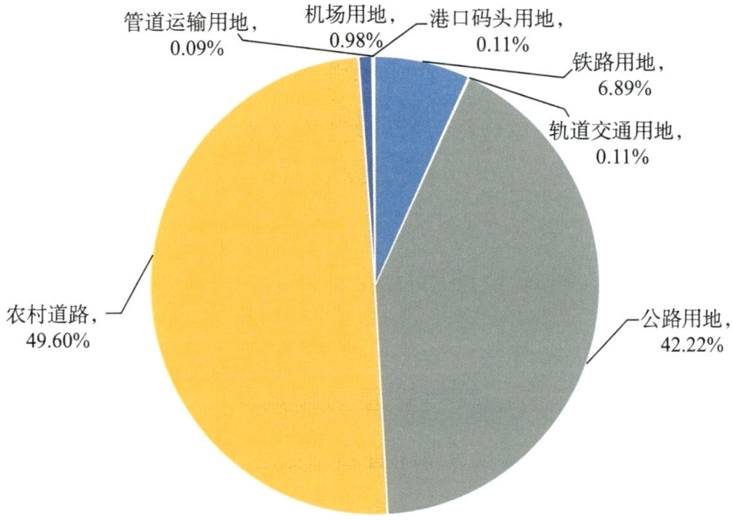

图 3-15 2023 年黄河流域交通运输用地面积构成

二、城市群

（一）城市群空间发展格局

我国 19 个城市群空间结构以都市圈为核心地带，围绕都市圈中心城市的集聚和辐射带动作用，形成了中心城市—都市圈—城市群的圈层状城镇化空间结构。不同地区的城市群空间结构表现出明显的区域差异，京津冀、山东半岛、长三角、长江中游、海峡西岸、成渝、北部湾、珠三角等城市群多数已处于多中心发展阶段，而哈长城市群、晋中、呼包鄂榆、宁夏沿黄、天山北坡、黔中、滇中等城市群尚处于单中心集聚阶段。

1. 我国城市群空间分布东南密、西北疏

东部城市群多中心结构多于中西部城市群，城市群的多中心结构由西向东逐渐增强，处于单中心化过程中的城市群大多位于经济欠发达的西部地区和经济转型期的东北地区，说明城市群、都市圈空间结构的发展阶段与经济发展水平密切相关。

2. 不同地区城市群、都市圈整体发展格局存在显著差距

有的中心城市综合实力较强但“一城独大”，对周边城市的“虹吸效应”大于辐射作用，如西安、哈尔滨、长春等中心城市常住人口增量占所处城市群人口增量的65%以上。部分中心城市发展能级不高，如兰州、银川等西北地区城市规模较小，其人口规模只有城市群平均水平的10%左右，辐射带动作用有限。

（二）城市群人地增长速率比较

不同城市群的“人地异速”特征差异较大。从城市群视角对我国代表性城镇化地区的人口—土地城镇化异速增长情况进行地理画像分析，将全国城市群人口—土地城镇化异速增长主要类型归纳为5种情况（见图3-16），展示了我国城市群的人口—土地城镇化异速增长情况。

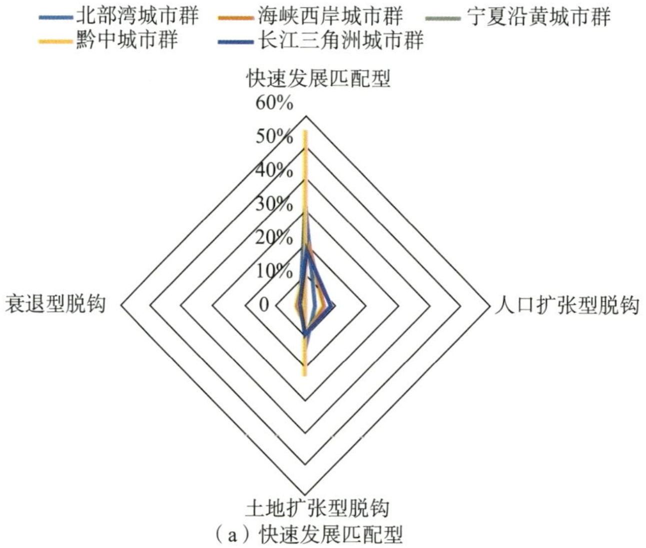

（a）快速发展匹配型

图3-16　城市群人口—土地城镇化异速增长类型

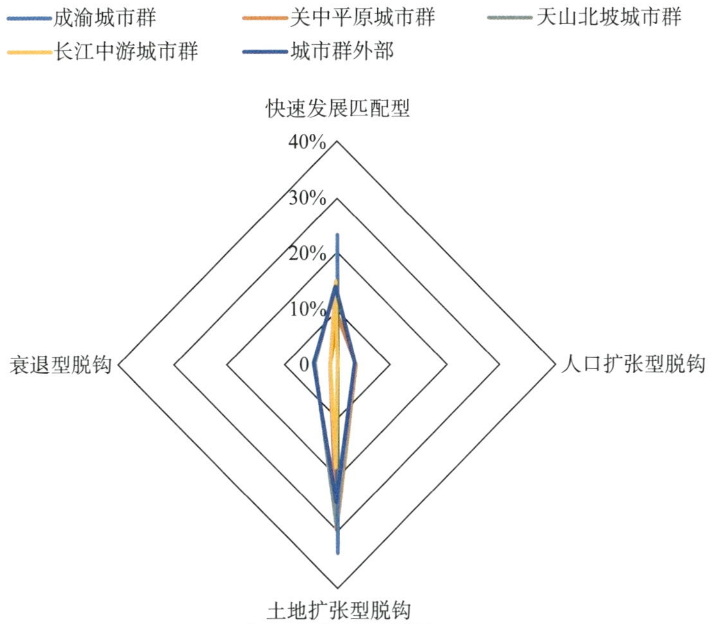

（b）土地扩张型脱钩

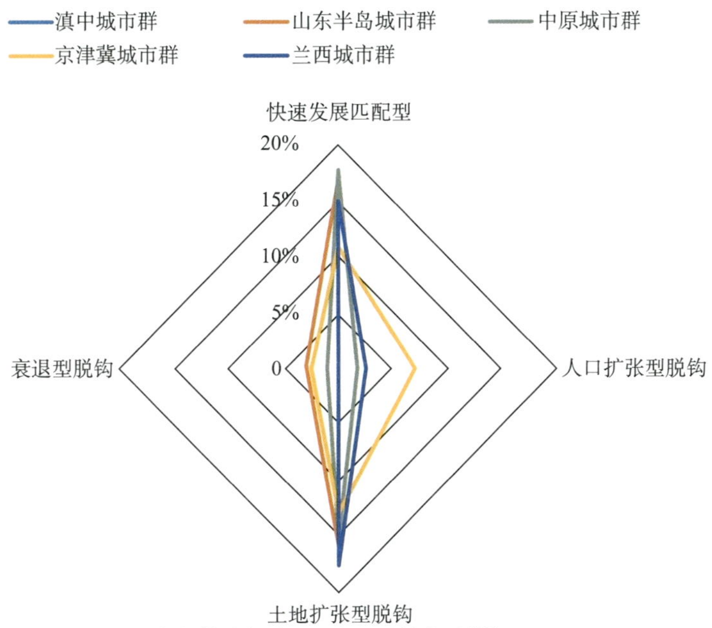

（c）快速发展匹配型+土地扩张型脱钩

图 3-16　城市群人口—土地城镇化异速增长类型（续）

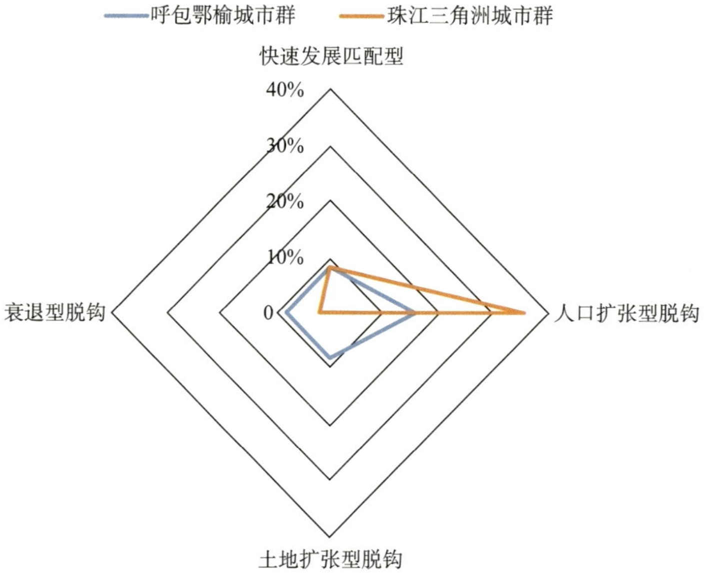

（d）人口扩张型脱钩

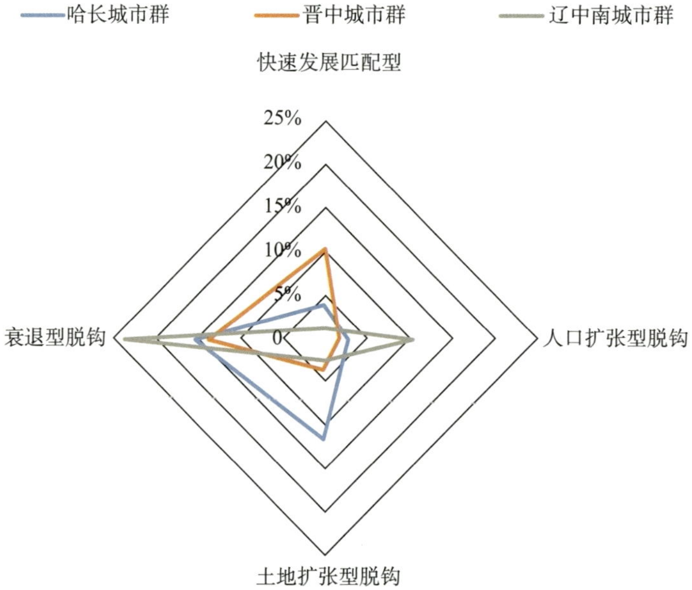

（e）衰退型脱钩

图 3-16　城市群人口—土地城镇化异速增长类型（续）

1. 土地扩张型脱钩为主

长江中游、成渝、关中平原、天山北坡 4 个城市群中，超过 28% 的区县均属于土地扩张型脱钩区县，土地城镇化速度显著超过人口城镇化速度。

2. 快速发展匹配型和土地扩张型脱钩两类为主

京津冀、中原、山东半岛、滇中、兰西 5 个城市群的“人地异速”类型以快速发展匹配型和土地扩张型脱钩两类为主，其中快速发展匹配型区县普遍集中分布于核心城市周边，土地扩张型脱钩型区县普遍分布于城市群边缘。

3. 人口扩张型脱钩为主

珠江三角洲、呼包鄂榆 2 个城市群的“人地异速”类型以人口扩张型脱钩为主，占比分别为 36.0%、16.2%，远高于全国 4.3% 的平均水平。

4. 快速发展匹配型为主

长江三角洲、北部湾、黔中、海峡西岸、宁夏沿黄 5 个城市群中的快速发展匹配型区县均在 17% 以上，高于 15% 的全国平均水平，处于城镇化中期快速发展阶段，总体实现了城镇化土地和人口的有效增长与集聚。

5. 衰退型脱钩为主

辽中南、哈长、晋中 3 个城市群中，超过 13% 的区县属于衰退型脱钩，远高于全国 3.6% 的平均水平。

三、都市圈

按照《都市圈国土空间规划编制规程》标准，本书共识别了 41 个符合都市圈空间范围识别标准的现状都市圈。我国都市圈城市行政区面积为 54.77 万平方千米，以 5.8% 的国土承载了全国 40.3% 的城镇用地和 33.8% 的人口（不含港澳台），都市圈空间分布东南密、西北疏，与我国地理、人口、经济布局基本保持一致。我国在空间、人口等多个维度均呈现出都市圈化特征，已初步形成多中心、网络化、开放式、集约型城镇空间格局。

（一）都市圈空间结构

1. 都市圈不同圈层结构的均衡发展标志着都市圈较高的城镇化水平与成熟的演化态势

从都市圈城镇用地规模来看，排名在前 5 位的都市圈均位于东部地区，包括苏锡常、广佛、上海、天津、北京，城镇用地面积分别为 3496.2 平方千米、2872.4 平方千米、2466.6 平方千米、2233.3 平方千米、2082.9 平方千米。成都、重庆是除东部地区外城镇用地规模最大的两个都市圈，城镇用地面积分别为 2028.3 平方千米、1648.8 平方千米（见图 3–17）。

分析结果表明，不同地区都市圈空间结构存在明显的区域差异，上海、苏锡常、广佛、深圳、宁波、青岛、徐州、合肥等都市圈核心区城镇用地占比较高，均超过 50%，表现出较强的核心能级，以核心区的辐射带动作用为都市圈发展的主要动力。武汉、杭州、临沂、温州、徐州、长春等都市圈紧邻核心区城镇用地占比均达到 50% 以上，一方面反映出这些都市圈在其发展的腹地有相当规模的城镇用地，构成了都市圈潜在的新增长极，可以促进都市圈的多中心发展；另一方面，考虑到上述都市圈仍处于快速发展阶段，也体现了这些都市圈的核心地区辐射能力有限。此外，占都市圈国土面积 44% 的外围区县城镇用地占比平均值为 23%，表明我国都市圈的核心区域辐射能力仍有较大发展空间，都市圈发展总体处于起始和快速增长阶段。

2. 都市圈的非核心区县城均具有承接和分散核心区城镇功能的作用，当非核心区的城镇化规模较高时，其承接和疏解能力较强，都市圈内部发展协调性条件较好

我国都市圈的核心发展地区普遍以市区为主，城镇用地面积占比总体在 78% 以上，县城城镇用地占比较低。中部地区都市圈的县城城镇用地占比平均值为 64.1%，在四大区域中占比最高，表现出都市圈内县城对承接和分散核心区城镇功能有较高的水平。从具体都市圈来看，苏锡常、银川、洛阳、南昌、郑州、海口、温州、南通、福州、厦漳泉、宁波等都市圈的县城城镇

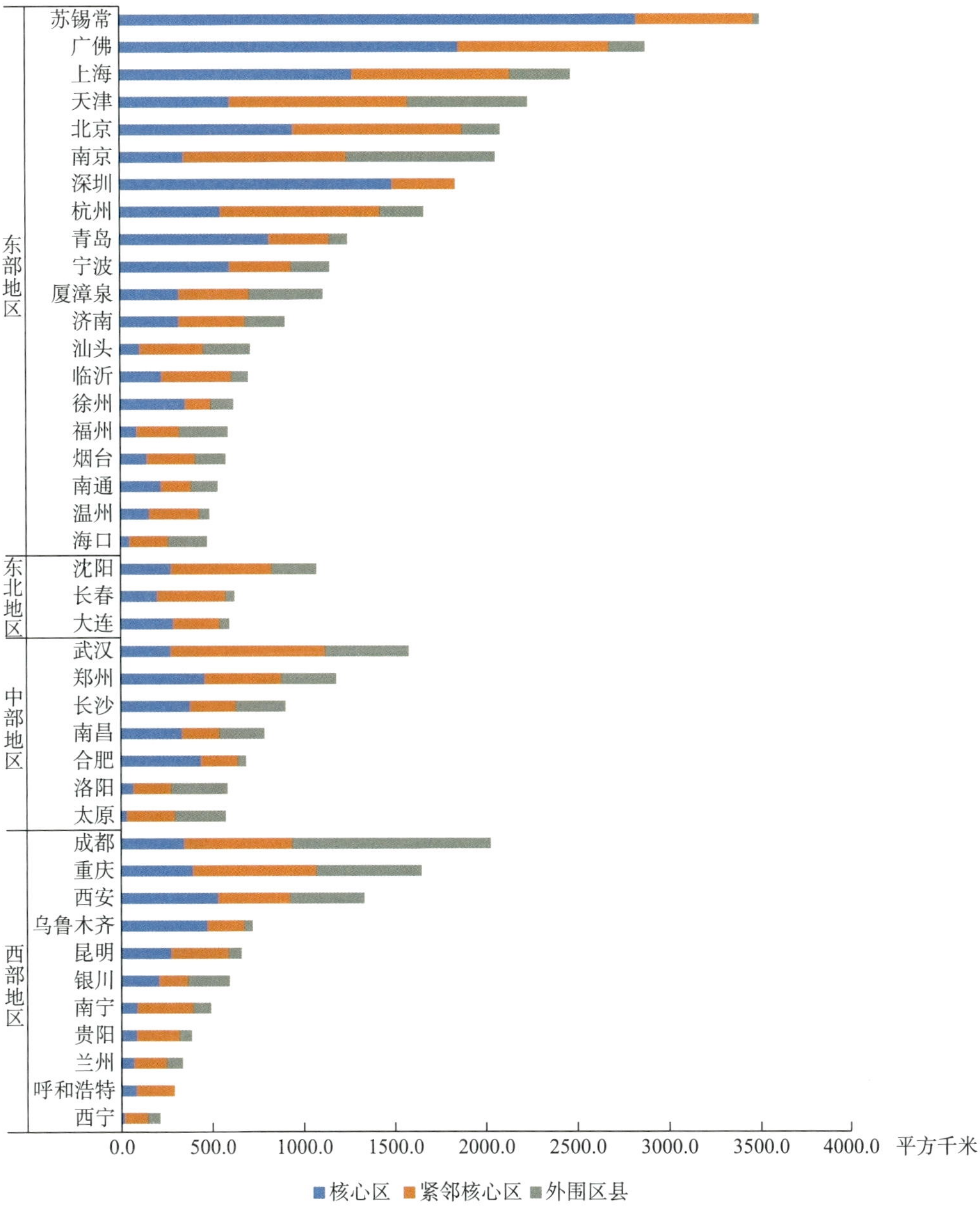

图 3-17 我国都市圈圈层结构城镇用地面积统计

用地占比均超过 40%，都市圈内县城承接分散核心区城镇功能现象显著；上海、广佛、深圳、天津、重庆、南宁、大连、长春、沈阳、烟台、汕头等都市圈，县城城镇用地占比均在 10% 以内，都市圈外围县城城镇发展薄弱。

（二）都市圈功能结构

工业化是带动都市圈发展的关键力量，工业用地的合理配置为都市圈国土空间格局优化与高质量发展提供基础。工业用地规模排名前 10 的都市圈为苏锡常、广佛、南京、上海、天津、深圳、杭州、成都、重庆、宁波。其中，8 个都市圈均位于东部地区。

1. 不同都市圈的工业用地圈层配置差异明显

苏锡常、深圳、青岛、广佛、宁波、徐州、大连、合肥、乌鲁木齐 9 个都市圈的核心区工业用地占比超过 50%，外围区县与核心区工业用地占比平均相差 3.9 倍，两者差距较大，不利于都市圈内外的协调发展。成都、太原、洛阳、福州、重庆、南昌、海口、南京、银川等都市圈外围区县工业用地占比较高，均大于 45%，工业用地在外围区县的分布水平相对较高，呈现出工业发展的空间溢出效应。

从都市圈功能结构的角度来看，功能结构的丰富程度越高，越有利于都市圈城镇化发展，单一功能的过度集中会明显增加时间成本，降低地区活力。《报告》采用天地图 POI 数据对各个都市圈内城市空间功能结构特征进行对比分析。从 POI 数量来看，深圳、广佛、苏锡常、上海、成都都市圈的 POI 数量最多，均在 50 万个以上；北京、杭州、重庆、南京、厦漳泉、西安、武汉、南昌、天津、郑州、昆明 POI 数量位于第二梯队，均为 20 万 ~40 万个；海口、大连、烟台、乌鲁木齐、兰州、临沂、徐州、呼和浩特、西宁 POI 数量较低，均在 10 万个以内。

2. 都市圈功能结构的丰富程度由核心区向外依次递减

对比不同圈层 POI 数量可以发现，都市圈功能结构的丰富程度由核心区向外依次递减，表现出显著的圈层等级结构特征，都市圈外围区县功能结构的单薄，扩大了都市圈内外圈层的发展差距。从 POI 功能结构来看（见

图 3-18），各都市圈均呈现以零售服务 POI 为主，公司企业、科教文卫 POI 次之，公共管理、金融商业 POI 相对较少的特点。

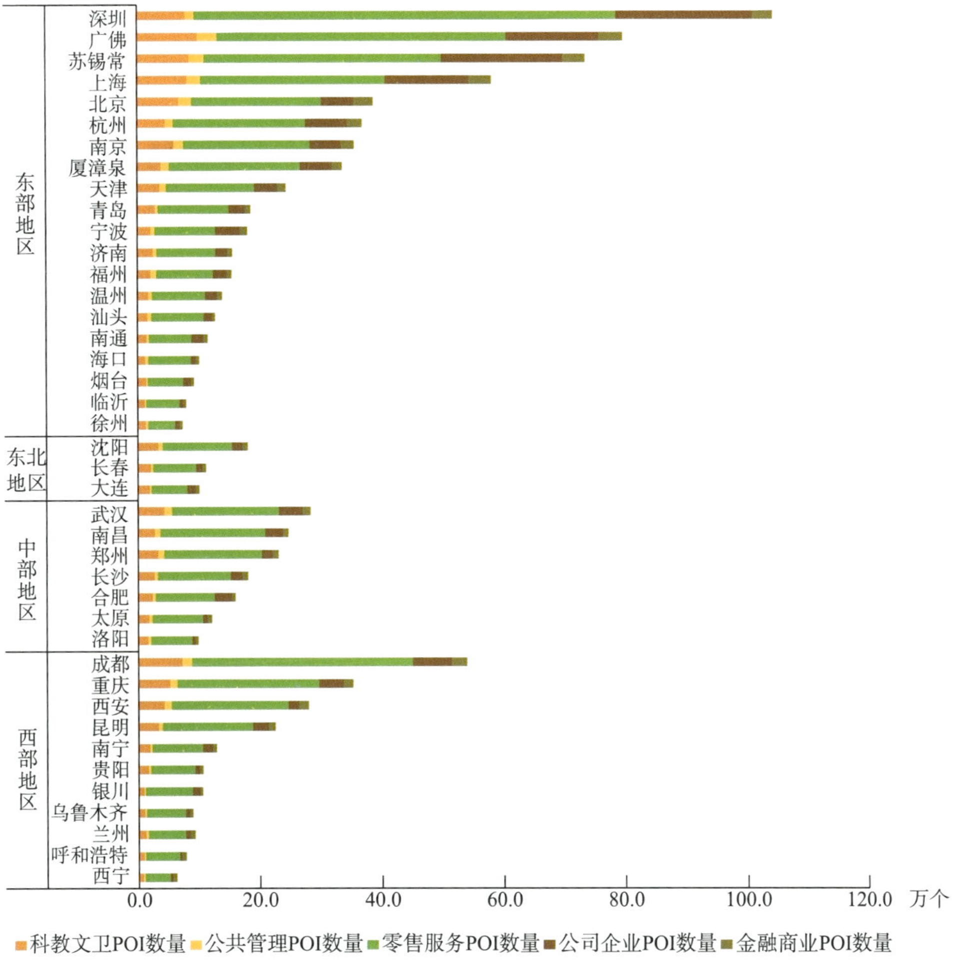

图 3-18 我国都市圈分类 POI 数量统计

对比 POI 数量排名前 10 位与后 10 位的都市圈可以发现（见图 3-19），各都市圈 POI 数量的差别主要体现在零售服务和公司企业方面，表现出都市圈规模越大、公司企业 POI 占比越高、都市圈规模越小、零售服务 POI 占比越高的总体特征。该特征表明都市圈城镇功能的完善程度与公司企业数量呈正向关系。

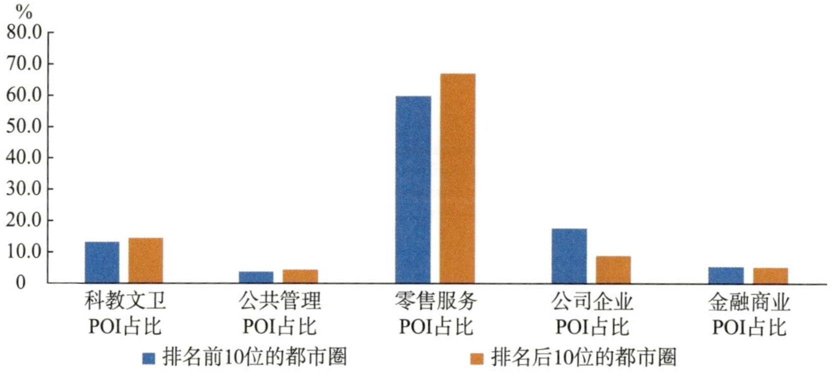

图 3-19　POI 数量排名前 10 位与排名后 10 位都市圈分类 POI 占比

排名前 10 位的都市圈中，深圳、苏锡常、广佛、上海都市圈的公司企业有 80% 集中分布在都市圈核心区内，区域协调发展受到中心城市集聚作用的影响较大；宁波、南京、厦漳泉、北京、成都、杭州等都市圈核心区为 62%，呈现出多中心城市功能空间结构的特点（见图 3-20）。

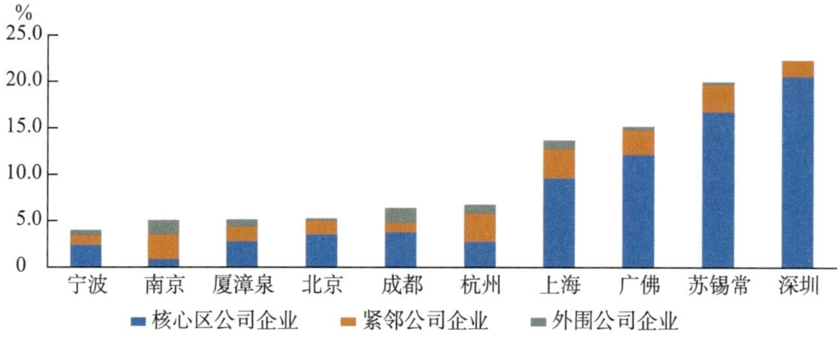

图 3-20　都市圈公司企业 POI 数量分圈层统计（排名前 10 位）

（三）都市圈发育等级

从都市圈的发育等级来看，发育等级越高的都市圈，其经济发展水平和协调发展程度相对越好，中心城市的带动能力更强；发育等级较低的都市圈，城镇间联系较少，中心城市辐射功能相对较弱。《报告》选取国际上典型的 20 个都市圈（metropolitan region）[①]，根据城镇化演化总体逻辑从土地规模和人口规模两个方面对比城镇化进展。由于缺少一致的数据口径，对国内都市圈采用国土变更调查数据、第七次全国人口普查常住人口数据提取城镇土地规模和人口规模；对国外都市圈采用全球 30M 地表覆盖人造地表数据、美国能源部 LandScan 数据（全球人口动态统计分析数据库），提取城镇土地规模和人口规模。根据城镇土地规模，采用自然断点法，对国内外都市圈的发育程度进行分级归类，将都市圈发育等级划分为超大、特大、大型、一般 4 个等级。参考国际都市圈发展经验可知，发展最为成熟的都市圈城镇化土地规模为 4000~7000 平方千米，平均人口为 2000 万人左右。

对比国内不同发育程度的都市圈与相应的国际都市圈（见图 3–21），可以发现以下几个特点。

第一，在空间尺度上苏锡常、广佛都市圈的城镇化范围规模[②]达到 4000 平方千米以上，与芝加哥、东京都市圈相当。其中，广佛都市圈的人口密度为 7599 人 / 平方千米，与东京都市圈 8427 人 / 平方千米相近。

第二，上海、北京、深圳都市圈在空间尺度上接近 3000 平方千米，平均人口约 2600 万人，虽低于纽约、洛杉矶、芝加哥、东京等巨型都市区域，但在空间和人口规模上已经远高于平均面积 2200 平方千米、人口 780 万人的华盛顿特区、墨尔本、伦敦、多伦多等国际知名的大都市区域。

第三，纽约、洛杉矶作为全球的超级都市区域，其土地城镇化范围规模均超过 5800 平方千米，显著高于其他都市圈，但其人口密度均低于 2900 人 / 平方千米。华盛顿特区、旧金山、波士顿等美国的都市圈人口密度普遍为 2400~3200 人 / 平方千米，远低于我国都市圈 7861 人 / 平方千米的平均人口密度，表明我国超大规模都市圈的城镇化途径将与美国有很大不同，这是两者基本国情的区别造成的。

---

① 英文为 metropolitan region、metropolitan area，译为“大都市区”“都市圈”。

② 国外城镇土地是以城市核心区为基础，及其邻接的达到一定人口密度的人工地表面积进行统计的。为了提高数据的可比性，国内都市圈的城镇土地面积在已有城镇用地的基础上，进一步考虑已成片开发建设、政府驻地、市政公用设施和公共设施等用地图斑，从城镇用地、城镇空间功能、城镇空间形态、城镇化基本规模等维度识别的连片空间范围作为城镇土地面积。

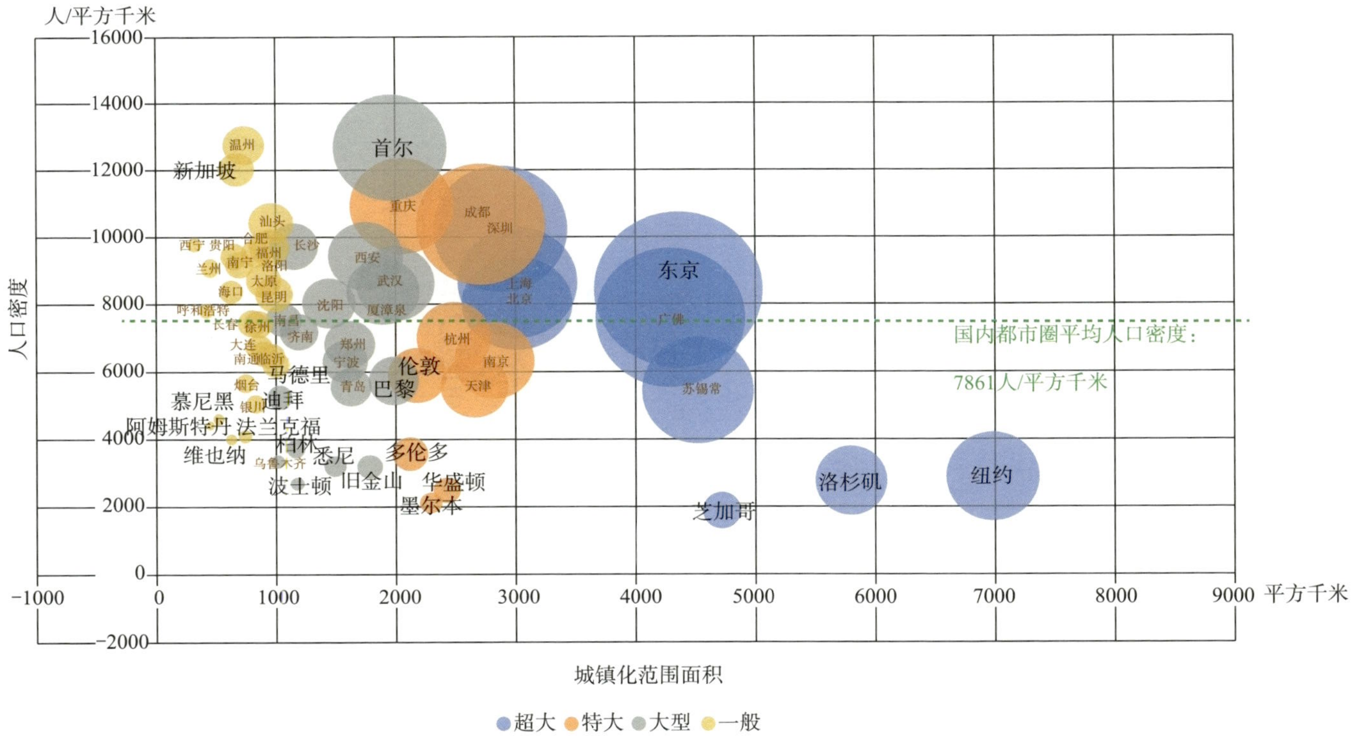

图 3-21　我国都市圈发育水平与国际都市圈发育水平对比气泡

注：气泡代表城镇人口数量。

第四，南京、天津、杭州、成都、重庆等都市圈与华盛顿特区、墨尔本、伦敦、多伦多都市圈空间尺度相当，城镇化范围规模均为 2000~2800 平方千米；武汉、厦漳泉、西安、青岛、郑州、宁波、沈阳、济南、长沙、南昌、乌鲁木齐等都市圈与巴黎、首尔、旧金山、悉尼、波士顿、柏林、迪拜都市圈空间尺度相当，城镇化范围规模均为 1000~2000 平方千米。

第二节 农业空间

一、总体状况

全国农业空间面积变化呈现波动增长态势。2010—2018 年，农业空间面积保持相对平稳；2018—2019 年，农业空间面积递增；2019 年农业空间面积为近 10 年来最大值；2020—2021 年，农业空间面积持续减少；2022—2023 年，农业空间面积有所增长（见图 3-22）。2023 年全国农业空间面积增至 2019 年水平。2023 年，全国农业空间面积为 1.71 亿公顷，较 2022 年增加 60.58 万公顷，同比增长 0.36%。其中，增长的面积主要源于耕地，增加了 102.89 万公顷；但园地面积减少了 50.17 万公顷。

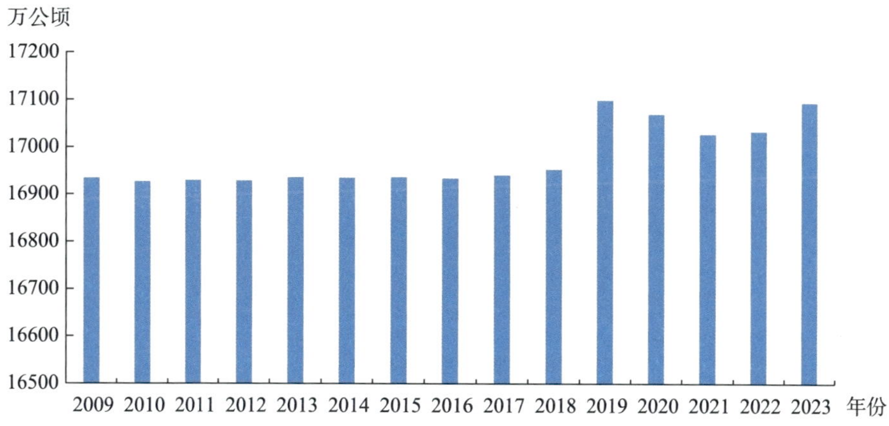

图 3-22 2009—2023 年全国农业空间面积变化情况

耕地占农业空间面积的比重最大。从农业空间各地类来看，2023 年耕地面积占农业空间面积的比重最大，为 75.23%；园地面积占农业空间面积的 11.47%；村庄用地面积占农业空间面积的 12.51%；其他地类面积占农业空间面积的 0.78%。

西部地区农业空间面积占比接近四成，中部、东部、东北地区农业空间面积相对均衡。全国农业空间中，西部地区占比较高，2023 年西部地区农业面积为 6497.87 万公顷，占全国农业空间面积的 38.01%。其中，耕地、园地、村庄用地、其他地类面积分别占西部地区农业空间面积的 74.79%、13.77%、10.69%、0.75%。东部、中部、东北三个区域农业空间分布较为均匀，东部地区农业空间面积为 3509.05 万公顷，占全国农业空间总面积的 20.53%；其中耕地、园地、村庄用地、其他地类面积分别占东部地区农业空间总面积的 62.84%、18.90%、16.96%、1.30%。中部地区农业空间面积为 3808.44 万公顷，占全国农业空间总面积的 22.28%；其中耕地、园地、村庄用地、其他地类分别占中部地区农业空间总面积的 73.98%、8.78%、16.52%、0.72%。东北地区农业空间面积为 3279.43 万公顷，占全国农业空间总面积的 19.18%（见图 3-23）；其中耕地、园地、村庄用地、其他地类分别占东北地区农业空间总面积的 90.82%、2.10%、6.73%、0.36%。从变化趋势看，2009—2018 年，东部、中部、西部、东北四大区域农业空间面

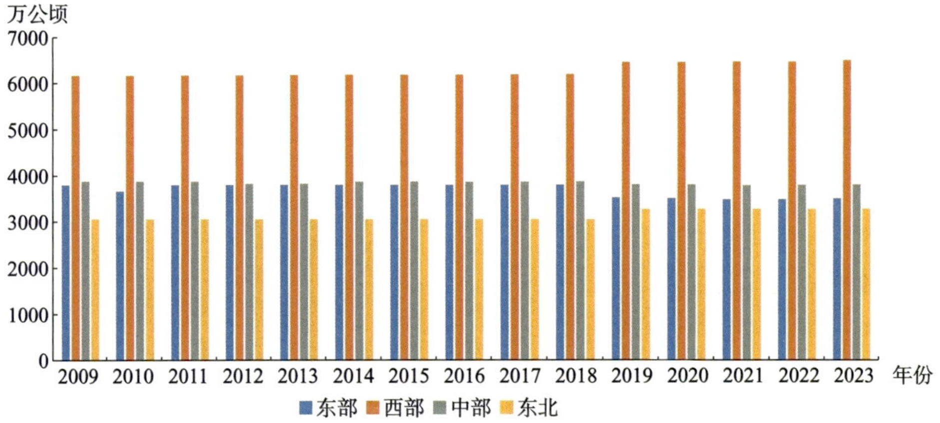

图 3-23　2009—2023 年四大区域农业空间面积变化情况

积保持相对稳定；2019 年以来，西部、东北地区农业空间面积波动上升，2023 年农业空间面积较 2019 年分别增加 33.45 万公顷、2.81 万公顷；东部、中部地区农业空间面积先降后升，2023 年农业空间面积较 2019 年分别减少 25.98 万公顷、8.69 万公顷。

全国 50% 以上的农业空间集中在黑龙江、内蒙古、河南、山东、新疆、云南、河北、吉林、四川等省（区）。从分省（区）情况来看，黑龙江、内蒙古农业空间面积居全国前列，均达 1000 万公顷以上，分别为 1807.27 万公顷、1260.91 万公顷，分别占全国农业空间总面积的 10.57%、7.38%。其次是河南、山东、新疆、云南、河北、吉林、四川，农业空间面积分别为 971.32 万公顷、929.54 万公顷、909.78 万公顷、882.66 万公顷、850.28 万公顷、818.31 万公顷、781.83 万公顷（见图 3–24）。以上 9 个省（区）农业空间面积之和占全国的比重超过 50%。

二、农业种植情况

（一）粮食种植面积增加

2023 年粮食种植面积为 11897 万公顷，比 2022 年增加了 64 万公顷。其中，稻谷种植面积为 2895 万公顷，减少了 50 万公顷；小麦种植面积为 2363 万公顷，增加了 11 万公顷；玉米种植面积为 4422 万公顷，增加了 115 万公顷；大豆种植面积为 1047 万公顷，增加了 23 万公顷；棉花种植面积为 279 万公顷，减少了 21 万公顷；油料种植面积为 1392 万公顷，增加了 78 万公顷；糖料种植面积为 142 万公顷，减少了 3 万公顷。

（二）粮食产量稳定上涨

从粮食生产来看，自 2015 年以来粮食产量连续 9 年保持在 6.5 亿吨以上，2023 年粮食产量为 69541 万吨，比 2022 年增加 888 万吨，增产 1.3%。其中，夏粮产量为 14615 万吨，减产 0.8%；早稻产量为 2834 万吨，增产

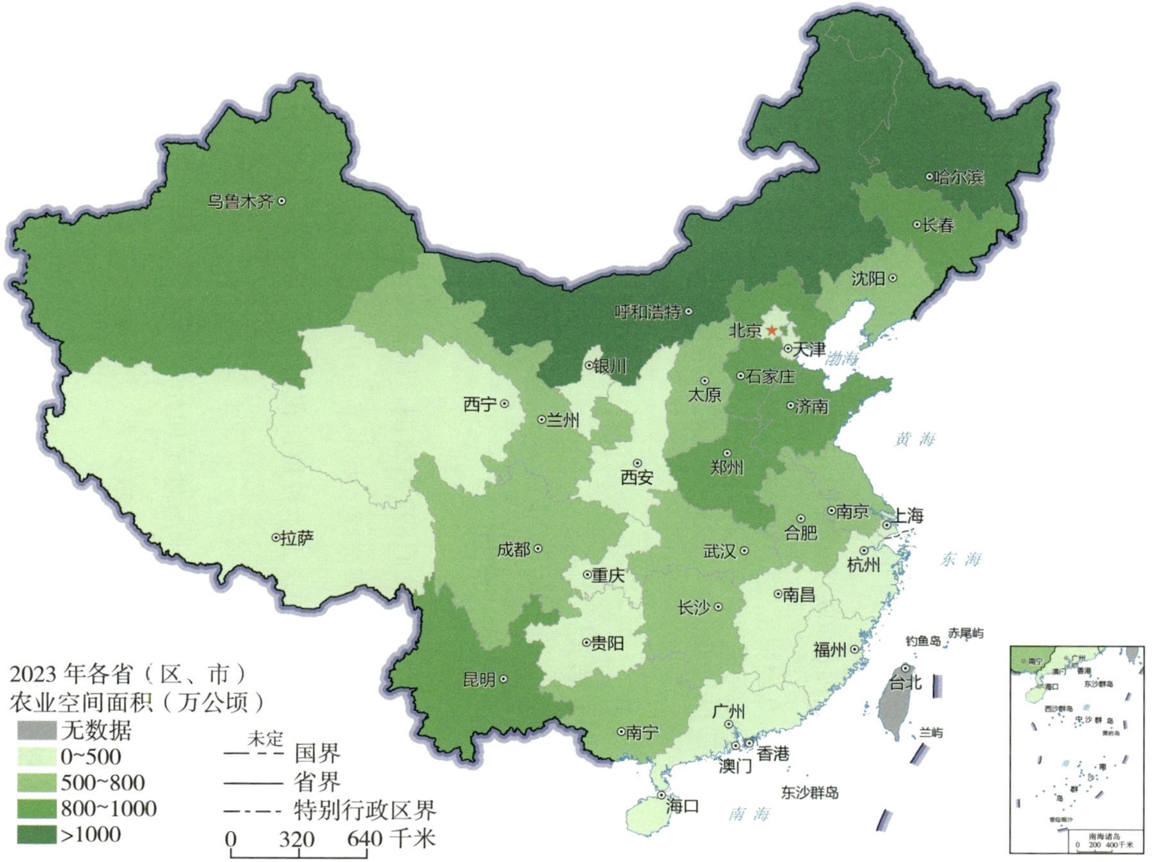

图 3-24　2023 年全国 31 个省（区、市）农业空间分布情况

0.8%；秋粮产量为52092万吨，增产1.9%。谷物产量为64143万吨，比2022年增产1.3%。其中，稻谷产量为20660万吨，减产0.9%；小麦产量为13659万吨，减产0.8%；玉米产量为28884万吨，增产4.2%。大豆产量为2084万吨，增产2.8%。全国31个省份中，有27个省份粮食增产。其中，新疆粮食增产305.67万吨；山东、吉林、四川、辽宁、内蒙古、安徽粮食增产均超过50万吨。

第三节 生态空间

一、生态用地

（一）生态用地以林地和草地为主，合计占比超过90%

2023年，全国林地、草地、湿地和陆地水域等各类生态用地总面积为60583.21万公顷，其中林地面积为28369.57万公顷，占生态用地总面积的46.83%；草地面积为26321.57万公顷，占生态用地总面积的43.45%；陆地水域面积为3540.08万公顷，占生态用地总面积的5.84%；湿地面积为2351.98万公顷，占生态用地总面积的3.88%。

（二）西藏、内蒙古、新疆等地生态用地面积最大

在各省份中，生态用地面积最多的省（区）是西藏，为10815.84万公顷，占全国生态用地的17.85%；其次是内蒙古8316.48万公顷，占比13.73%；新疆7086.45万公顷，占比为11.70%。生态用地最少的地区是上海、天津和北京3个直辖市，生态用地的占比均在0.20%以下（见图3-25）。

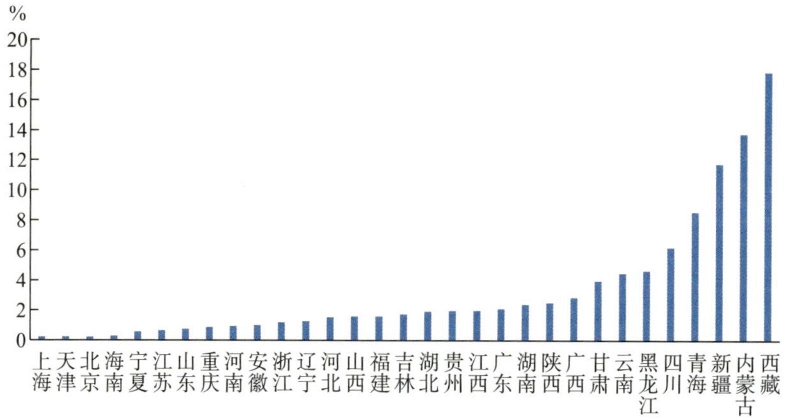

图 3-25　2023 年全国各省份生态用地面积占全国的比例

（三）生态用地面积持续增加后转为减少趋势

2009—2023 年，生态用地面积总体增加 1892.37 万公顷。分段看，2009—2020 年，生态用地面积呈增加趋势，累计增加 2055.82 万公顷。2021—2023 年，生态用地面积逐年减少，累计减少 163.45 万公顷。

二、植被与碳汇

全国植被指数最大值的分布呈东北、西南、东南高，西北低的整体趋势，大致以胡焕庸线为界，胡焕庸线北面低，胡焕庸线南面高。2023 年，在 7 种主要的生态系统中，植被覆盖指数（NDVI）最高的是森林生态系统，NDVI 值最低的是位于西北部的荒漠生态系统。东北地区由于森林生态系统发育特点，其年度最大 NDVI 值最大，均值接近 0.8，其次为华南地区，再次为华中、华东、华北、西南等地区，西北部的新疆、西藏北部、青海北部等地区的 NDVI 值最小（见图 3-26）。

植被覆盖状况的变化受人为和自然双重干扰的影响。2010—2020 年，年度平均 NDVI 最大值有一定的年际波动，但基本呈不断上升的趋势。空间上，2010—2015 年，东北地区的平均 NDVI 最大值最大；其后依次为华南、华中、

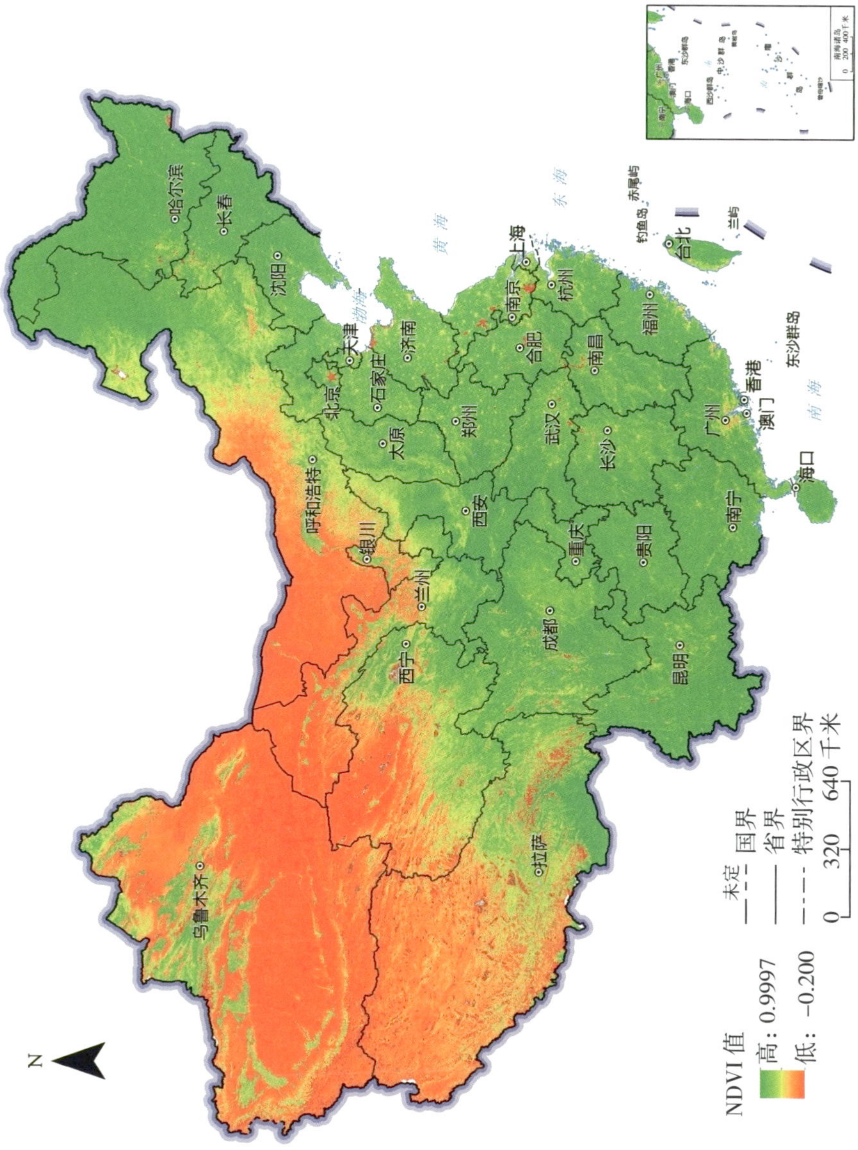

图 3-26　2023 年全国植被指数分布

华东等地区；西南、华北和西北等地区最低。2016—2020 年，七大地理分区平均年度最大 NDVI 值由大到小依次为东北、华南、华中、华东、西南、华北和西北。由 2010—2015 年和 2016—2020 年两个时期的平均值对比得出：全国 7 个地理分区都处于上升的态势，华南地区和西北地区无论是上升的数量还是变化的速率都最大，华中地区和华东地区则最小，变化率均低于 1%。2020—2023 年，全国植被覆盖状况整体变化不显著。西北地区中部的新疆、青海及华北地区的内蒙古等部分地区全年的最大植被指数均有增加的趋势，华东地区的全年植被覆盖状况的平均值整体有轻微下降的趋势。

全国植被生产力累积值整体呈现西南高、东北和华北居中、西北低的特点。2022 年，植被生产力累积值较高的区域主要分布于华南、西南的云南、广西、广东及四川盆地，其次为华中的湖南、湖北及华东的福建、江西。西南地区的西藏，西北地区的甘肃、宁夏等地区的植被生产力值较小，西北的沙漠地区因无植被覆盖，其植被生产力值为 0（见图 3-27）。

全国净生态系统生产力（NEP）的空间分布呈现中国东北地区和部分南方省份高，中部、东部地区和南部部分地区低的空间格局。2022 年，NEP 主要分布在云南、广东、黑龙江、吉林、辽宁等省份，表明 2022 年这些区域具有较高的固碳能力和较强的固碳增汇潜力。低值区域主要分布在重庆、贵州、湖南、江苏、江西等省份，表明该年度这些区域的二氧化碳排放量大于吸收量（见图 3-28）。2020—2022 年，陆地生态系统 NEP 在南部地区和东北地区呈增长趋势，在长江流域、贵州等地区呈下降趋势。年均 NEP 变化范围为 −1068~1224 克碳 /（平方米 · 年）[①]（见图 3-29）。

① gC/（m^2 · a）。

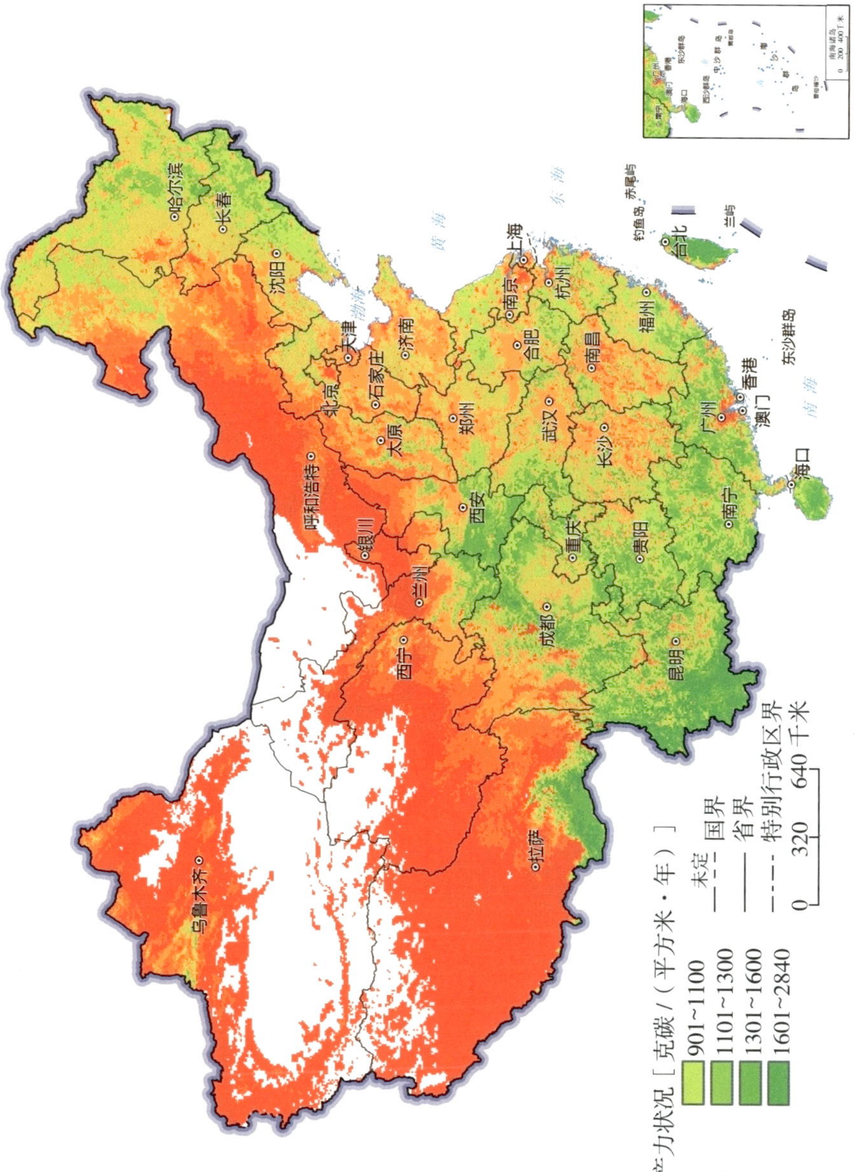

图 3-27　2022 年全国植被生产力状况分布

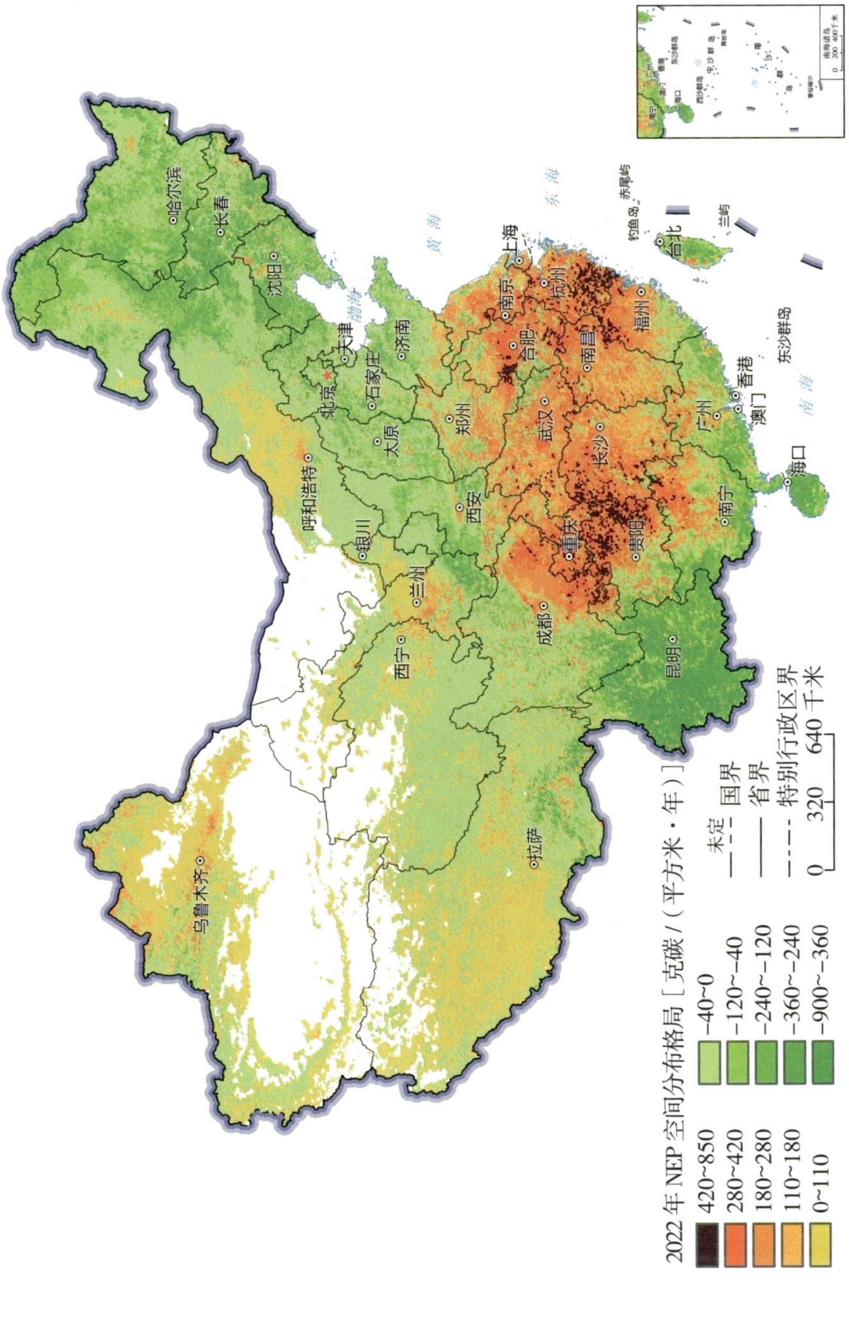

图 3-28 2022 年全国陆域生态系统碳汇 NEP 空间格局分布

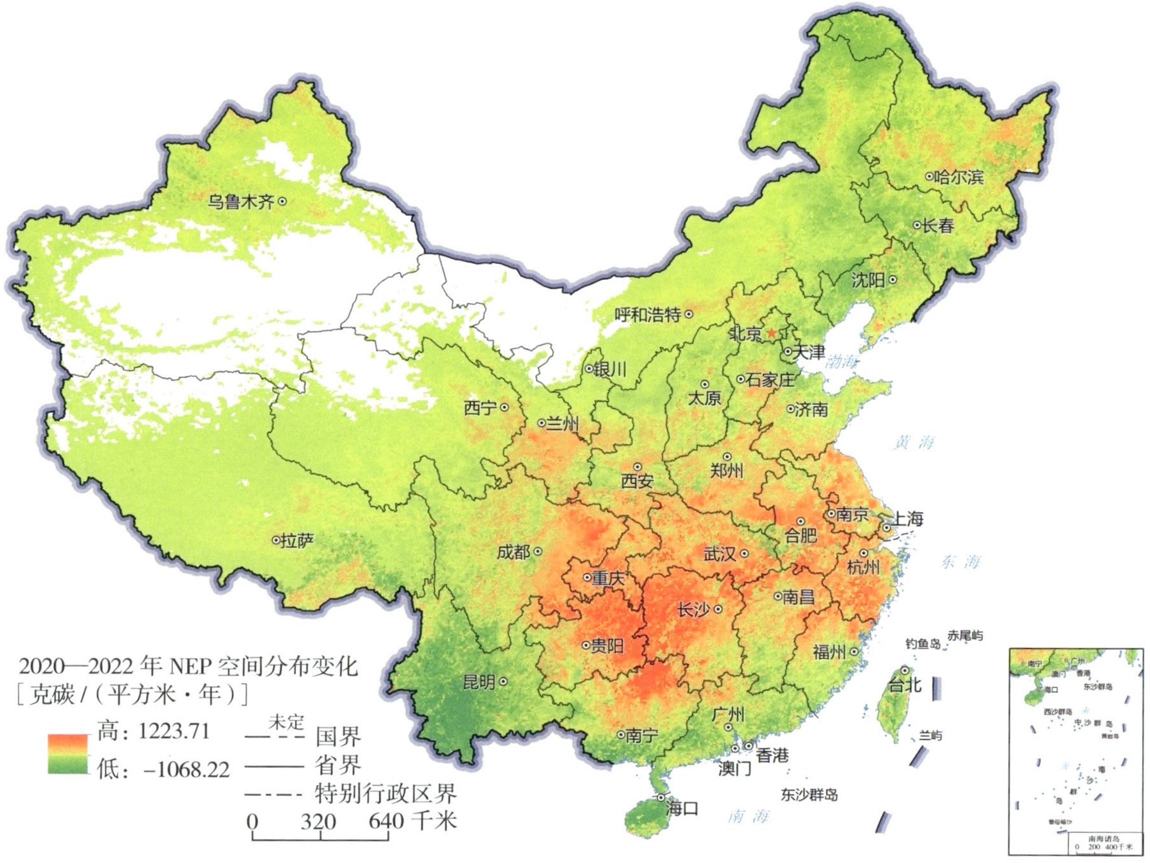

图 3-29 2020—2022 年全国陆域生态系统碳汇 NEP 空间变化分布

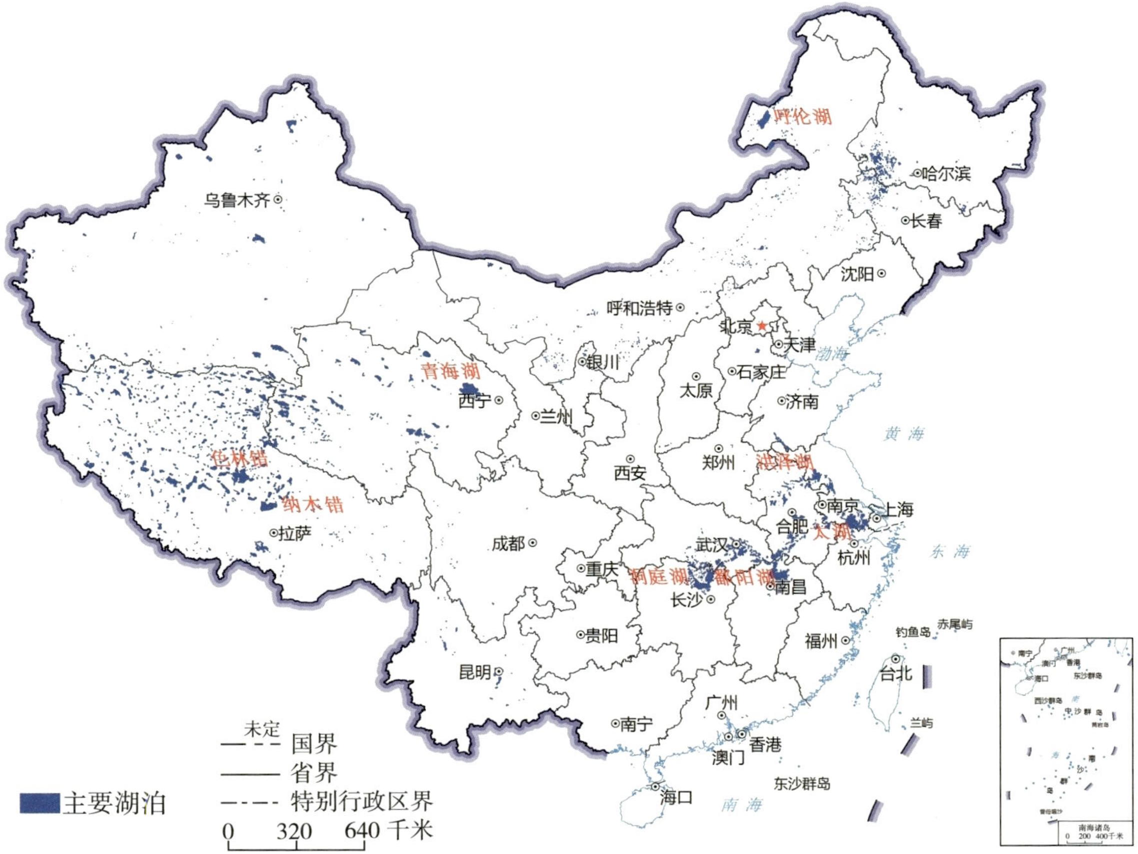

图 3-30　2023 年下半年全国重点湖泊水面面积分布

三、湖泊水面

我国湖泊众多。对全国2953个1平方千米以上自然湖泊水面面积开展季度监测，2023年下半年数据显示：1000平方千米以上湖泊水域面积为20103.13平方千米，占比25.77%，平均面积为2010.31平方千米；500~1000平方千米湖泊水域面积为11519.57平方千米，占比14.77%，平均面积为719.97平方千米；100~500平方千米湖泊水域面积为22129.33平方千米，占比28.37%，平均面积为216.95平方千米（见表3-1）。湖泊水域面积最大的流域为内流区域诸河，其次为长江流域，面积分别为45103.15平方千米、14413.37平方千米，占比分别为57.81%、18.47%；最小的流域为浙闽台诸河（见图3-30）。

表3-1 2023年下半年湖泊提取面积分级统计

面积分级	数量（个）	实际提取面积（平方千米）
1000平方千米以上	10	20103.13
500~1000平方千米	16	11519.57
100~500平方千米	102	22129.33
50~100平方千米	109	7814.91
10~50平方千米	438	10426.52
1~10平方千米	1735	5793.28
1平方千米以下	543	229.10
合计	2953	78015.84

1972—2023年，西北4省（区）湖泊数量及水面面积均呈明显的上升趋势。采用历年丰水期卫星影像数据对西北4省（区）1972—2023年1平方千米以上湖泊变化情况进行监测分析，1972年西北4省（区）湖泊数量为374个，2019年增至399个，与1972年相比增加了25个。从1995年开始，西北4省（区）湖泊水面面积呈增大趋势，2019年达21740.70平方千米，为近50年最大值（见图3-31）。

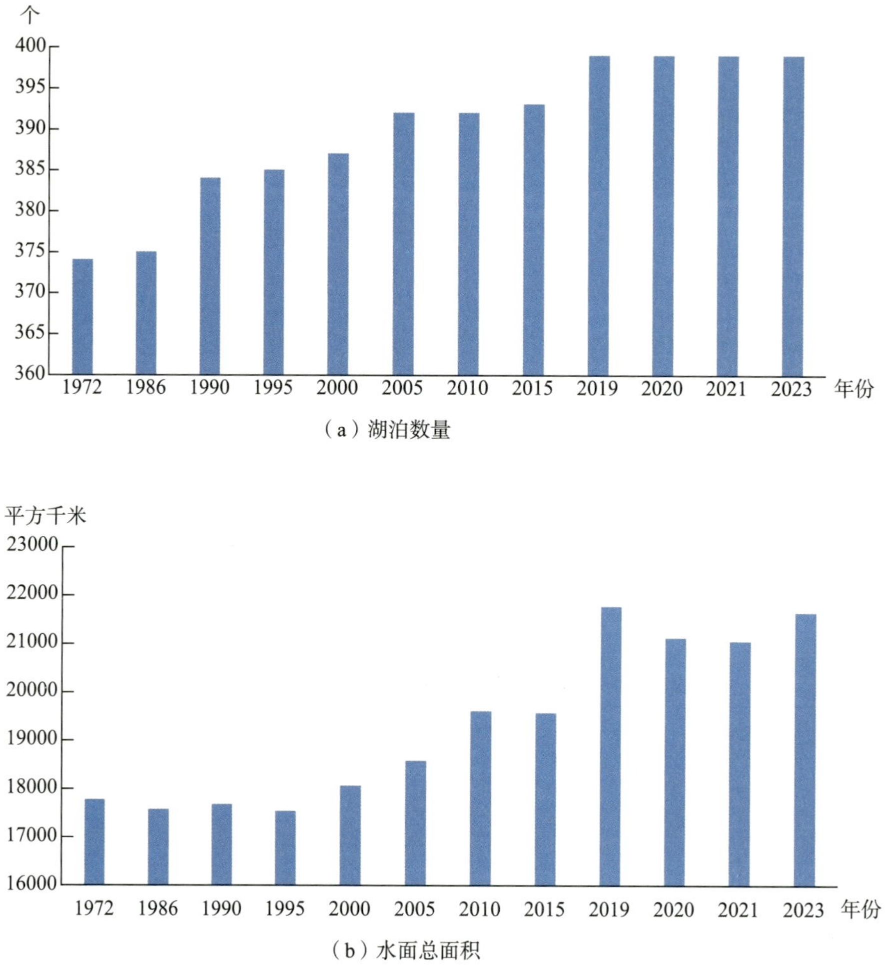

图 3-31　1972—2023 年西北 4 省（区）湖泊数量及水面总面积变化趋势

四、冰川

（一）我国冰川分布

全国冰川主要分布于昆仑山、天山、念青唐古拉山脉等 14 个自然地理山系，其中昆仑山现存冰川面积最大，占冰川总面积的 27%。小规模冰川数量多而中大型冰川储量大，面积规模在 1 平方千米以下的冰川数量占冰川总数量的 90%，而面积规模在 1 平方千米以上的冰川面积占冰川总面积的比例达 78%。

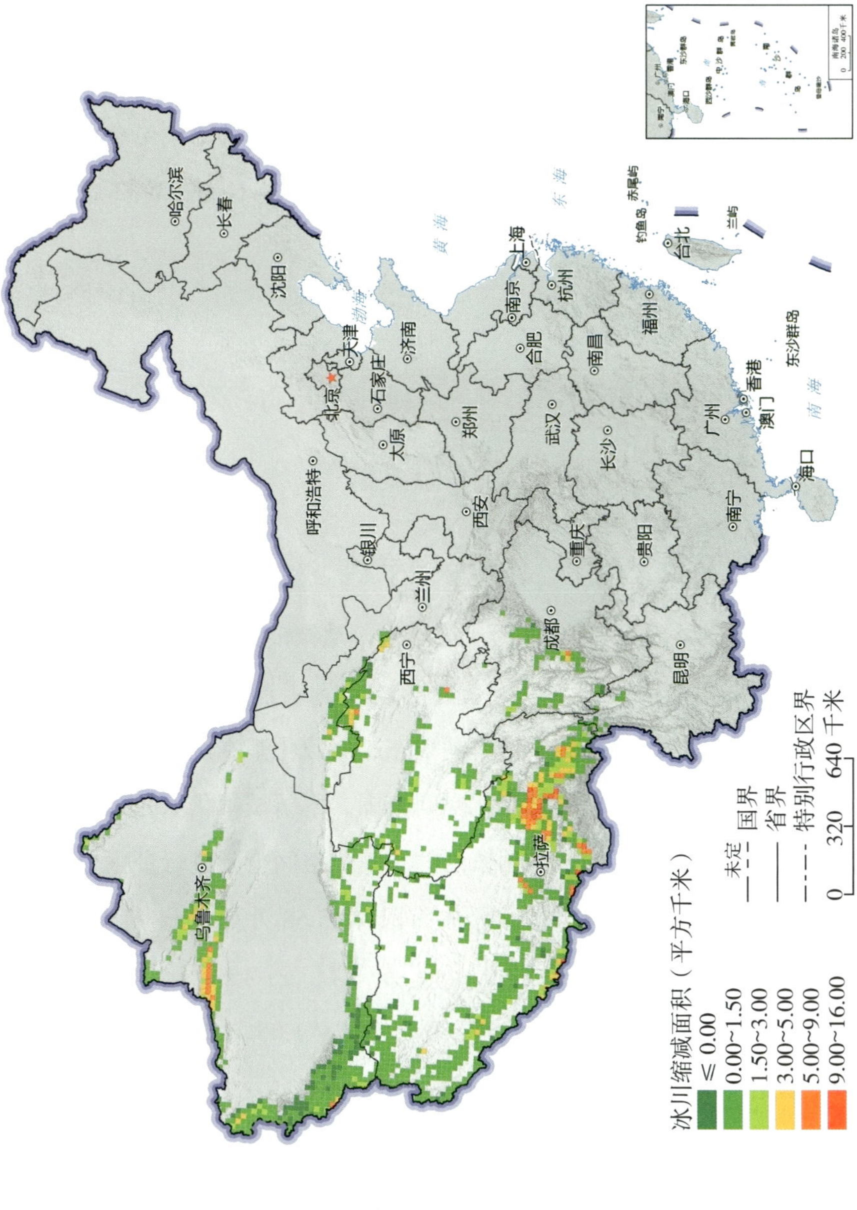

图 3-32 2020—2023 年全国冰川退缩面积与分布情况

（二）我国冰川面积持续缩减

2020—2023年，全国冰川持续消退，面积净减少1543平方千米。2020—2023年，有75%的冰川出现消退，消退面积为1610.1平方千米；有24%的冰川面积保持稳定；约1%的冰川出现面积扩张，扩张面积为66.7平方千米。全国大部分地区冰川表现出较强的面积退缩特征，冰川退缩最为严重的地区为青藏高原东南部和新疆天山地区。而青藏高原西北角的喀喇昆仑和昆仑山地区冰川面积退缩相对较少，面积保持稳定的冰川较多（见图3–32）。

第四节 城镇空间

一、城镇化范围

全国城镇化实体面积为15.58万平方千米。从城镇化范围和城镇结构现状进行分析，依据2022年国土变更调查数据，研究构建城镇化范围识别模型，从城镇用地、城镇空间功能、城镇空间形态、城镇化基本规模等维度完成城镇化空间范围识别，划定全国城镇化空间范围，解析城镇化空间结构，分级分类对地级以上城市、县城、建制镇内的城镇化空间范围进行量化分析与可视化提取，识别全国城镇化实体，总体面积为15.58万平方千米。城镇化实体具体包括地级以上城市实体（7.02万平方千米，占45%）、县级城市实体（4.19万平方千米，占27%）、镇级城镇化实体（1.05万平方千米，占7%）与其他城镇化实体（3.32万平方千米，占21%）4类（见表3–2、图3–33）。

表3–2 全国城镇化空间范围统计结果

单位：万平方千米

城镇化实体类型	组成	组成部分面积	实体面积
地级以上城市实体	城区街道级	5.42	7.02
	城区内建制镇级	1.60	

续表

城镇化实体类型	组成	组成部分面积	实体面积
县级城市实体	县级市城区	1.77	4.19
	县城区	2.42	
镇级城镇化实体	城区外建制镇级	1.05	1.05
其他城镇化实体	乡镇集中形态	0.62	3.32
	乡镇散布形态	2.70	

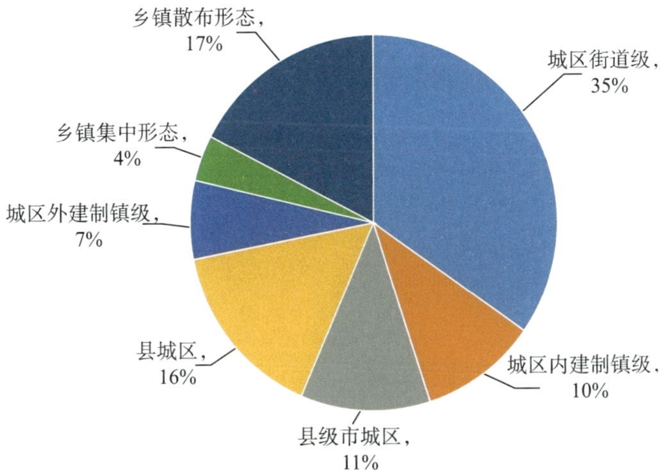

图 3-33 全国城镇结构分类统计

山东、广东、江苏 3 个省份的城镇化地区面积显著高于其他省份，城镇化范围土地的面积均超过 1 万平方千米。其中，山东、江苏超过 50% 的城镇化地区行政等级为县级和乡镇级以下，广东地级以上城市实体的比例达到 71.2%，反映出不同省份之间城镇化水平和城市结构的显著差异。山东、江苏城镇化布局较为分散，小城镇和乡村地区在城镇化进程中占据重要地位，农业转移人口市民化的潜力较大。包括广东在内，地级以上城市实体的比例超过 50% 的省（区）与直辖市共计 8 个：陕西（51.2%）、西藏（54.0%）、辽宁（57.6%）、重庆（71.2%）、天津（74.3%）、上海（83.0%）、北京（84.9%）。其余 23 个省份均低于 50%，说明我国的城镇化布局总体仍较为分散（见图 3-34）。

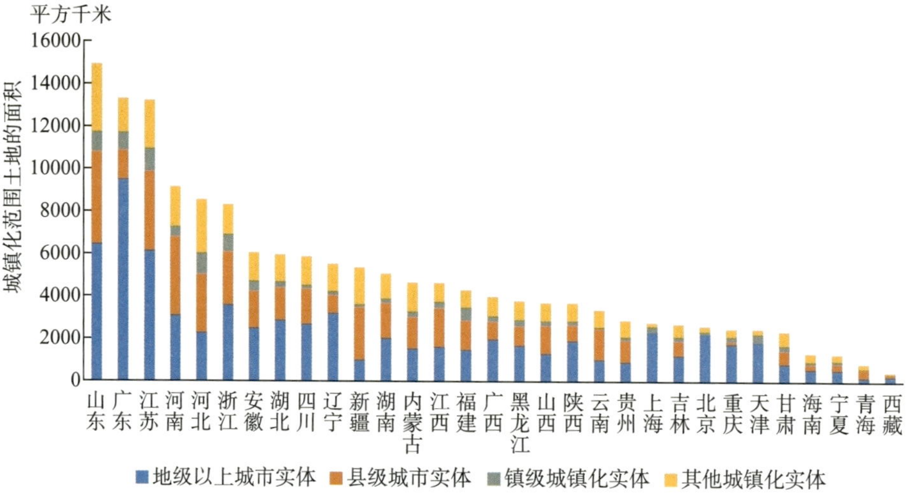

图 3-34　各省份城镇结构分类统计

二、城镇用地

（一）城镇用地面积持续增长

2020—2023 年，我国城镇用地面积从 1066.52 万公顷增长到 1142.12 万公顷，增长幅度达 7.1%，年均增长率为 2.3%。其中，城市用地面积从 533.51 万公顷增至 559.55 万公顷，年均增长率为 1.6%；建制镇用地面积从 533.01 万公顷增至 582.57 万公顷，年均增长率为 3.0%（见图 3-35）。

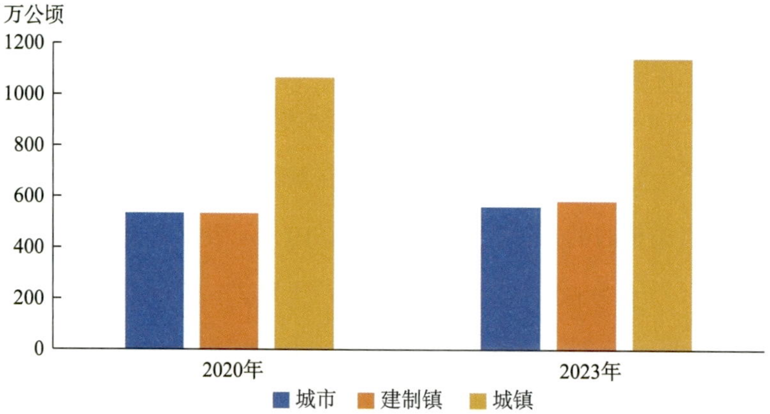

图 3-35　2020 年、2023 年我国城市、建制镇及城镇用地面积变化情况

（二）东部和中部地区城镇用地面积增长较快

2023 年，东部、中部、西部和东北地区城镇用地面积分别为 517.20 万公顷、263.32 万公顷、273.75 万公顷和 87.85 万公顷；与 2020 年相比，分别增长了 7.1%、9.8%、6.3% 和 1.8%。从占比来看，2023 年，东部、中部、西部和东北地区城镇用地面积分别占全国城镇用地总面积的 45.3%、23.1%、24.0% 和 7.7%。与 2020 年相比，中部地区占比升高，上升 0.6 个百分点；西部和东北地区略有下降，分别下降了 0.1 个百分点和 0.4 个百分点；东部地区占比基本持平。

三、42 个国批城市城镇用地内部结构

（一）42 个国批城市的城镇用地规模差异较大

2020—2023 年，全国 42 个国批城市的城镇用地总规模从 352 万公顷增长到 368 万公顷。城镇用地规模达 20 万公顷以上的城市有上海、天津、苏州 3 个城市；城镇用地规模在 10 万~20 万公顷的城市有 9 个，分别为北京、重庆、成都、青岛、广州、武汉、郑州、佛山、宁波；城镇用地规模在 5 万~10 万公顷的城市有 20 个；城镇建设用地规模在 5 万公顷以下的城市有 10 个（见图 3-36）。

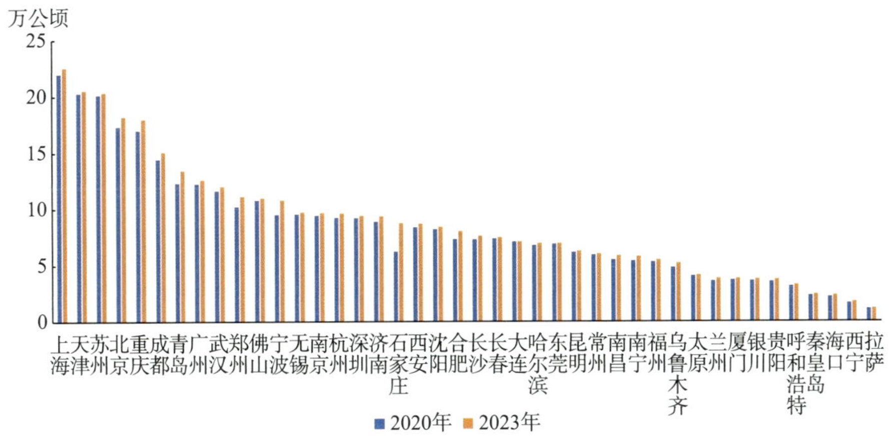

图 3-36 全国 42 个国批城市 2020 年、2023 年城镇用地面积变化情况

（二）42 个国批城市的人均城镇用地面积普遍偏高，各地区人均城镇用地面积差异较大

2022 年，全国 42 个国批城市的人均城镇用地面积平均值为 113 平方米，约 14% 的城市人均城镇用地面积超过 150 平方米，包括苏州、拉萨、天津、青岛、银川、无锡等城市，约 43% 的城市人均城镇用地面积超过 100 平方米。其中，苏州人均城镇用地最高，高达 192.35 平方米；深圳人均城镇用地面积最低，为 53.62 平方米（见图 3-37）。各地区人均城镇用地面积差异较大，总体上北方人均城镇用地面积高于南方，东部地区人均城镇用地面积高于中西部地区。

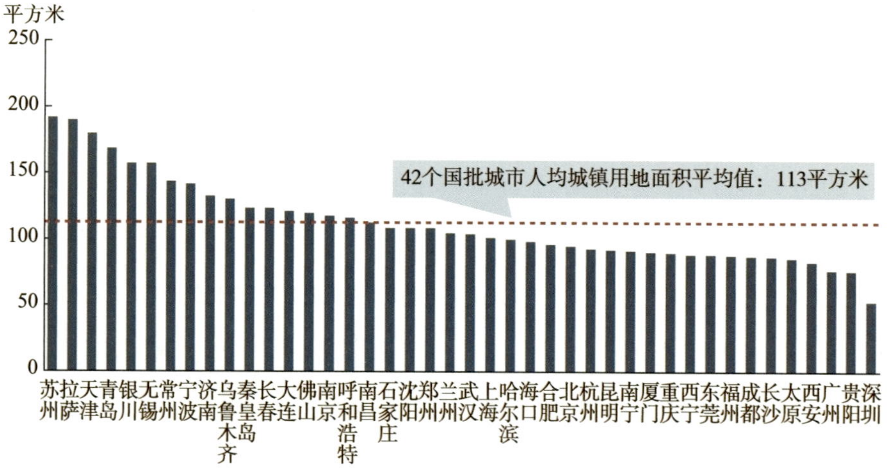

图 3-37　全国 42 个国批城市人均城镇用地面积

（三）42 个国批城市存在“以城为主、以镇为主、城镇参半”等多种城镇化空间形态

城镇化的空间形态与行政区划调整、城镇化主体、发展动力等均有关联，城市用地占城镇用地的比重可在一定程度上反映城镇化的空间形态特征以及城镇化的发展阶段。42 个国批城市中城市用地规模最大的分别为北京、重庆、上海、天津 4 个直辖市以及苏州、成都、深圳、广州、武汉、青岛等城市；城市用地占城镇用地比重最高的 5 个城市分别为深圳、厦门、乌鲁木齐、西

安、太原，其中深圳较为特殊，全域为国有用地，无城镇用地；其余 4 个城市以城市中心为发展引擎，建制镇发展较弱，均属于“以城为主”的城镇化空间形态。城市用地规模较小的城市，包括贵阳、兰州、银川、海口、西宁、拉萨等城市规模较小的省会城市，仍处于城镇化发展中期阶段，以及常州、福州、东莞等城市；城市用地占城镇用地的比重最低的 5 个城市分别为东莞、佛山、无锡、石家庄，是典型的“以镇为主”（如东莞、佛山）或县域经济较强（如无锡、石家庄）的城镇化模式（见图 3–38）。

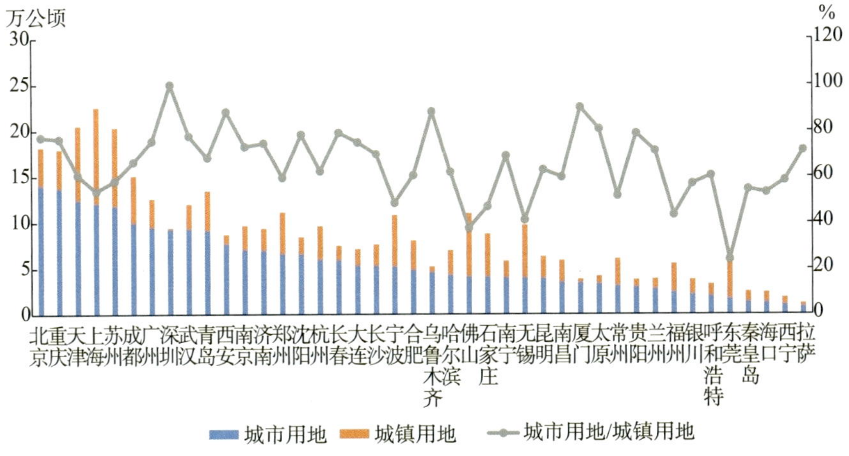

图 3–38 全国 42 个国批城市的城市建设用地、城镇建设用地及城市用地占城镇建设用地的比例

（四）42 个国批城市用地的内部结构相对趋同，基本符合用地结构的一般规律

42 个国批城市人口及用地规模差异较大，所在地区的地理位置及气候特征各有不同，其用地结构可基本体现全国城市内部的共性特征。部分城市居住用地占比较高，其中海口、贵阳、长沙占比超过 40%。42 个国批城市多为直辖市及省会城市，公共管理与公共服务用地占比多数在 6.5%~13%，其中拉萨的占比较高，超过 13.5%。工矿用地及仓储用地占比与城市产业结构息息相关，其中拉萨、海口、昆明、呼和浩特、北京均低于 10%，仓储用地占比多在 1%~5%，其中乌鲁木齐超过 5%，是区域性的大宗商品集散中心。交通

运输用地占比较为稳定，42 个国批城市的交通运输用地占比多在 10%~19%。42 个国批城市的现状绿地与开敞空间用地占比普遍偏低，除银川以外的 41 个城市，现状绿地与开敞空间用地占比均低于 10%，主要原因是根据当前调查规则，大量城区内绿化带为林地，故不计入绿地与开敞空间，同时也反映了以往的公园绿地建设缺少功能性的问题（见图 3-39）。

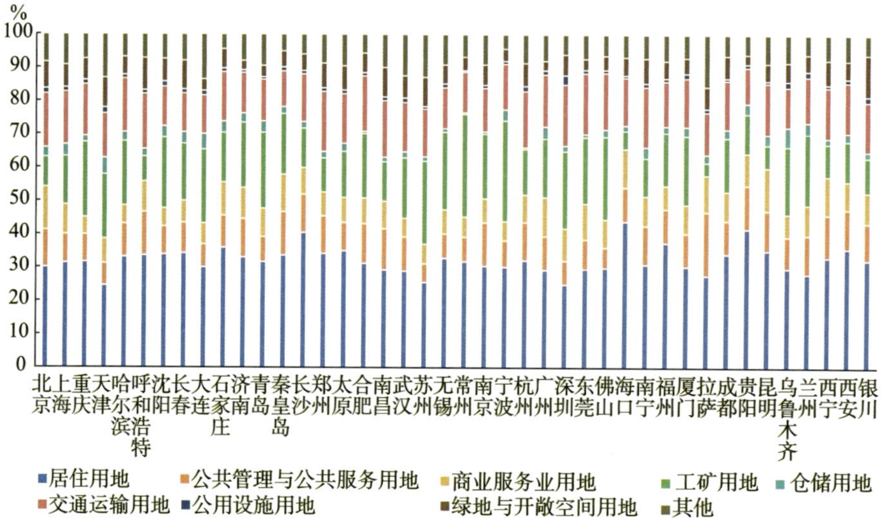

图 3-39　全国 42 个国批城市的城市用地内部结构对比

（五）42 个国批城市的各类用地人均指标基本符合相关标准，绿地及开敞空间偏低

42 个国批城市的人均居住用地面积平均值为 35.8 平方米，其中深圳、广州等城市人均居住用地面积低于标准区间。① 人均公共管理与公共服务用地面积及占比均基本达标，仅深圳、东莞低于标准，后续应更加重视内部结构的优化和调整。人均交通运输用地面积及占比均基本达标，仅贵阳、福州、海口、深圳、秦皇岛、西宁尚未达标。人均绿地与开敞空间用地面积普遍偏低，仅银川、苏州、天津达标，后续需与国土调查标准及公园绿地标准进行衔接（见图 3-40）。

① 标准采用《城市用地分类与规划建设用地标准》（GB50137—2011）

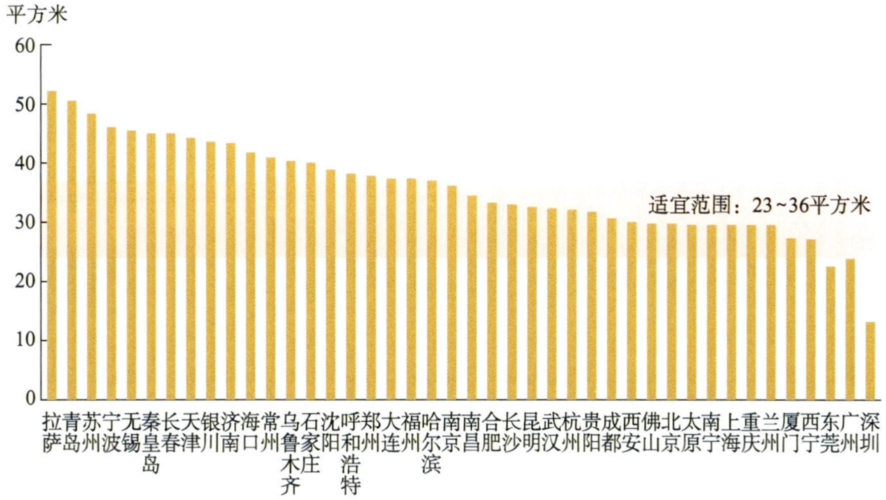

（a）人均居住用地面积

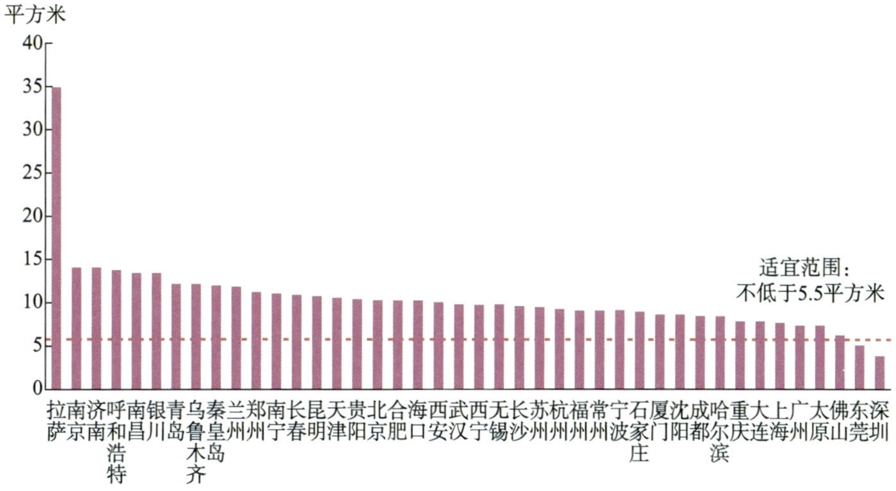

（b）人均公共管理与公共服务用地面积

图 3-40 全国 42 个国批城市各类用地人均指标情况

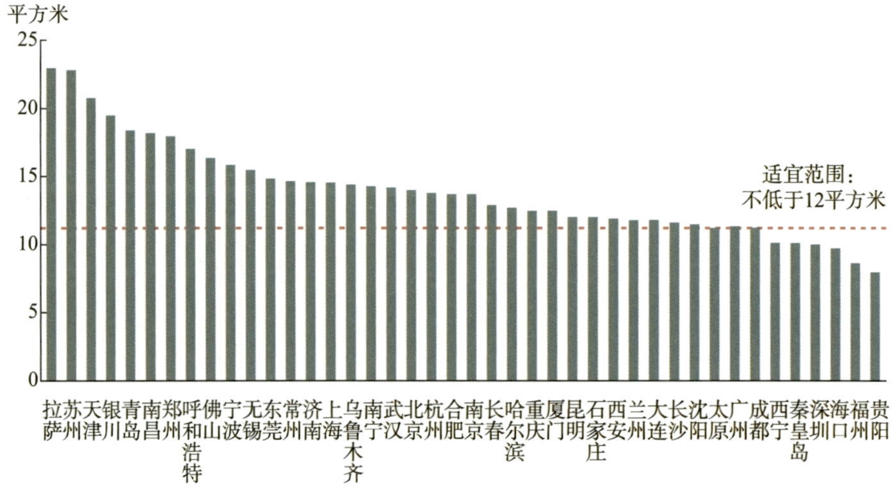

（c）人均交通运输用地面积

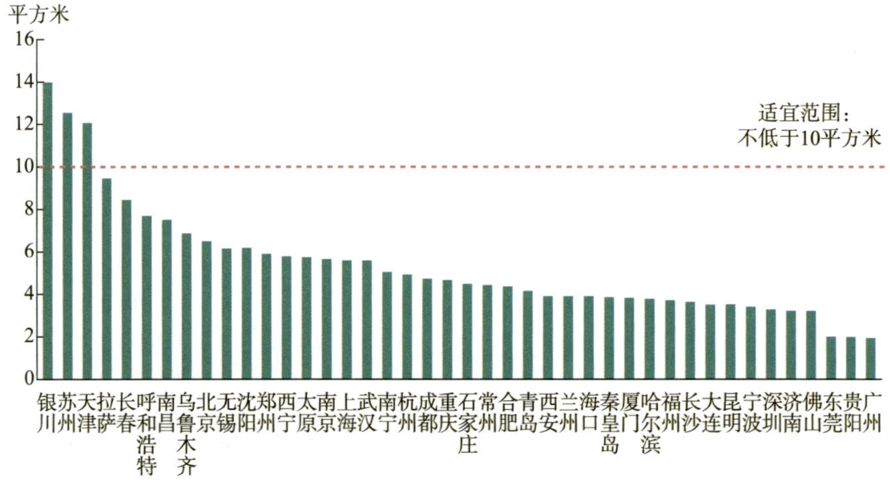

（d）人均绿地与开敞空间用地面积

图 3-40　全国 42 个国批城市各类用地人均指标情况（续）

（六）42 个国批城市城镇用地范围的农村宅基地总规模为 1960 平方千米，占居住用地的比重高达 17%

城市居住用地内农村宅基地面积为 758.61 平方千米，占比 10%，其中广州、青岛、北京、西安、厦门等城市农村宅基地规模均在 40 平方千米以上，广州、厦门、东莞、佛山、石家庄、青岛、西安等城市农村宅基地面积占居住用地的比重均在 20% 以上，后续应进一步加强城区范围内农村宅基地的住房安全质量监管，有序推进城中村的更新改造。城镇居住用地内农村宅基地面积为 1201.49 平方千米，占比 28.8%，由于当前暂时无法区分县城及建制镇的范围，因此总体农村宅基地面积及占比偏高，后续应分类施策、稳步推进县城内农村宅基地的更新改造，加强镇区范围内农村宅基地的房屋质量安全管控（见图 3–41）。

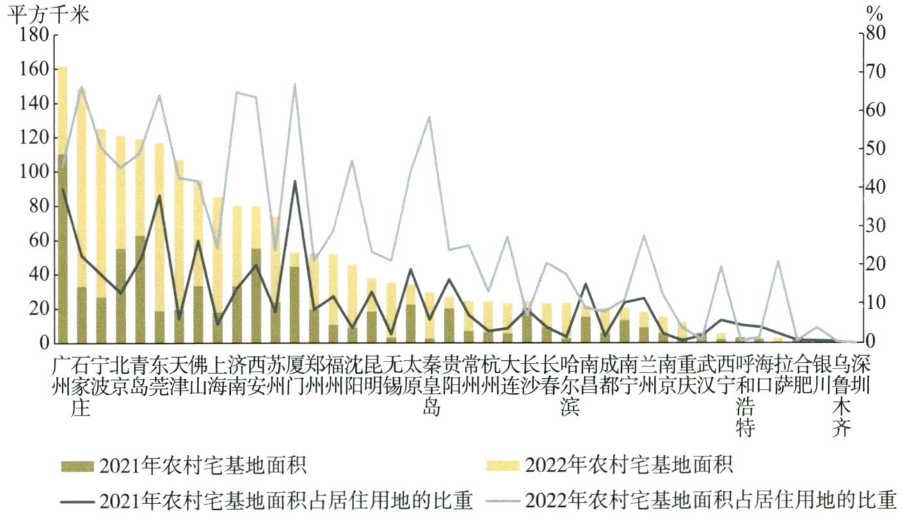

图 3–41　全国 42 个国批城市 2021 年、2022 年居住用地内农村宅基地面积及占比

第五节　海洋空间

一、海洋生态

（一）海洋环境质量和生态修复

1. 海洋环境质量稳中趋好

2023 年，我国近岸海域优良水质（一、二类）面积比例为 85.0%，比 2020 年上升了 7.6 个百分点，其中，夏季符合第一类海水水质标准的海域面积占管辖海域面积的 97.9%。在 230 个入海河流国控监测断面中，Ⅰ类、Ⅱ类、Ⅲ类

水质断面占比合计达 80.9%，无劣Ⅴ类水质。渤海、长江口—杭州湾、珠江口综合治理攻坚战海域优良水质面积比例为 67.5%，较 2020 年上升 4.5 个百分点。

2. 海洋生态修复不断增强

2023 年，我国持续推进“蓝色海湾”整治行动、海岸带保护修复工程、红树林保护修复等海洋生态保护修复工程，支持新实施 16 个海洋生态保护修复项目，预计整治修复海岸线 125 千米、滨海湿地 1.3 万公顷，全国红树林地面积增至 2.9 万公顷，是世界上少数几个红树林地面积净增长的国家之一。

（二）红树林

2023 年，全国红树林地总面积为 3.03 万公顷（不含港澳台地区），主要分布在广东、广西、海南、福建、浙江等省份。广东红树林地面积最大，为 1.14 万公顷，占全国红树林地总面积的 37.6%；浙江红树林地面积最小，占全国红树林地总面积的 1.2%（见图 3-42）。

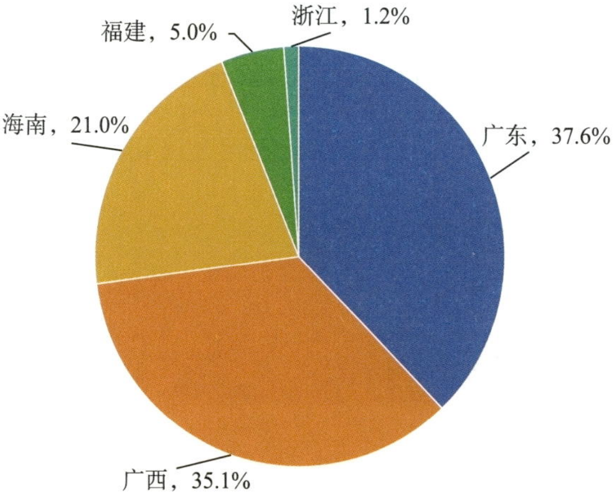

图 3-42　2023 年全国红树林地分省面积占比

全国红树林地面积持续增长。2020—2023 年，全国红树林地面积增加 3164 公顷，增幅达 11.7%。其中，广西和广东红树林地面积增加较多，分别增加 1146 公顷和 830 公顷；浙江红树林地面积增幅较大，从 118 公顷增加到 352 公顷，增加近 2 倍（见表 3-3）。

表 3-3 2020—2023 年全国红树林地面积变化情况

地区	增加面积（公顷）	增幅（%）
全国	3164[①]	11.7
广西	1146	12.1
广东	830	7.8
海南	666	11.7
福建	287	23.7
浙江	234	198.3

二、海域利用

（一）海域资源高效集约供给

2023 年，全国共批准用海 2157 宗，总面积约 21 万公顷，较 2020 年下降 6.9%。其中，批准渔业用海 18.3 万公顷，工业用海 1.1 万公顷，交通运输用海 1.0 万公顷，旅游娱乐用海 599.1 公顷，海底工程用海 462.7 公顷，排污倾倒用海 27.9 公顷，造地工程用海 133.0 公顷，特殊用海 2142.1 公顷，其他用海 1646.4 公顷。

（二）用海方式不断优化[②]

2023 年，全国批准填海造地用海 3963 公顷，其中包含批准新增填海 769 公顷和利用历史遗留围填海 3194 公顷；构筑物用海 7439.10 公顷、围海用海 5857.65 公顷、开放式用海 22.48 万公顷、其他方式用海 5276.89 公顷。围填海等严重改变海域属性的用海方式逐年降低，用海方式向环境友好型转变。

（三）陆海空间联结能力持续增强

2023 年，批准交通运输用海 1.0 万公顷，较 2020 年增加了 35%，进一步

① 全国红树林地面积为各省数据相加之和，此处各项之和与总和的差异为四舍五入造成的数据误差。

② 填海造地用海数据来源于逐级上报数据，可公开；其他用海方式数据来源于海域动态管理系统，不便公开。

强化了对沿海港口群建设的用地用海保障。截至 2021 年，全国沿海主要港口生产用码头泊位有 5169 个，其中万吨级泊位 2122 个，码头岸线长度约 853.6 千米，港口通过能力不断提升。

三、海岛利用

继续保障海岛基础设施建设。承接陆域发展重大需求，重点支撑运输、物流、储备枢纽节点建设以及公共服务。2023 年，全国批准用岛项目 5 个，用岛总面积为 0.5938 平方千米。其中，交通运输用岛 4 个，用岛面积为 0.0944 平方千米；公共服务用岛 1 个，用岛面积为 0.4994 平方千米。

四、海洋经济

（一）海洋经济总量平稳增长

2023 年，全国海洋产业生产总值为 99097 亿元，比 2022 年增长 6.0%，占国内生产总值的 7.9%。其中，海洋第一产业增加值为 4622 亿元，第二产业增加值为 35506 亿元，第三产业增加值为 58968 亿元，分别占海洋产业生产总值的 4.7%、35.8% 和 59.5%。

（二）海洋产业空间需求多元化发展

树立大食物观，不断增强绿色安全海洋水产品生产能力和保障能力，持续推动海洋牧场、深水网箱等新业态向深远海空间拓展，2023 年渔业用海批准面积 18.3 万公顷，国家级海洋牧场示范区增至 169 个①，海洋渔业实现全年增加值 4618 亿元；持续供给旅游娱乐用海空间，2023 年旅游娱乐用海批准面积 599.1 公顷，海洋旅游业实现全年增加值 14735 亿元；安全高效保障海水淡

① 数据来源于《中华人民共和国农业农村部公告第 644 号》："截至 2023 年 1 月，国家级海洋牧场示范区已达 169 个。"

化、船舶制造等工业发展，2023 年工业用海批准面积 1.1 万公顷，其中海洋油气业实现全年增加值 2499 亿元，海洋船舶工业实现全年增加值 1150 亿元，海水淡化与综合利用业实现全年增加值 327 亿元。

第六节 空间联结网络

一、交通和物流

（一）交通

农村道路和公路用地占交通运输用地[①]面积的比例最大。2023 年，全国交通运输用地总面积为 1042.91 万公顷，占地最多的是农村道路，为 48.98%；其次是公路用地，为 42.99%。在各省份中，内蒙古的交通运输用地最多，为 82.98 万公顷，占全国交通运输用地的 7.96%。交通运输用地面积在 50 万公顷以上的省份还有新疆为 62.84 万公顷（6.03%）、云南为 57.38 万公顷（5.50%）、四川为 56.70 万公顷（5.44%）、黑龙江为 55.83 万公顷（5.35%）。交通运输用地占全国交通运输用地总面积比例低于 1% 的省份有 5 个，分别为宁夏 10.12 万公顷（0.97%）、海南 6.52 万公顷（0.63%）、北京 5.22 万公顷（0.50%）、天津 4.74 万公顷（0.45%）、上海 3.70 万公顷（0.35%）（见图 3-43）。

① 交通运输用地包括公路、铁路、机场、港口码头、管道运输、城镇村道路、农村道路、轨道交通和交通服务场站 9 类用地，除农村道路属于农用地之外，其他地类均为建设用地。其中，轨道交通和交通服务场站用地为土地利用现状分类（GB/T 21010–2017）增设地类。

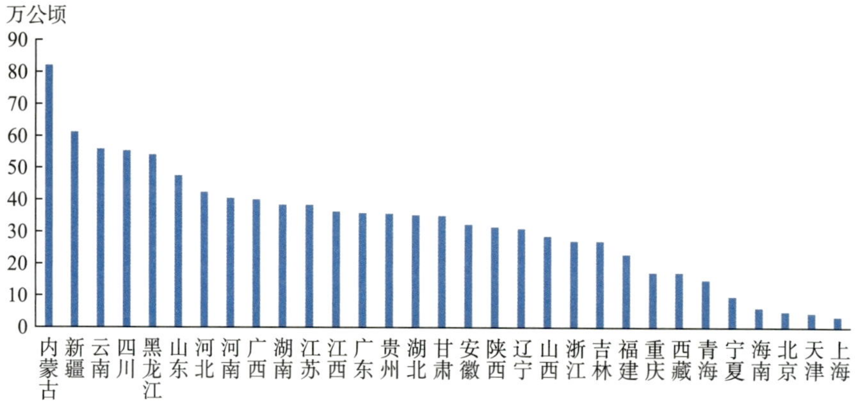

图 3-43　全国各省（区、市）交通运输用地面积

交通运输用地供应快速增长，东北地区增长最快。2023 年，全国交通运输用地供应 31.3 万公顷，占建设用地供应总量的 41.9%，较 2022 年增长 15.4%，较“十三五”时期年均供地增长 57%。西部地区占比较高，东北地区增长快。2023 年东部、中部、西部和东北地区交通运输用地占比分别为 26.0%、24.6%、43.3% 和 6.0%。中部、西部和东北地区供地面积较 2022 年分别增长 15.6%、33.1% 和 56.8%，东部地区下降 10.0%。

全国公路网密度和铁路网密度总体呈增加趋势，但仍保持在较低水平。2015—2020 年，全国公路网密度平均值由 0.52 千米 / 平方千米增长到 0.59 千米 / 平方千米，铁路网密度平均值由 0.04 千米 / 平方千米增长到 0.05 千米 / 平方千米。分地区看，长江经济带两翼、黄河中下游和淮河流域、东南沿海等地区路网密度增加较快。

42 个国批城市总体公路网密度和铁路网密度均有所增加。根据 2023 年城市国土空间监测成果道路网数据，42 个国批城市公路网密度和铁路网密度分别为 0.635 千米 / 平方千米和 0.053 千米 / 平方千米。而 2015—2020 年，42 个国批城市公路网密度平均值由 0.556 千米 / 平方千米增至 0.608 千米 / 平方千米，铁路网密度平均值由 0.039 千米 / 平方千米增至 0.048 千米 / 平方千米。42 个国批城市 2015—2023 年公路网密度和铁路网密度均呈增长趋势，且逐年增长幅度呈现较为均衡的态势（见图 3-44）。

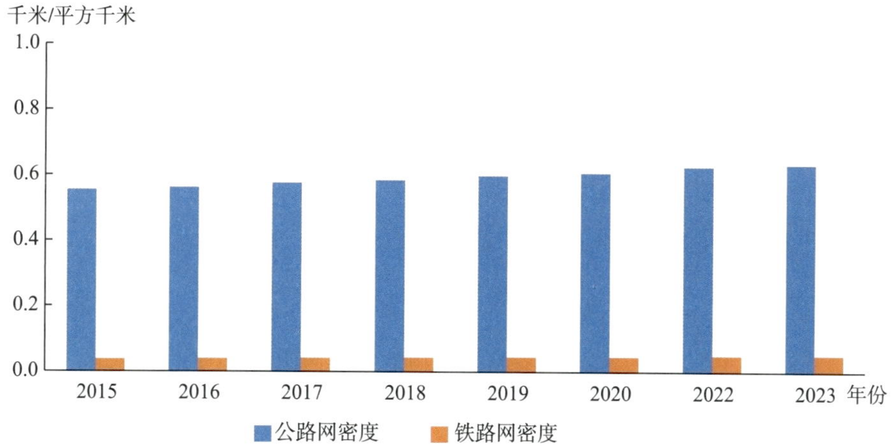

图 3-44　2015—2023 年全国 42 个国批城市公路网密度和铁路网密度[①]

各大区域公路网密度均呈增加趋势。2015—2023 年，增长幅度最大的地区为中部地区，由 2015 年的 0.666 千米 / 平方千米增至 2023 年的 0.836 千米 / 平方千米，增长率为 25.53%。同时，华南、西南、西北地区呈现较快增长，增长率均超 20%；增长幅度最小的地区为华北地区，由 2015 年的 0.616 千米 / 平方千米增加到 2023 年的 0.648 千米 / 平方千米，增长率为 5.19%（见图 3–45、图 3–47）。

各大区域铁路网密度显著增加，同时铁路网密度增长幅度明显高于公路网密度。2015—2023 年，铁路网密度增长幅度最大的地区为西南地区，由 2015 年的 0.029 千米 / 平方千米增加到 2023 年的 0.043 千米 / 平方千米，增长率为 48.28%；除中部地区以外，2015—2023 年其他地区铁路网密度增长率均超 30%；中部地区增长幅度最小，由 2015 年的 0.062 千米 / 平方千米增加到 2023 年的 0.076 千米 / 平方千米，增长率为 22.58%（见图 3–46、图 3–48）。

我国大多数农村人口居住在四季通行道路 2 千米之内，但新疆、西藏、重庆等省（区、市）难以享受道路交通服务的农村人口较多。农村可达指数

① 2015—2020 年路网数据来自《地理国情监测成果》，2022—2023 年路网数据来自《城市国土空间监测成果》，以上两项成果均未包含 2021 年路网数据，故 2021 年数据未纳入计算。

（Rural Access Index，RAI）被用来衡量享受道路交通服务的农村人口比例，NSRP 值被用来衡量难以享受道路服务的农村人口数量。97% 以上地级单元的 RAI 值大于 90%；217 个地级单元的 NSRP 值小于 1 万人，但新疆、西藏、重庆等省（区、市）NSRP 值较高，难以享受道路服务的农村人口较多。我国 RAI 和 NSRP 的空间格局沿胡焕庸线呈两极化分布，东南半壁地级单元的 RAI 值均大于 90%，且多数地级单元的 NSRP 值小于 1 万人；西北半壁地级单元的 RAI 值以小于 90% 为主，且多数地级单元的 NSRP 值大于 1 万人。

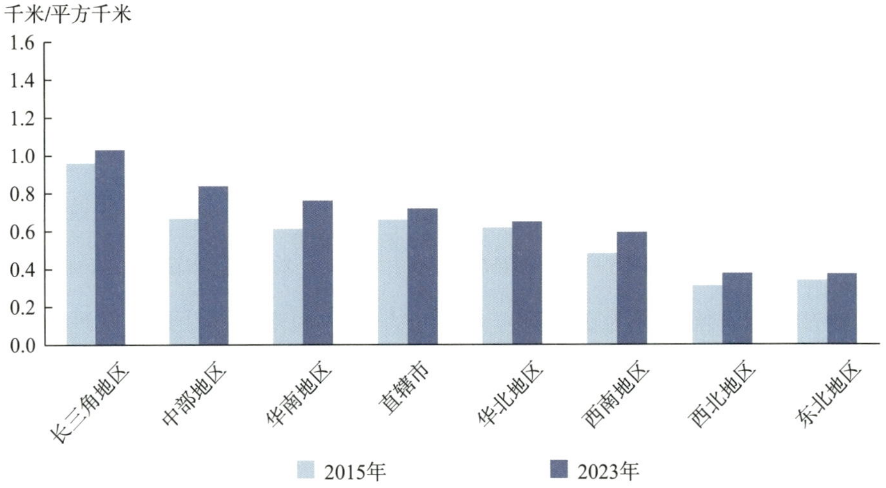

图 3-45　2015 年、2023 年全国分地区公路网密度

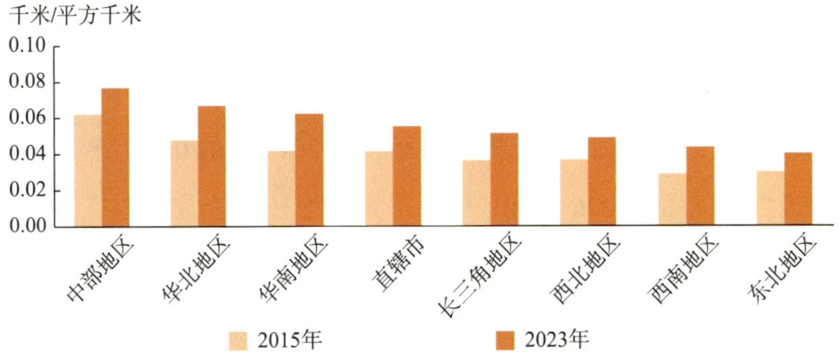

图 3-46　2015 年、2023 年全国分地区铁路网密度

图 3-47　2023 年全国 42 个国批城市分县公路网密度空间分布

图 3-48　2023 年全国 42 个国批城市分县铁路网密度空间分布

（二）物流

物流业用地供应整体呈增长趋势，仓储、交通运输是物流业用地供应的主要用途。2023 年，全国物流业用地供应 1.06 万公顷，占产业用地供应总量的 1.42%，2020—2023 年保持每年 1 万公顷以上的供应量，较“十三五”时期物流业年均供地量增长 16.02%。从具体用途来看，仓储用地占总供应量的 43.53%，是物流业用地的主要类别；其次为交通运输用地，占总供应量的 28.21%（见图 3-49）。

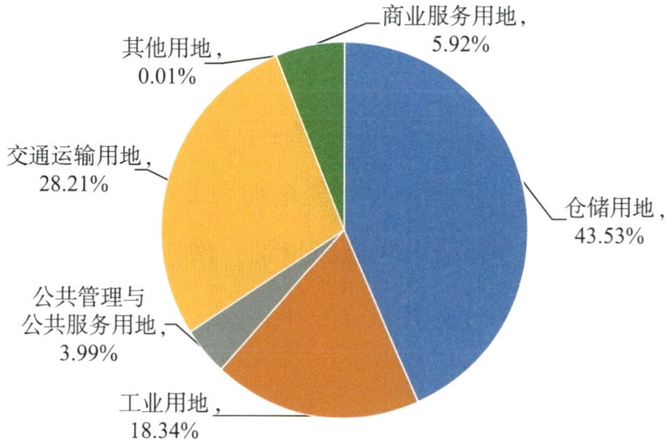

图 3-49　2023 年我国物流业用地供应具体用途占比

西部地区物流业用地供应量占比超过 40%，且在 2015 年后供应规模快速增长。2023 年东部、中部、西部和东北地区物流业用地供应量占比分别为 31.40%、20.65%、42.39% 和 5.56%。西部地区物流业用地供应量占比较高，其中新疆、内蒙古地区物流业用地供应超过 1000 公顷，两省份合计面积占物流业用地总供应量的 25.38%。西部地区在 2015 年后供应量增幅较大，累计增长 109.19%；东部地区供应增速较 2020 增长 13.43%，东北地区供应量走低。

二、能源用地

能源用地年均供应面积总体呈减少趋势，但近3年年均供应面积比2020年增长了9.0%。2023年，全国能源用地供应面积占全国建设用地供应面积的2.0%。年均供应面积呈逐渐减少趋势，2021—2023年年均供应面积比“十二五”时期减少了45.3%，比“十三五”时期减少了10.0%。但是，与2020年相比，2021—2023年年均供应面积增长了23.1%。

西部地区供应面积占全国的60%以上，且近两年增幅最大。2023年，东部、中部、西部和东北地区能源用地供应面积分别占全国的11.8%、16.7%、64.6%和6.9%，西部地区面积最大，占全国的60%以上。从变化趋势来看，“十二五”“十三五”、2021—2023年年均供地面积相比较，中部、西部和东北地区年均供地面积逐年减少，东部地区先增加后减少。2021—2023年年均供地面积与2020年相比，西部和东北地区增加，增幅分别为41.4%和32.8%；东部和中部地区减少，减幅分别为20.7%和9.0%。

三、水利设施用地

水利设施用地年均供应面积总体呈增长趋势，近3年年均供应面积比2020年增长了16.6%。2023年，全国水利设施用地供应面积占全国建设用地供应面积的2.23%。从每年变化情况来看，水利设施用地供应规模波动较大，与2020年相比，2021—2023年年均供应面积增长了16.6%。

东部地区水利设施供应面积占全国一半以上，且近2年东部和中部大幅增长，东北地区大幅减少。2022年，东部、中部、西部和东北地区水利设施用地供应面积分别占全国的38.1%、13.9%、44.9%和3.2%。与2020年相比，2021—2023年东部、中部、西部年均供地面积均呈增长趋势，其中东部地区大幅增加了184.4%，中部地区增加了102.6%，西部地区增加了36.7%，东北地区则减少了51.5%。

四、人口联系强度

近年来，基于位置服务的大数据所记录的人口移动实时数据为开展特定时段的居民城际出行特征研究提供了关键基础。《报告》采用百度 2023 年 11 月全国 337 个地级以上城市（地区、盟、州）和 1 个省直辖县级市（济源市）日均人口流动数据，得到各地区之间的联系强度指数（见图 3–50）。

（一）联系强度指数与城市发展水平具有高度一致性

城市间联系网络呈现较明显的梯度结构，网络密度由东部沿海向西部地区递减。分地区来看，京津冀、长三角、珠三角和成渝城市群联系强度指数最高，其次是中原城市群、山东半岛和长江中游等地区，东北地区联系强度指数明显弱于上述区域，新疆、西藏、青海等西部地区联系强度指数最弱。分城市来看，直辖市、副省级市和省会城市普遍联系强度指数较高，与城市发展水平呈现高度一致性。

（二）城市间联系强度指数呈现小世界特征

从联系强度指数在 10 以上的城市对来看，我国各城市间联系强度指数符合地理学的距离衰减规律，呈现明显的“小世界”特征，在空间上形成一批“小集团”。例如，与成都联系强度指数在 10 以上的城市有德阳、眉山、绵阳、乐山、资阳、阿坝、南充、内江、遂宁、雅安、宜宾、凉山、自贡，全部为四川省内城市（州）；与长沙联系强度指数在 10 以上的城市有岳阳、湘潭、株洲、益阳、常德、娄底、衡阳、邵阳，全部为湖南省内城市；与北京联系强度指数在 10 以上的城市有廊坊、天津、保定、张家口、石家庄、承德、唐山、上海、邯郸、沧州，“京津冀一体化”效应明显。

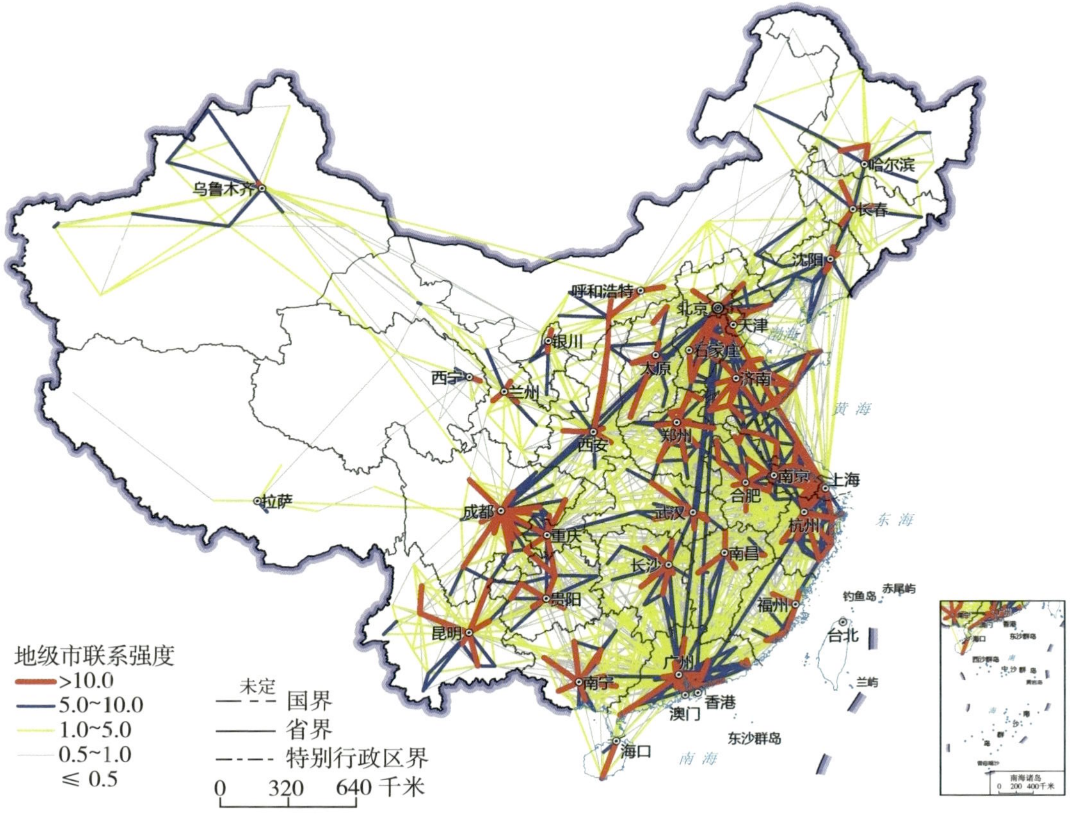

图 3-50 2023 年 11 月全国各地区城市联系强度分布

注：由于网络太过密集，图中仅呈现了联系强度指数在 0.5 以上的线条。

五、货运与投资

（一）货运

1. 全国货运量波动上升

根据交通运输部数据，2023 年，全国完成货运量 557.06 亿吨，较 2020 年增长 17.88%，较“十三五”时期年均货运量增长 17.11%，较“十二五”时期年均货运量增长 37.62%（见图 3-51、图 3-52）。

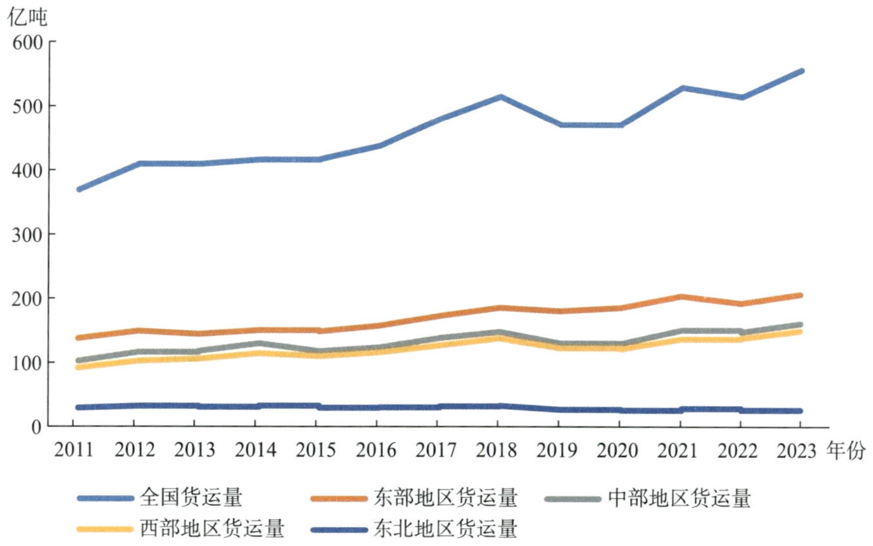

图 3-51 2011—2023 年全国及各地区货运量

2. 中西部地区近期货运量增长较快，东北地区货运量长期呈下降趋势

2023 年，东部、中部、西部和东北地区货运量①分别占全国货运量的 37.15%、29.00%、26.93% 和 5.18%。近年来，中部、西部地区货运量增长显著。东部、中部、西部和东北地区 2023 年货运量较 2020 年分别增长 11.23%、23.97%、23.13% 和 10.63%。东部、中部、西部和东北地区 2023 年货运量较“十三五”时期的年均货运量分别增长 16.98%、19.95%、19.56% 和 -3.27%，较“十二五”时期的年均货运量分别增长 41.10%、37.39%、

① 数据来自《中国统计年鉴 2023》，因不含民航、管道数据，故各地区占比之和低于 100%。

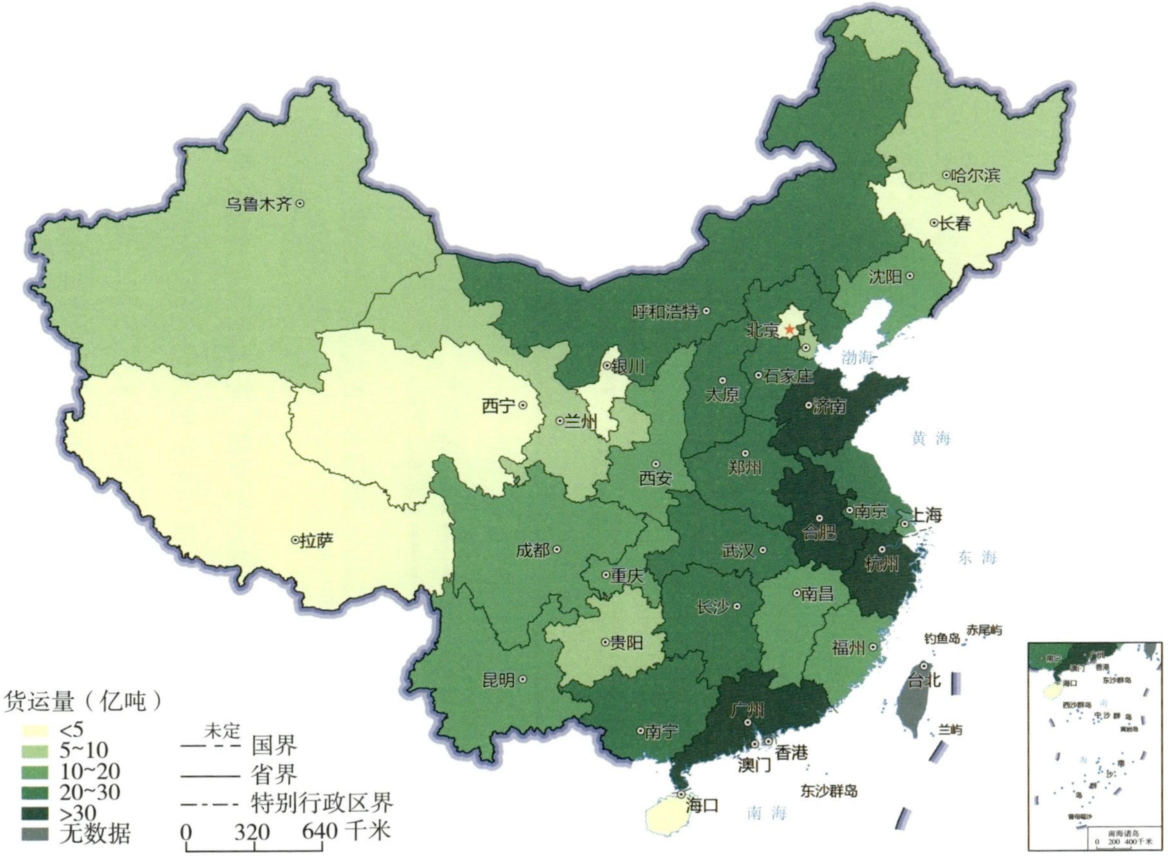

图 3-52 2023 年全国货运量

42.29% 和 –7.85%。

3. 公路是最主要的货运方式，长期来看，水路货运占比提高显著

2023 年末，全国铁路、公路和水路三项主要运输方式的货运量分别为 50.35 亿吨、403.37 亿吨和 93.67 亿吨，占比分别为 9.04%、72.41% 和 16.82%，公路是最主要的货运方式（见图 3–53）。从货运量占比变化来看，铁路的占比稳定但略有震荡，公路的占比下降，水路的占比增长。与 2020 年末相比，2023 年末三项主要运输方式的货运量占比增幅分别为 –0.59%、–0.09% 和 0.70%；与“十三五”时期的平均水平相比，增幅分别为 0.63%、–2.61% 和 2.00%；与“十二五”时期的平均水平相比，增幅分别为 –0.37%、–3.44% 和 3.73%。

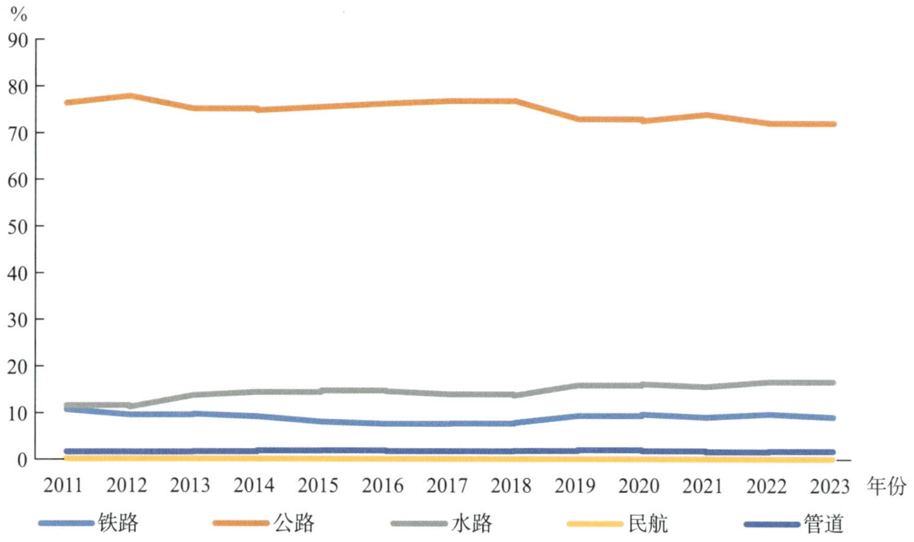

图 3–53 2011—2023 年不同交通方式的货运量占比

4. 商品进出口总值持续增长

2023 年，全国出口总值为 23.77 万亿元，较 2020 年增加 32.60%，较 2011 年增加 92.90%。2023 年，全国进口总值为 17.98 万亿元，较 2020 年增加 25.82%，较 2011 年增加 58.93%。进出口总值除 2015 年、2016 年有较明显的下降外，基本呈上升趋势（见图 3–54）。

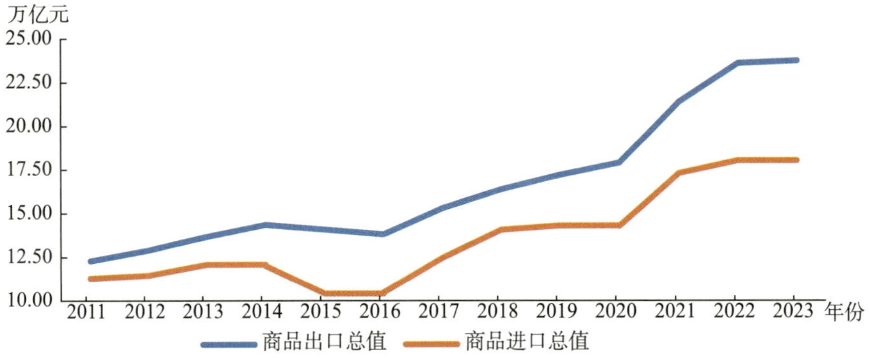

图 3-54　2011—2023 年全国商品进出口总值

5. 商品进出口以东部地区为主，中西部地区增速较快

根据海关总署数据，2023 年，我国东部、中部、西部和东北地区出口总值的占比分别为 78.46%、10.13%、8.99% 和 2.43%，较“十三五”时期年均出口总值分别增长 40.46%、89.79%、79.31% 和 39.67%。2023 年，我国东部、中部、西部和东北地区进口总值的占比分别为 79.00%、6.13%、9.92% 和 4.95%，较“十三五”时期年均进口总值分别增长 34.49%、51.78%、52.83% 和 35.32%。东部地区的上海、江苏、浙江、山东、广东 5 个省市包揽了进出口总额的前 5 名（见图 3-55、图 3-56）。中部、西部地区进出口总值的增速均超过东部、东北地区。

（二）投资

1. 外资对我国投资额总体呈上升趋势

2023 年，全国实际使用外资金额达 11339.1 亿元，较 2020 年提升了 13.39%，较“十三五”时期年均水平提高了 25.49%（见图 3-57）。

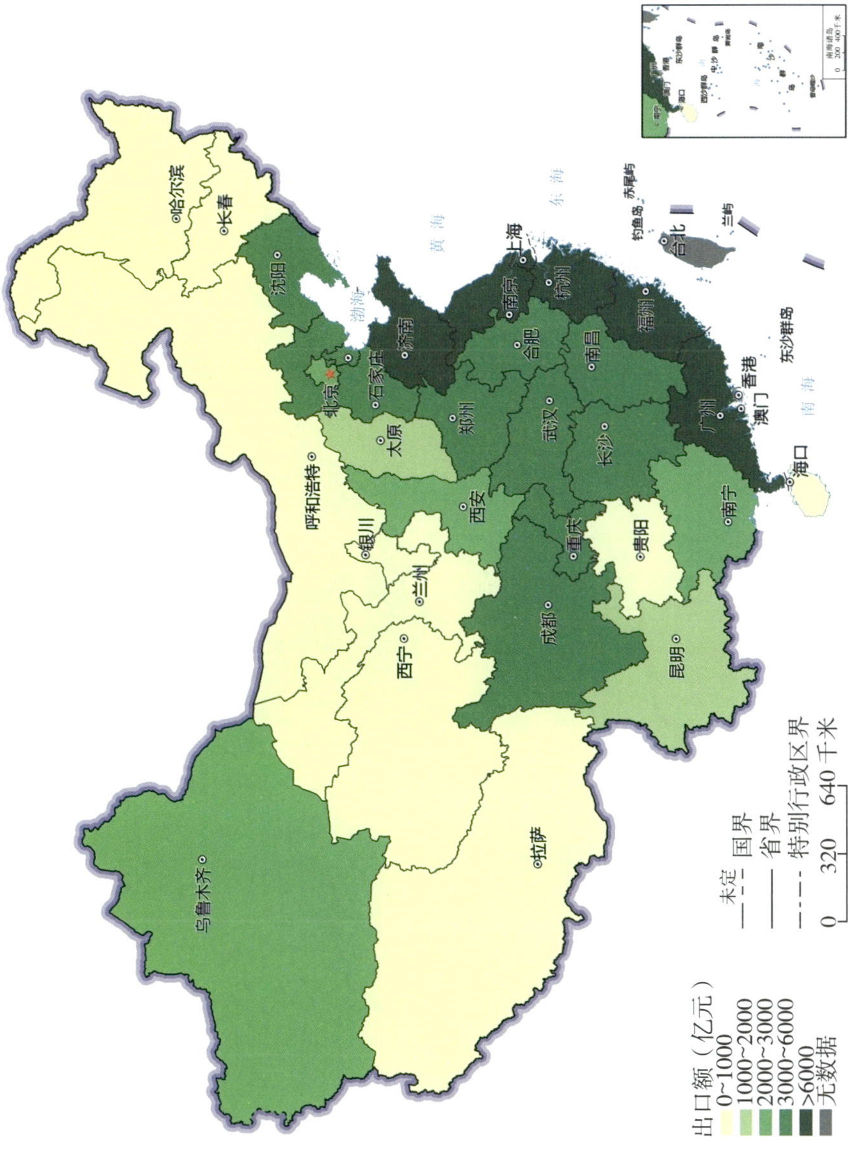

图3-55　2023年全国各省（区、市）出口总值

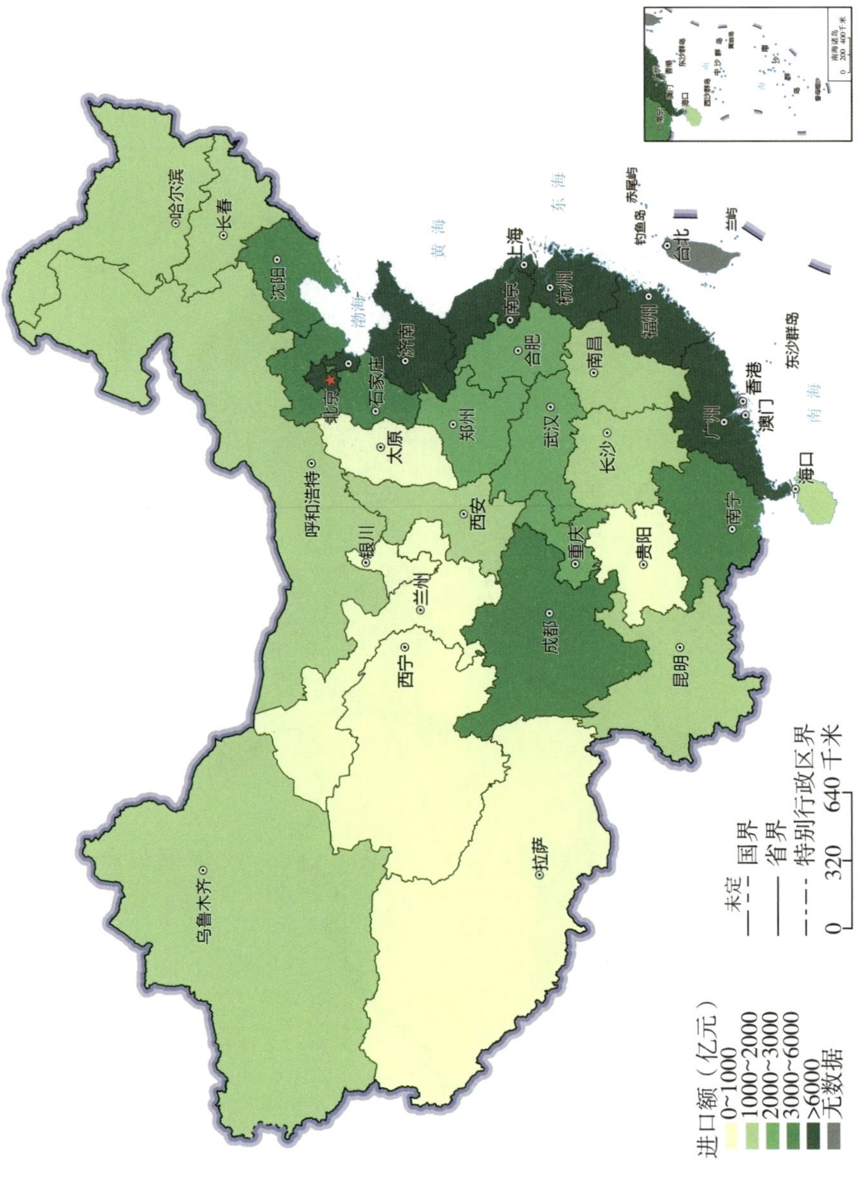

图 3-56　2023 年全国各省（区、市）进口总值

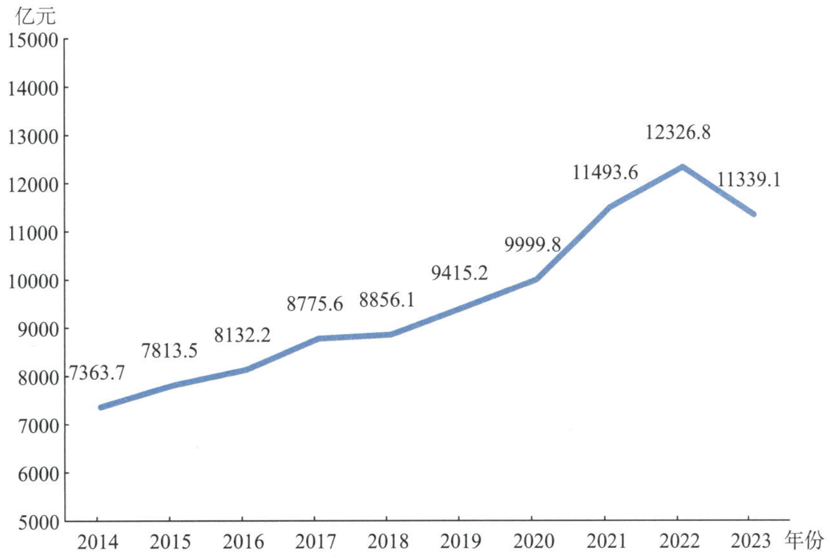

图 3-57 2014—2023 年全国实际使用外资金额

2. 实际使用外资集中在东部沿海地区，近年占比稍有下降

2022 年，全国实际使用外资金额为 1891.3 亿美元，东部、中部、西部和东北地区实际使用外资金额的占比分别为 83.66%、6.94%、5.79% 和 3.62%。其中，上海、江苏、浙江、山东、广东 5 个东部沿海省级行政单元实际使用外资金额最多（见图 3-58），2022 年合计占全国实际使用外资金额的 65.84%，比 2020 年的占比小幅下降了 0.72%。

第七节 生产力布局

一、经济发展和产业布局

全国经济得到了显著提升，2000—2023 年，全国 GDP 从 10.03 万亿元增至 126.06 万亿元。从产业结构的角度来看（见图 3-59），第一产业增加值从 2000 年的 1.47 万亿元增加到 2023 年的 8.98 万亿元，尽管第一产业在国民经

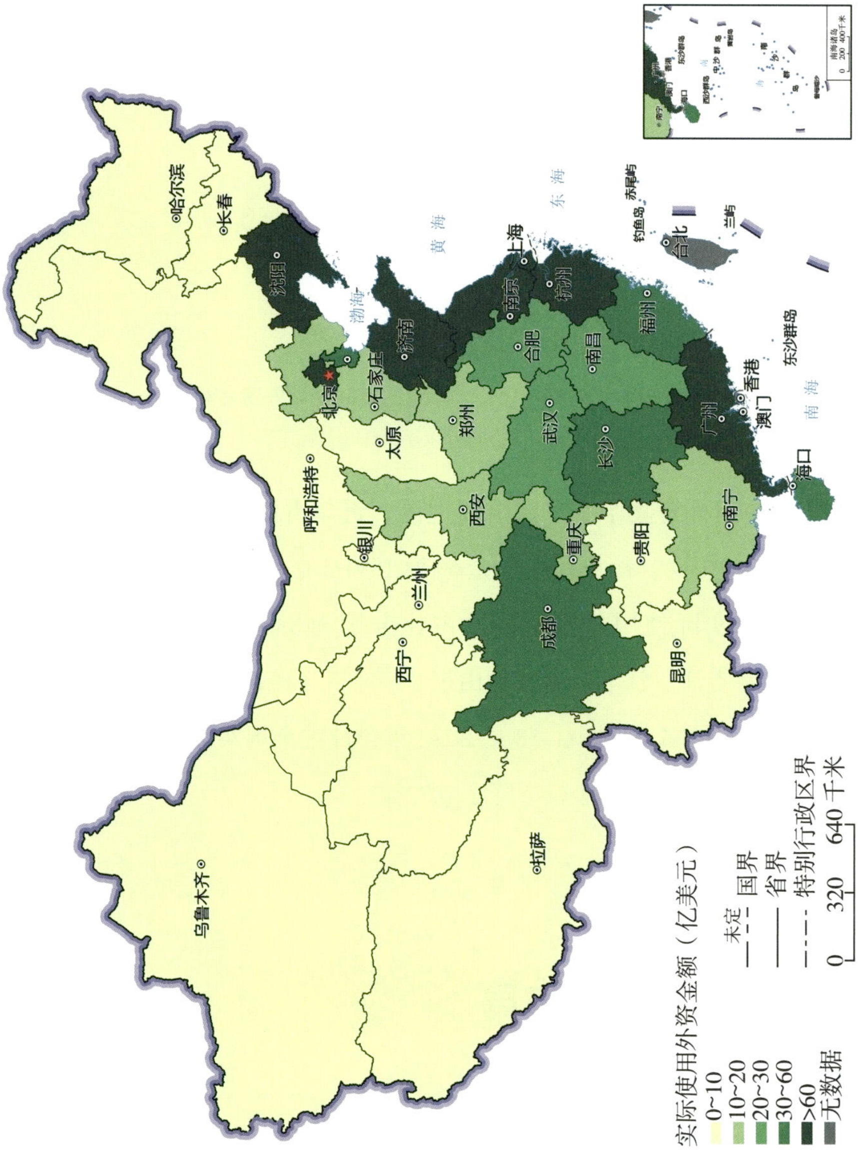

图 3-58 2022 年全国各省（区、市）实际使用外资金额

济中的比重有所下降，但其产值仍然保持着显著的增长。第二产业增加值从2000年的4.57万亿元增至2023年的48.26万亿元，这显示出全国工业化进程的加快，制造业的发展势头强劲。第三产业增加值从2000年的3.99万亿元增至2023年的68.82万亿元，服务业在国民经济中的比重逐渐扩大，成为支撑全国经济增长的重要引擎。

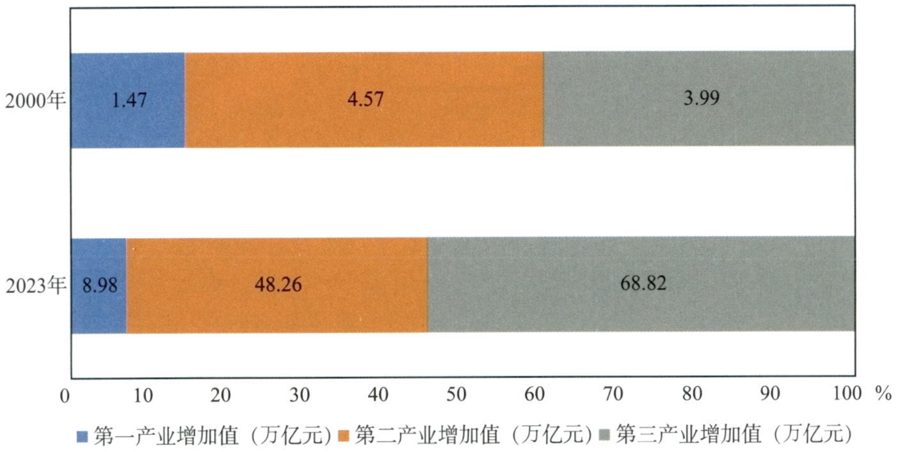

图3-59 2000年、2023年我国国内生产总值结构对比

全国的GDP分布与GDP增长率空间分布格局显示出较强的空间分异性（见图3-60）。从四大板块来看，2000年全国GDP总量为9.81万亿元，东部地区一直是全国经济的重要“发动机”，占全国GDP的52%。东部地区的经济相对较发达，集中了许多先进的制造业和服务业，以沿海城市为中心形成了繁荣的经济带。中部地区（20%）、西部地区（18%）相对较低。东北地区（10%）发展滞后，主要依赖传统的重工业和资源型产业，经济总量相对较低。到2023年，全国GDP总量达126.06万亿元，全国经济空间分布呈现出更加均衡的趋势。东部地区依然是经济的重要支柱，GDP约占52%，但中部地区和西部地区生产总值逐渐上升，占比合计为43%左右。中部地区在制造业和服务业方面取得了显著进展，成为全国经济增长的重要动力之一。西部地区则在生态环保、新能源等领域崛起，经济结构逐渐得到优化。东北地区的经济占比为5%，处于较低水平。

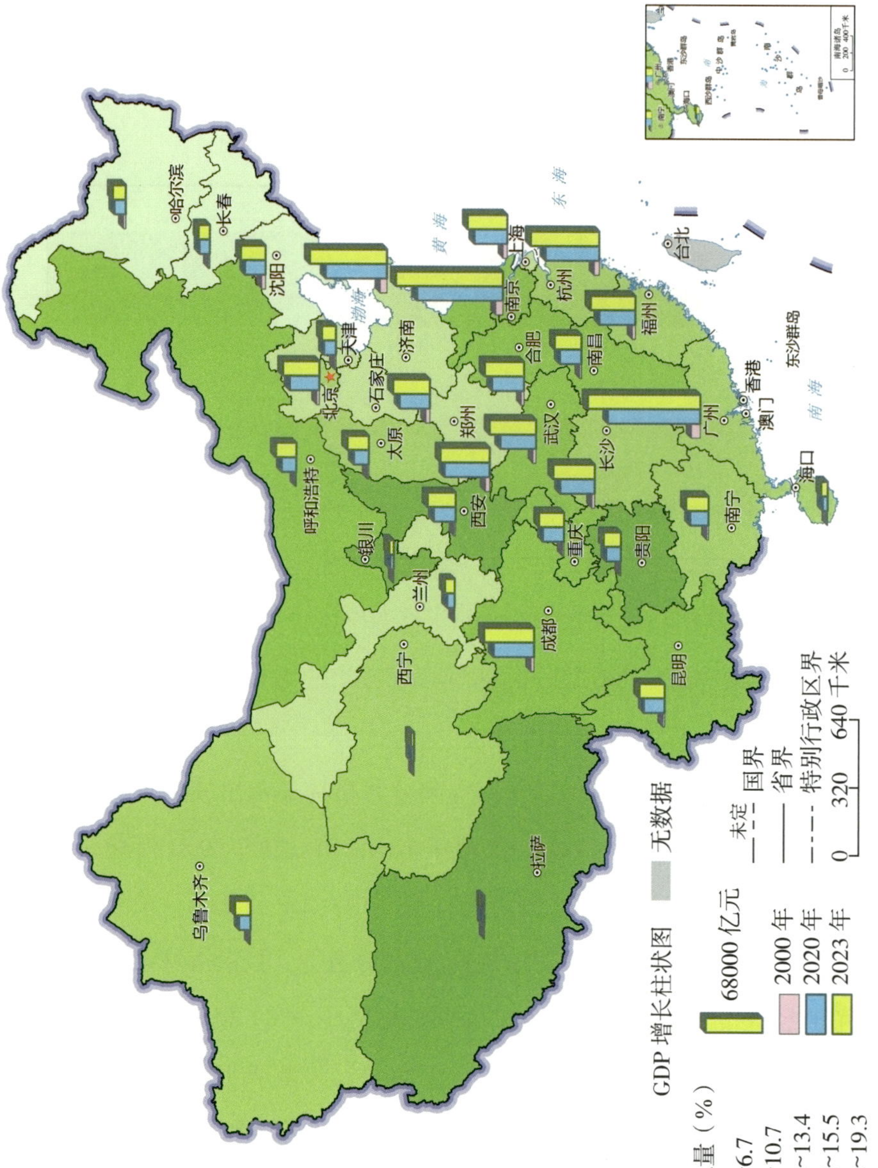

图 3-60 2000—2023 年全国 GDP 增长空间分布

第一产业和第三产业企业数量占比上升，第二产业企业数量占比下降。基于全国工商登记企业数据，通过地址解析、代码分类等数据清洗和处理后，提取有效企业数据，其中全国范围内 2007 年和 2023 年的一、二、三产业企业分别占 2%、29%、69% 和 3%、20%、77%。

四大区域企业数量均持续上涨，中部和西部地区企业数量占比上升，东部和东北地区企业数量占比下降。从企业规模来看，东部地区一直保持着相对较高的企业数量，企业数量在过去的 14 年间显著增长，由 2007 年的 498.05 万家增至 2023 年的 3157.53 万家；占比稍微下降，由 2007 年的 55% 降至 2023 年的 54%。西部地区在 2007 年相对较低的基数上取得了较为迅猛的增长，由 2007 年的 169.31 万家增至 2023 年的 1160.66 万家；占比变化幅度较小，由 2007 年的 19% 提高至 2023 年的 20%。东北地区企业数量增长相对平稳，由 2007 年的 72.32 万家增至 2023 年的 279.09 万家，但占比有所下降，由 2007 年的 8% 降至 2023 年的 5%。中部地区企业数量有所增长，由 2007 年的 155.86 万家增至 2023 年的 1276.09 万家；占比平稳上升，由 2007 年的 17% 提高至 2023 年的 22%（见图 3-61）。

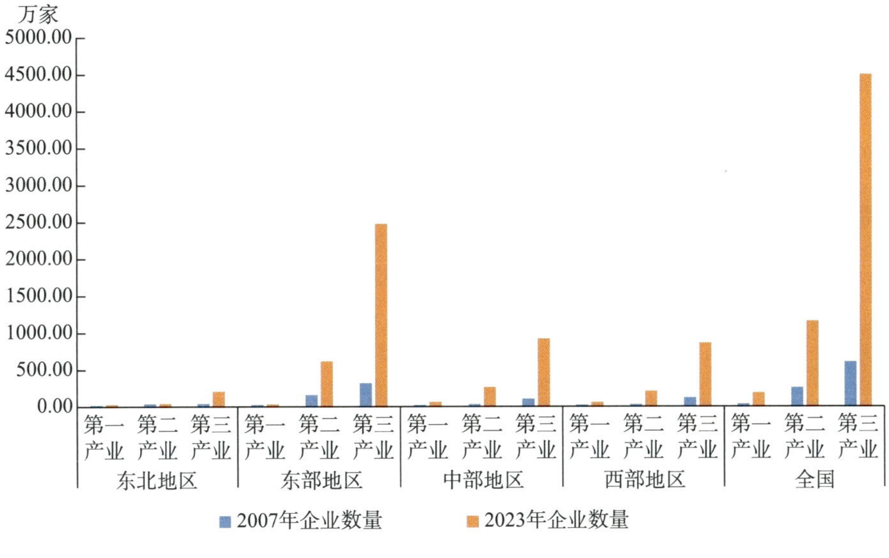

图 3-61 2007 年、2023 年我国各地区分产业企业数量变化

从 2007 年企业地理集聚分布来看（见图 3–62），企业分布高度聚集在京津冀、长三角、粤港澳地区，共同构成沿海黄金三角，形成三足鼎立之势；此外，除东部沿海 3 个城市群之外，成渝地区是带动全国企业发展的新增长极，呈现“双中心”企业布局。从 2023 年企业地理集聚分布来看（见图 3–63），受京津冀、长三角、粤港澳地区的带动，企业高密度分布区域逐渐由这 3 个中心向周围延伸，带动了山东半岛城市群、中原城市群、江淮城市群、长江中游城市群企业密度增长，总体呈中部地区、东部地区显著增长的趋势，但在西部其他地区尚未形成中心点格局特征。

全国企业分布形成了两个高度聚集区、一个次级聚集区。高度聚集区位于粤港澳地区、长三角地区，粤港澳地区企业聚集效应尤为显著。次级聚集区位于京津冀地区，其他区域尚未形成明显聚集特征。目前来看，成渝地区的成都、中原地带的河南、福建沿海地带的工商企业处于中聚集状态，未来这些地区企业集聚程度将会不断增强。成渝地区、中原地带也是带动西部企业布局优化、推动区域产业协调发展的关键核心区。同时，东部福建沿海区域的带状聚集形态初具雏形，该区域企业聚集范围和聚集效应明显大于呈现孤点状的成渝和河南等区域，未来会带动周边区域和中西部地区更多的企业资本流动。结合两者分布来看，全国企业发展的空间格局呈明显的“南下西进”趋势，即企业开始由东部地区向东北地区和中西部地区转移。由于现代化进程还远未结束，全国整体经济活动随着企业分布呈由东部地区向北部环渤海区域和东北地区以及中西部地区转移扩散的新趋势。全国的整体经济布局正在由过去各种经济要素和经济活动高度向东部地区集聚的趋势，逐步转变为更加均衡的态势。

二、第一产业布局

第一产业企业数量显著增长。2007—2023 年，第一产业企业数量显著增长，由 2007 年的 17.30 万家增至 2023 年的 197.47 万家，农业、林业、畜牧业、渔业由 2007 年的 8.45 万家、2.25 万家、4.63 万家、1.96 万家分别增至

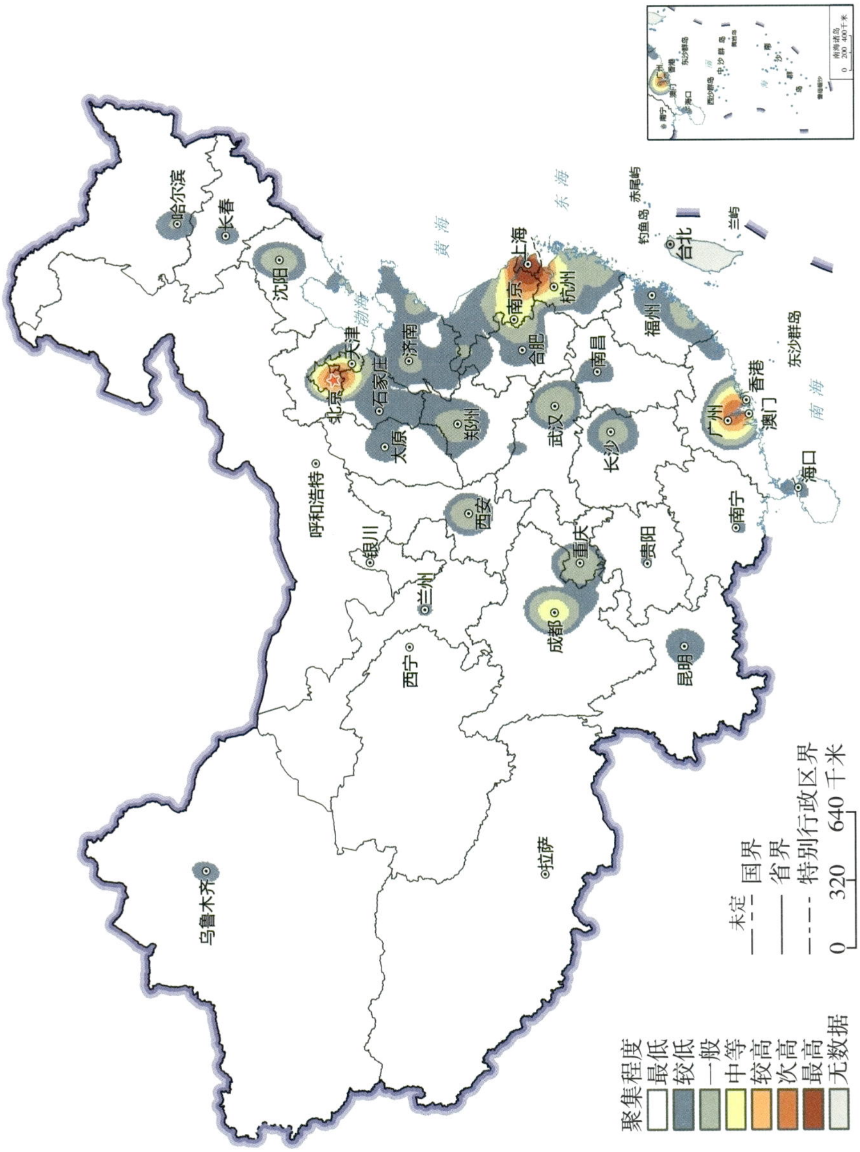

图 3-62 2007 年全国企业地理聚集分布

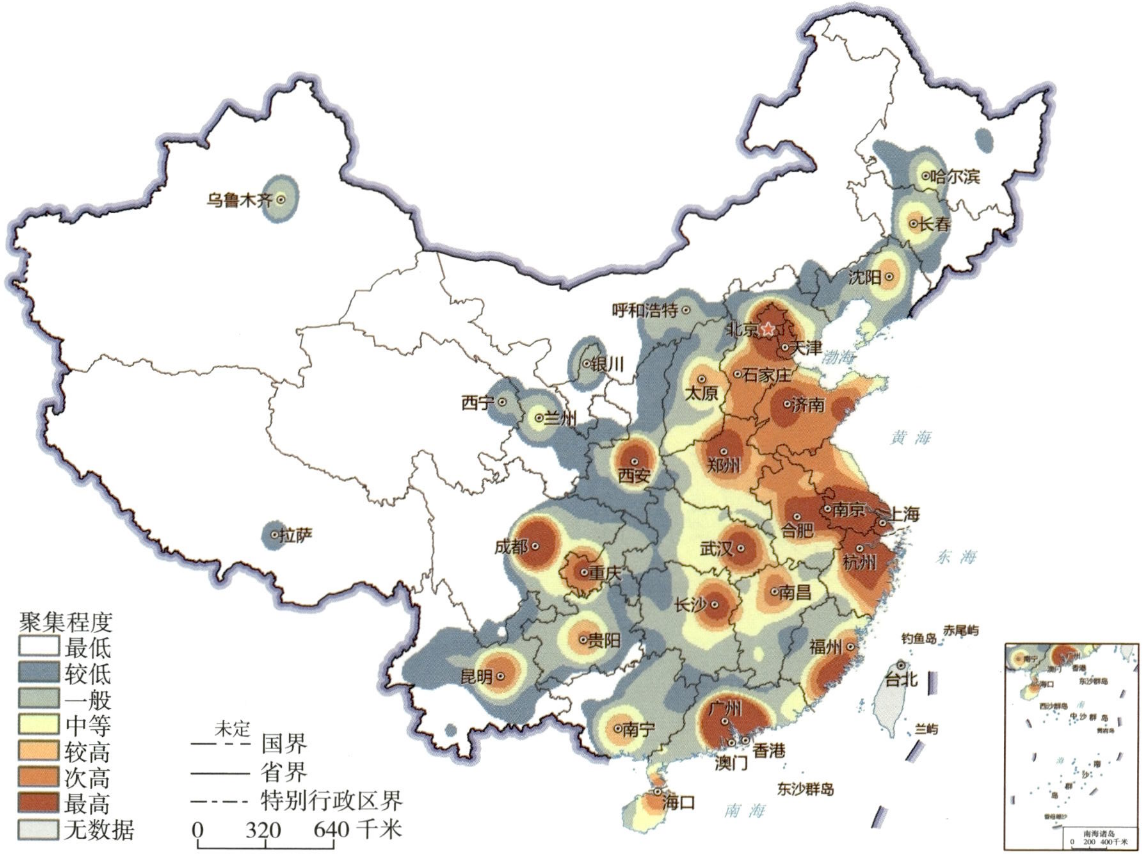

图 3-63　2023 年全国企业地理集聚分布

2023 年的 117.92 万家、10.54 万家、54.64 万家、12.62 万家。

第一产业企业数量以农业占比最多，且占比上升最大。从结构占比来看，全国第一产业企业在 2023 年以农业（60%）和畜牧业（28%）为主，林业和渔业企业数量占比相当，占 5% 左右。相较于 2007 年农业（48%）、畜牧业（27%）、林业（13%）和渔业（12%）有较大变化，农业占比显著增加，林业、渔业占比均有所下降（见图 3-64）。

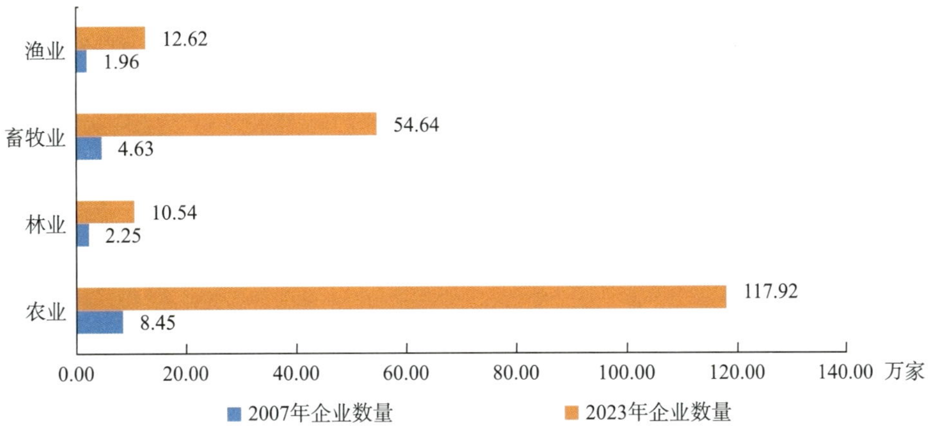

图 3-64　2007 年、2023 年我国第一产业企业分布结构

东部的第一产业企业数量最多但所占比例显著减少，中部和西部地区所占比例显著增加。从四大板块来看，2023 年中部地区聚集了全国 37% 的一产企业，东部、西部、东北第一产业企业数量占比分别为 22%、35%、6%。相较于 2007 年的中部（25%）、东部（43%）、西部（23%）、东北（9%）有较大变化，东部的第一产业企业占比显著减少（–21%），中部和西部地区的第一产业占比显著增加（12%），而东北地区变化相对较小。

第一产业企业分布格局从 2007 年的“东北—西南”走势和长三角、海南高度聚集，逐步转变为 2023 年向中部地区扩散，以山东、河南、安徽交界区域为新高度聚集中心的空间分布结构。从 2007 年第一产业企业分布格局来看，全国第一产业企业呈“东北—西南”走势，高度聚集区域位于长三角与海南，呈现出由长三角向山东、江西逐步扩散的格局。除了长三角中北部、海南西北部双高峰分布外，第一产企业在四川西部、粤港澳和吉林北部形成了次级聚集核心区（见图 3-65）。2023 年，第一产业企业分布轴线向中部偏移，整体呈向中部地区转移的趋势，高度聚集区域转移至山东、河南和安徽 3 省交界地带，这个地区集聚的第一产业企业数量最多，成为新的第一产业高峰区，形成以此区域为中心向四周逐步散开的新格局（见图 3-66）。与 2007 年相比，次级聚集核心区也发生了变化，2023 年形成的次级聚集核心区位于四川西部、黑龙江南部和吉林，位置与企业数量有一定变化。而原来的长三角高峰区，第一产业企业数量下降，聚集效应不如新形成的山东、河南、安徽高峰区强。

三、第二产业布局

第二产业企业数量显著增长。2007—2023 年，从第二产业规模来看，第二产业的企业数量由 2007 年的 244.32 万家增至 2023 年的 1168.65 万家。从结构占比来看，全国第二产业企业在 2023 年以建筑装饰、装修和其他建筑业（23.9%）及房屋建筑业（11.3%）为主，金属矿产、石油天然气与水生产/供应业及烟草制品业较少，相较于 2007 年，通用设备制造业（7.6%）、金属制品业（7.4%）、非金属矿物制品业（7.0%）有较大变化（见图 3-67）。

东部地区第二产业企业数量最多，但占比下降最多。从四大板块来看，2023 年东部地区聚集了全国 54% 的第二产业企业，中部、西部、东北第二产业企业数量占比分别为 23%、19%、4%。相较于 2007 年的东部（63%）、中部（15%）、西部（14%）、东北（8%）有小幅变化，中部和西部有所增加，而东部与东北第二产业企业占比则有所下降。

全国第二产业企业呈现“东北—西南”的分布格局，其分布轴线与胡焕庸线近似平行，但分布中心和集聚程度有所改变。2007 年，全国第二产业企业主要聚集在长三角地区（见图 3-68），形成高密度区，次级核心区形成于粤港澳大湾区与京津冀地区。尤为特别的是，上海和苏南地区以开发区和工业园区为核心形成双核集群网络。而到 2023 年，长三角、粤港澳和京津冀等地区企业密度均进一步提升，形成了三大核心区（见图 3-69）。企

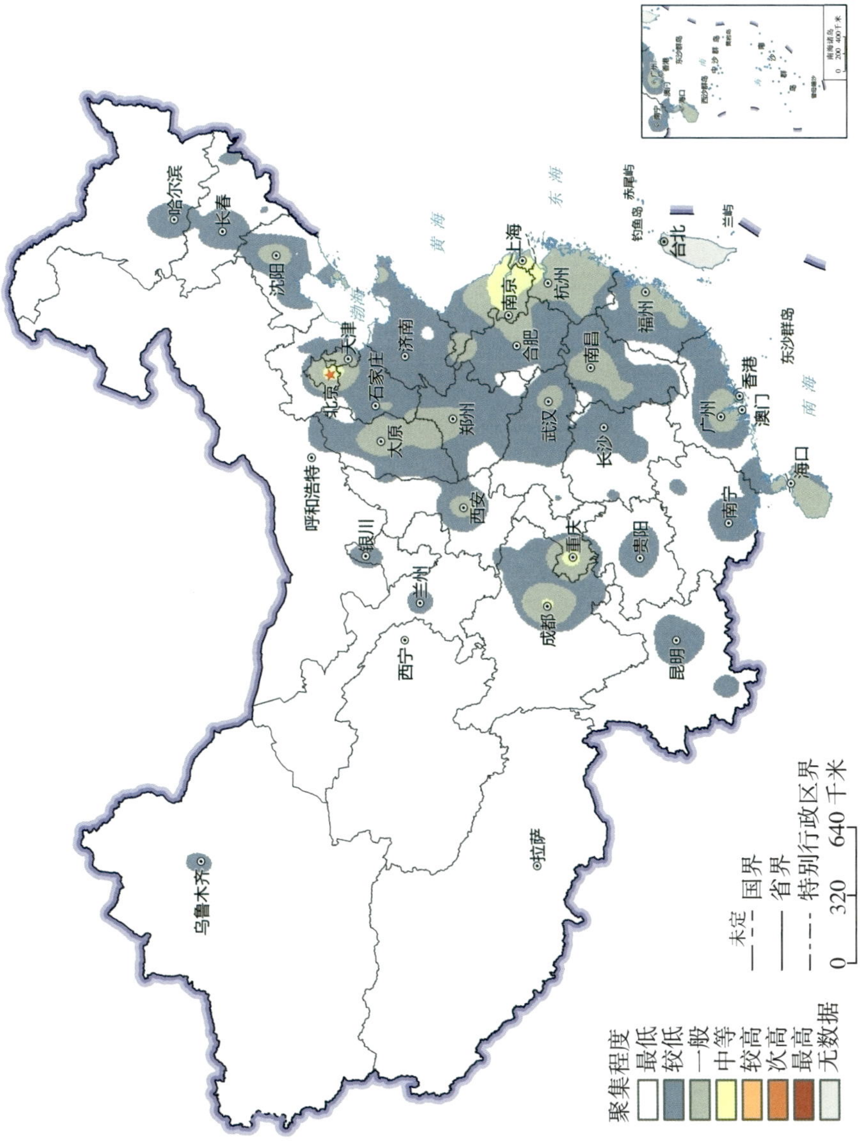

图 3-65 2007 年全国第一产业企业地理集聚分布

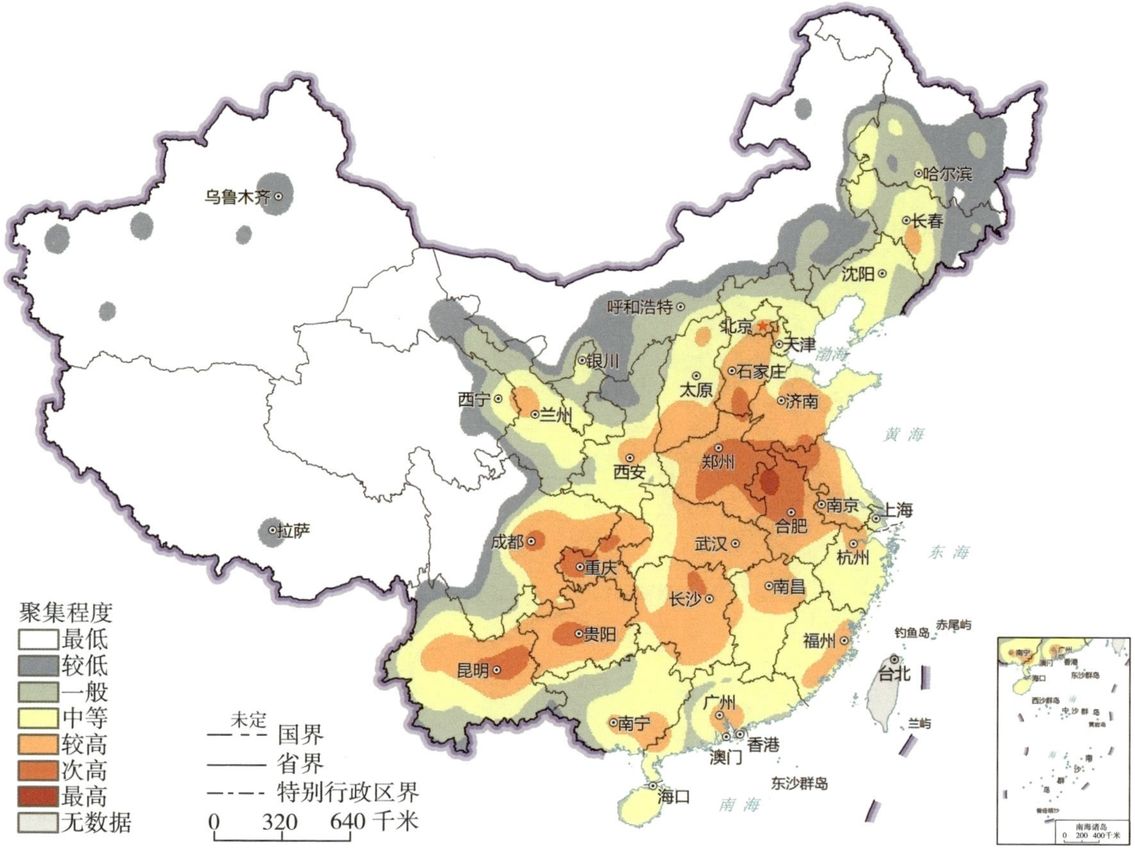

图 3-66　2023 年全国第一产业企业地理集聚分布

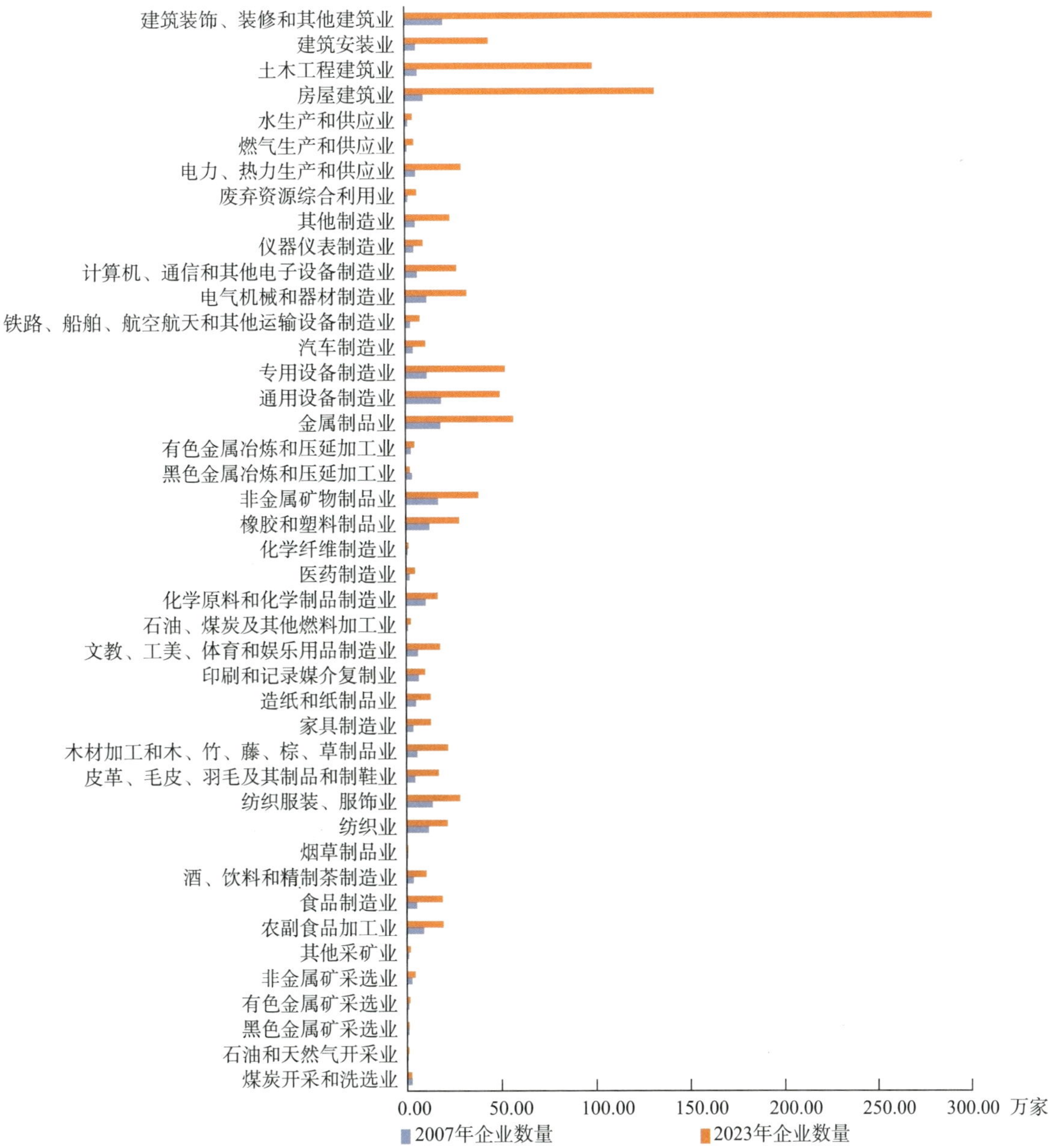

图 3-67 2007 年、2023 年我国第二产业企业分布结构

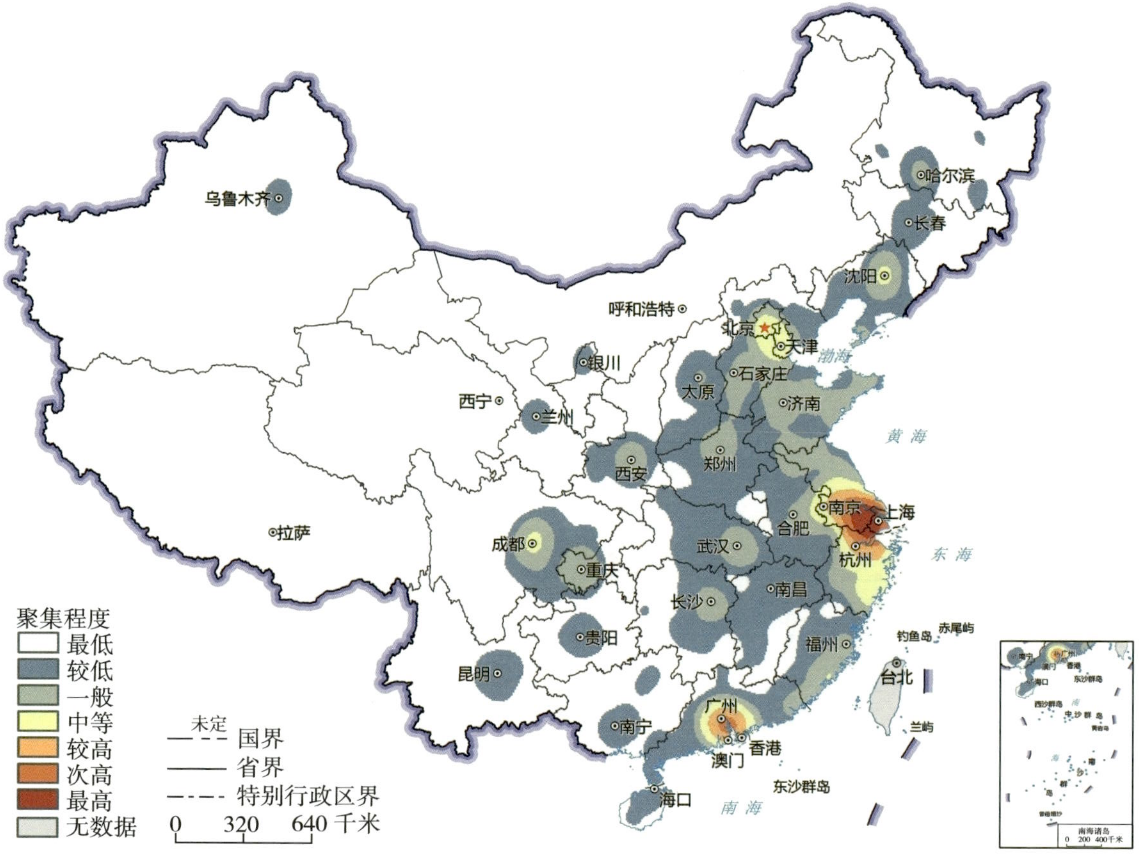

图 3-68　2007 年全国第二产业企业地理集聚分布

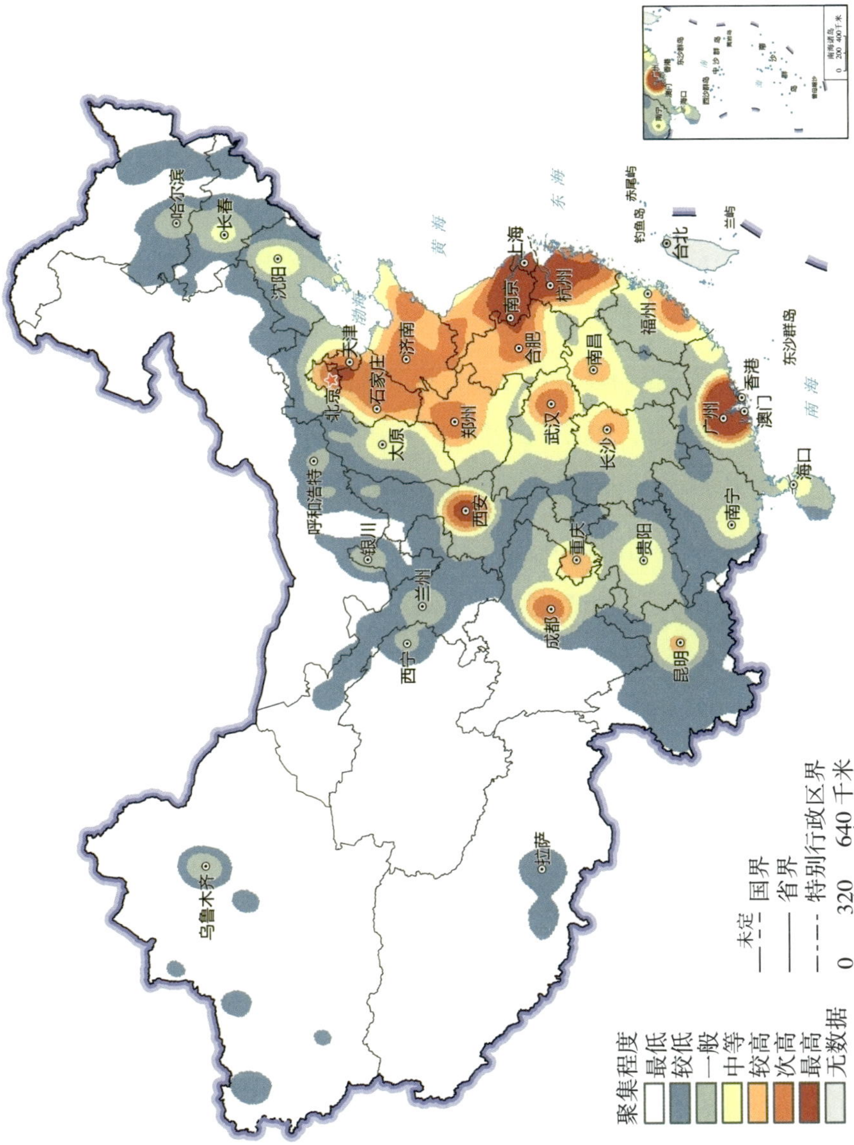

图 3-69 2023 年全国第二产业企业地理集聚分布

业分布范围和影响面开始向周边地区辐射扩张，地方产业转型也在加快。

高耗能产业企业中，非金属矿物制品业占比最高，高耗能产业企业主要分布在山东和江苏等地。当前，国家环保政策加大了对高耗能产业的管控力度。全国高耗能产业企业涉及六大行业，主要以非金属矿物制品业（41.1%）、电力、热力生产和供应业（31.6%）、化学原料及化学制品制造业（17.8%）为主。石油、煤炭及其他燃料加工业、黑色金属冶炼和压延加工业、有色金属冶炼及压延加工业等其他三大行业企业数量占比低于10%。从各省份占比来看，2007年高耗能企业主要分布在江苏（10.7%）、山东（8.3%），2023年主要分布在山东（16.9%）、江苏（13.2%），占比存在较大的变化。

高耗能企业由分散布置向区域集聚过渡，聚集中心也由沿海单点扩展到多个中心，并逐步关注与环境目标的衔接。从高耗能企业分布格局来看，高耗能企业集中程度较低，2007—2023年，高耗能企业的分布格局发生了变化。2007年，除江苏、福建交界地带外，高耗能企业在各地均分散分布，没有形成明显的聚集态势（见图3-70）。尤其是在河北和山东，高耗能企业数量占比较大，均超过10%，分布范围广泛但缺乏聚集，对环境污染影响显著。此外，2007年高耗能企业的分布较集中在东部沿海地区，东部地区聚集了40%的高耗能企业，西部地区则为22%。东部地区高耗能产业持续发展导致东部沿海地区环境破坏仍在继续，因此，要遏制高耗能产业和企业盲目膨胀，亟须改善粗放型经济增长方式。到2023年，高耗能企业分布格局有所改变，形成了以粤港澳、长三角等地区为明显聚集中心，京津冀和河南、山东为次级中心的分布模式（见图3-71）。与2007年相比，2023年高耗能企业在空间上的集聚程度有所增强。同时，高耗能企业的分布已经与国家“碳中和”和“碳达峰”目标相联系，未来高耗能产业的发展必须加强对环境的保护，广泛应用绿色技术和清洁能源，实现经济可持续发展。

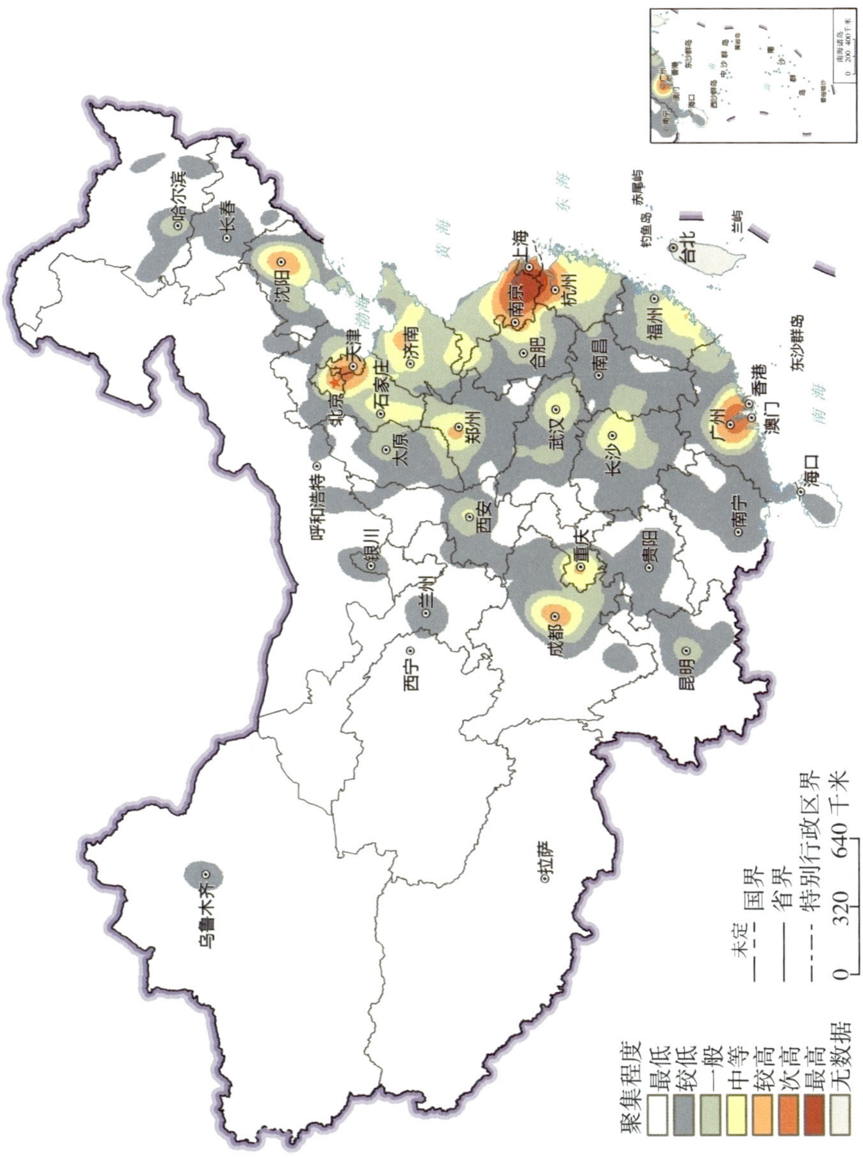

图 3-70 2007 年全国高耗能企业地理集聚分布

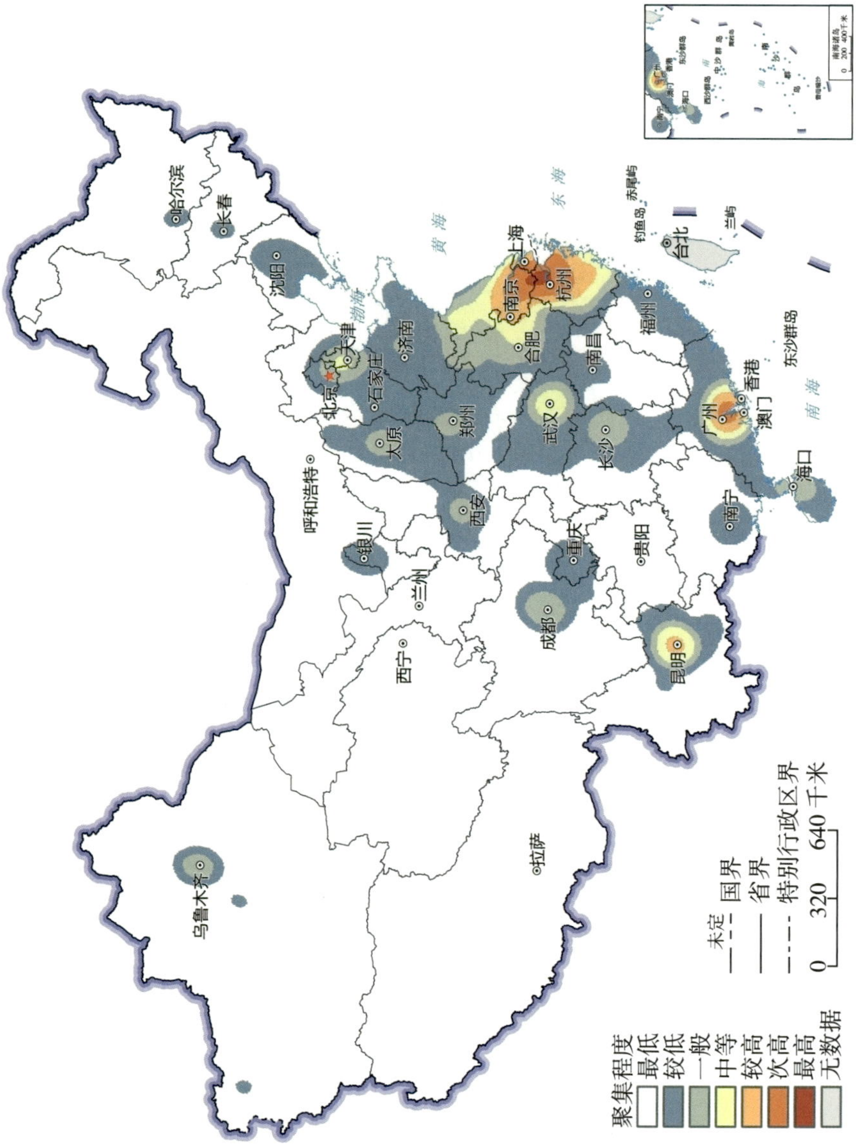

图 3-71 2023 年全国高耗能企业地理集聚分布

四、第三产业布局

第三产业企业数量显著增长。从第三产业规模来看，2007—2023 年，第三产业的企业数量由 2007 年的 616.27 万家增至 2023 年的 4507.25 万家。从结构来看，全国第三产业企业数量在 2023 年以批发业（24.4%）、零售业（17.8%）、商业服务业（14.8%）为主，运输业、社会工作与机械设备维修业较少，相较于 2007 年主要以批发业（33%）、零售业（17%）、商业服务业（11%）为主的产业结构未产生较大变化（见图 3–72）。

东部地区的第三产业企业数量超过全国的 1/2。从四大板块来看，2023 年东部地区聚集了全国 55% 的第三产业企业，中部、西部、东北地区第三产业企业数量占比分别为 21%、19%、5%。相较于 2007 年的东部（53%）、中部（18%）、西部（21%）、东北（8%），东北地区和西部地区的占比略有下降，中部地区和东部地区的占比则有所增加。这与京津冀协同发展、长江经济带建设等国家战略的推动有较大关系，也使得第三产业在更多地区得到了发展机会。同时，河南等中部省份与成都、重庆等西部省市的崛起也为第三产业提供了新的增长点。

第三产业企业从三点孤立之势向多中心分布转变。从 2007 年第三产业企业分布格局来看，第三产业在京津冀、长三角、粤港澳这三个高峰区尤其是长三角地区形成了高度聚集区域，呈三点孤立之势（见图 3–73）。2023 年，第三产业的空间分布格局发生了较大变化，第三产业在全国形成了京津冀、河南、山东、江浙沪、成渝、粤港澳、湖北、湖南多中心分布的趋势（见图 3–74）。

高技术产业以科学研究和技术服务业为主。高技术产业是培育发展新动能、获取未来技术新优势的关键领域，对促进国家与地方经济发展、提升创新能力也有重要影响。全国高技术产业规模不大，但其战略地位尤为关键。2023 年，高技术产业以科学研究和技术服务业为主，共 483.1 万家，占比 61%；排名第 2 位、第 3 位的分别为信息传输、软件和信息技术服务业与文化、体育和娱乐业，其企业数量分别为 216.4 万家、62.4 万家。这三个行业

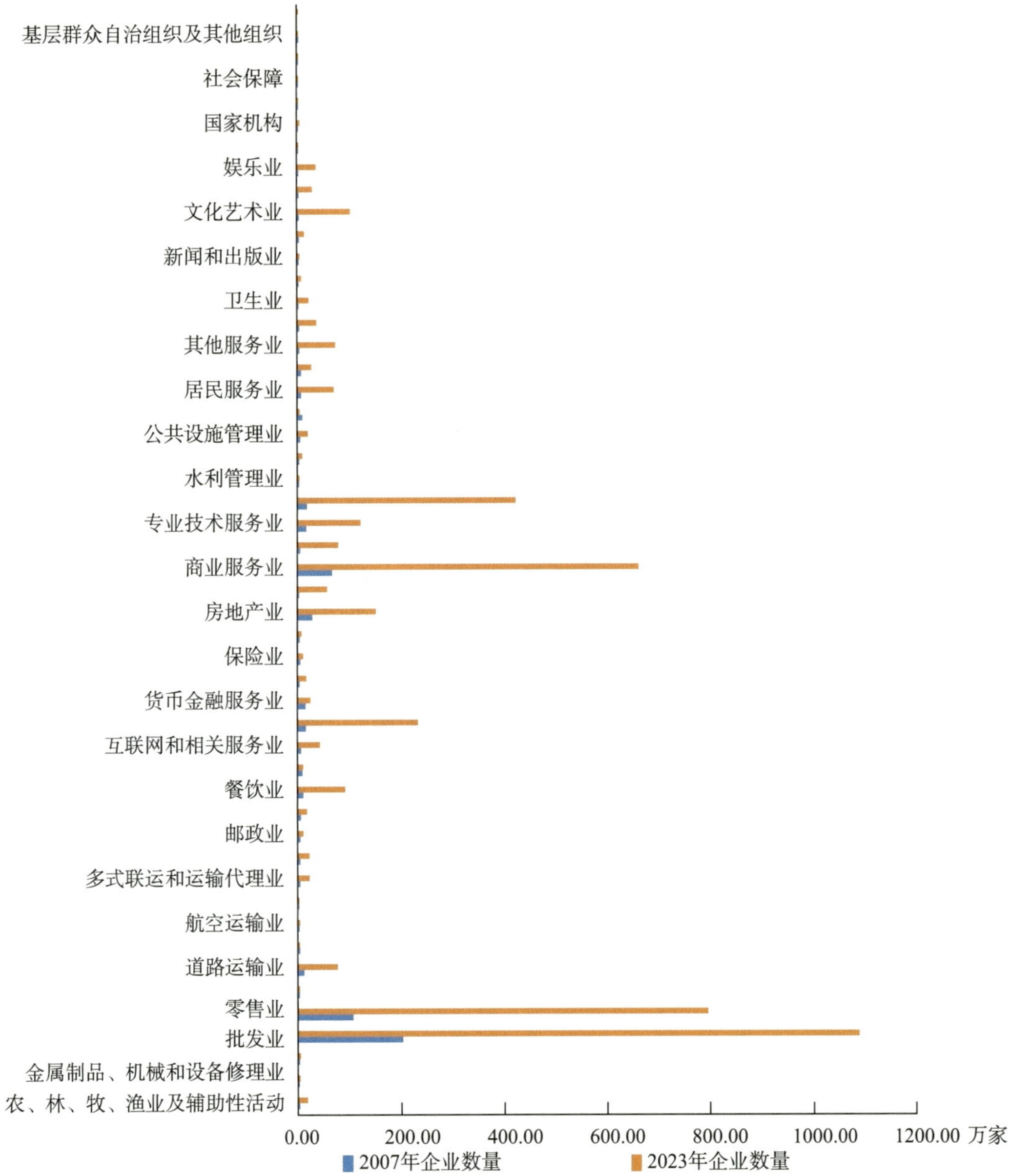

图 3-72　2007 年、2023 年我国第三产业企业分布结构

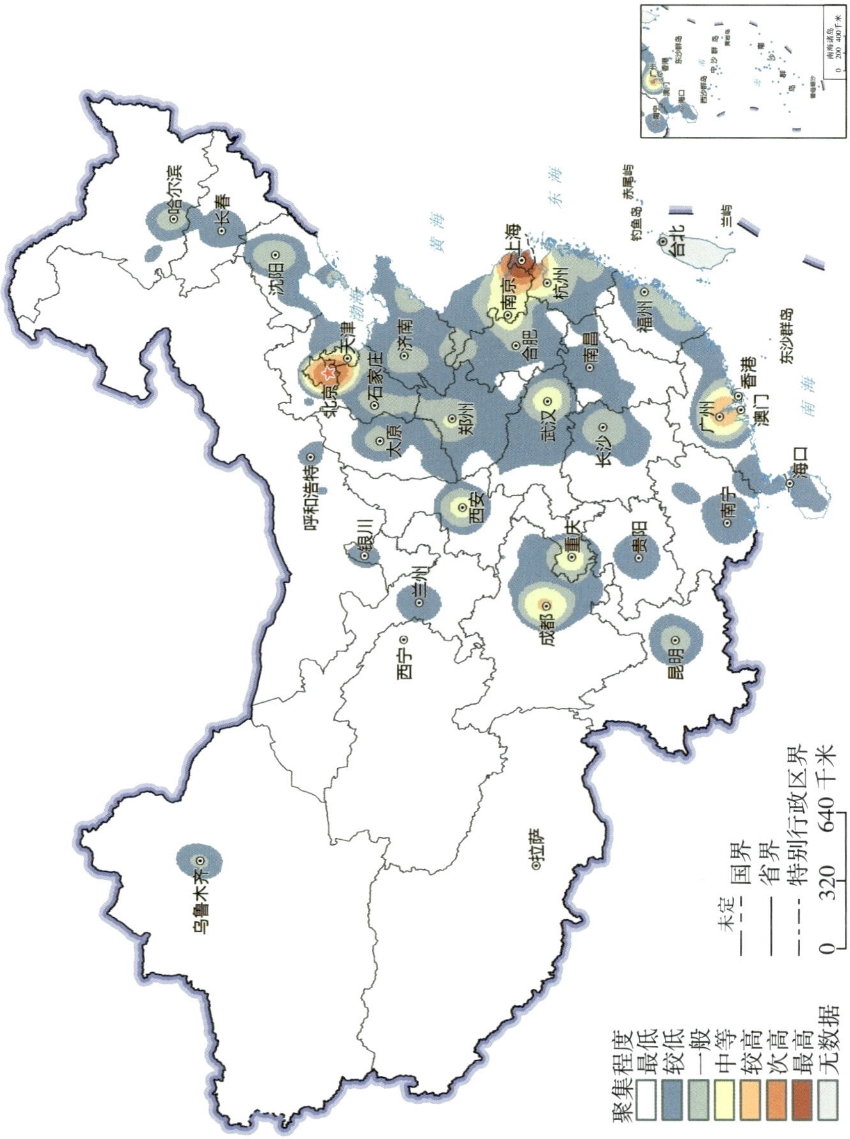

图 3-73 2007 年全国第三产业企业地理集聚分布

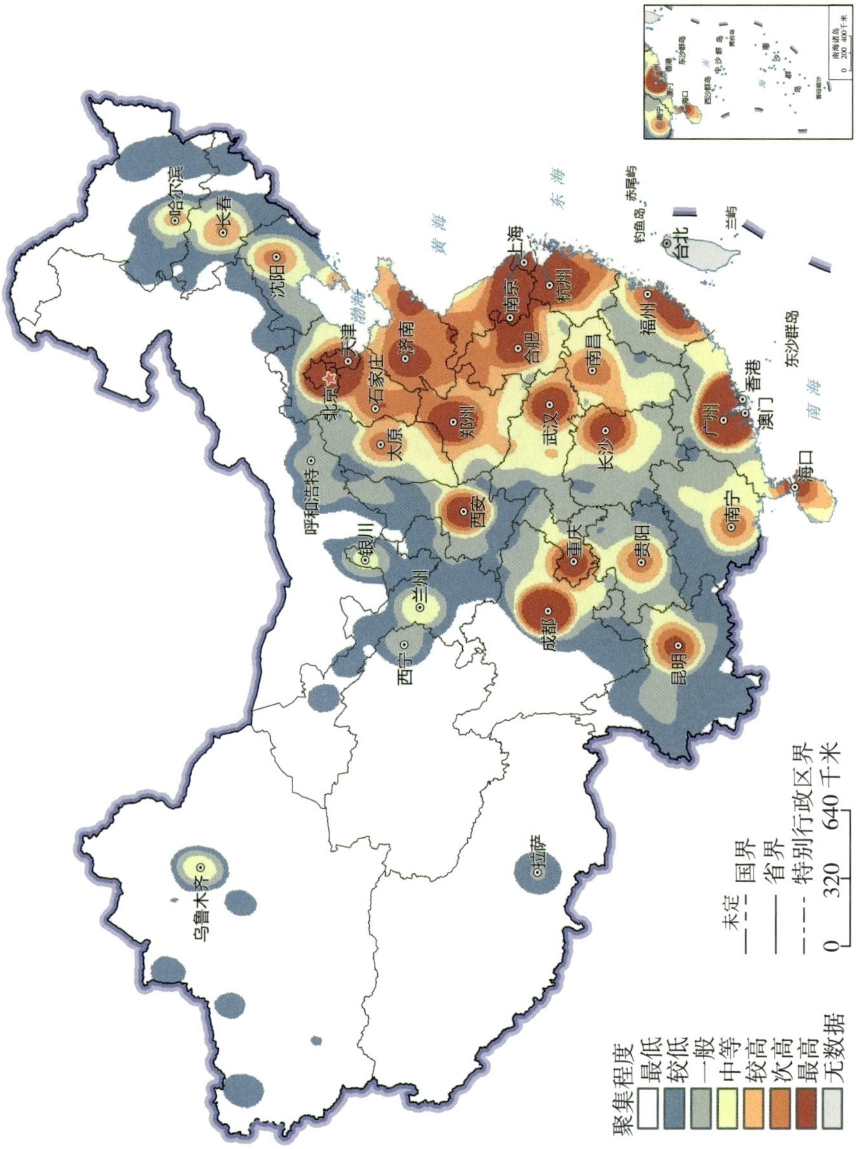

图 3-74　2023 年全国第三产业企业地理集聚分布

的企业数量占全部高新技术企业数量的96%，其余仅占4%。

东部地区的高新技术企业占比显著增加，东北地区高新技术企业显著减少。从四大板块来看，2023年东部地区聚集了全国60%的高技术企业，中部、西部、东北地区高新技术企业数量占比分别为19%、17%、4%。与2007年相比，高新技术企业分布数量发生了明显的演变，东部地区的高新技术企业占比有所增加，从49%增至60%。与此同时，中部地区的占比略有下降，从21%降至19%；西部地区也有小幅下降，从20%降至17%。而东北地区下降最多，占比从10%降至4%。2007—2023年，高新技术企业分布呈东部地区占比上升、中西部及东北地区占比下降的变化趋势。在空间分布格局上，2007年高新技术企业的集聚程度较高（见图3-75）。其中，北京形成了高度密集区，粤港澳和长三角地区形成了次级聚集区，但中部和东北地区尚未形成明显的聚集效应。长三角地区高新技术企业的聚集程度较粤港澳地区低，且向西南部扩散。而到2023年，高新技术企业呈现出更大规模和多中心的分布格局（见图3-76）。相较于2007年，新增了成渝地区，形成了京津冀、粤港澳、长三角和成渝四大核心聚集区域。这说明高新技术企业从源头的东部地区向中部和西部地区转移的趋势更加明显。

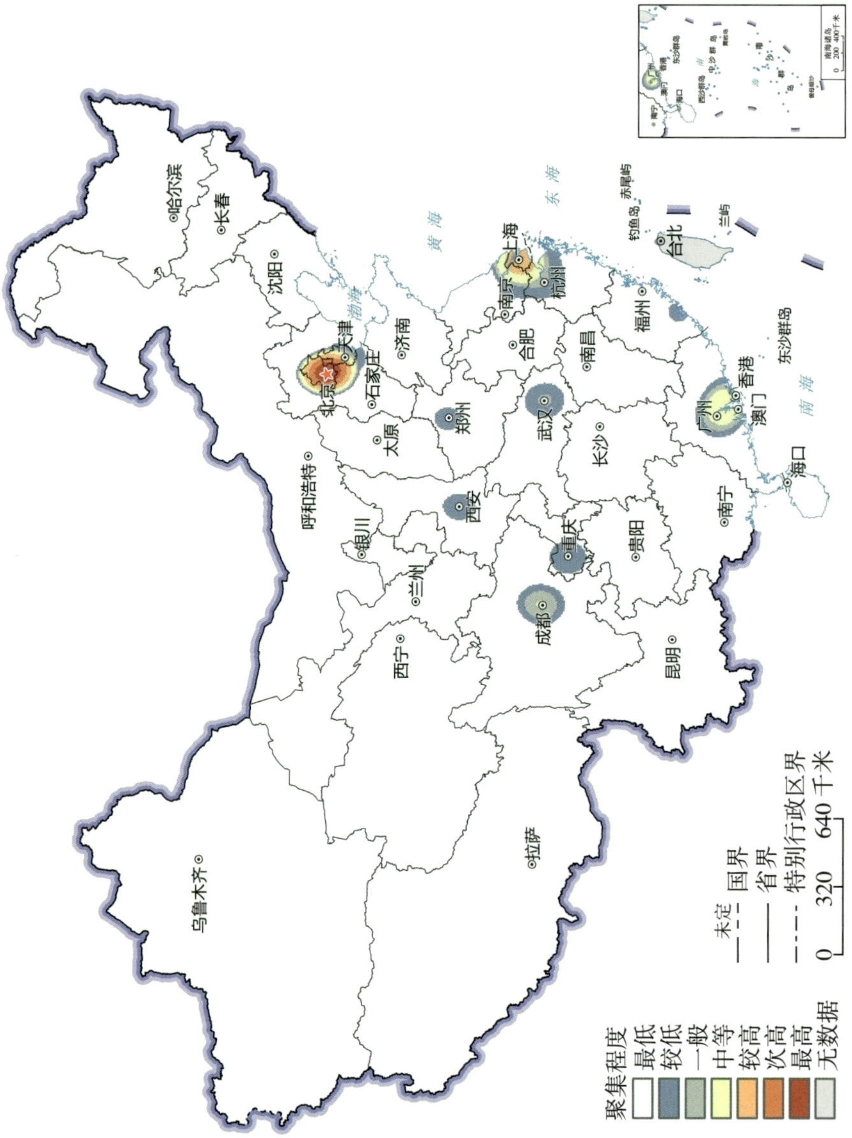

图 3-75 2007 年全国高新技术企业地理集聚分布

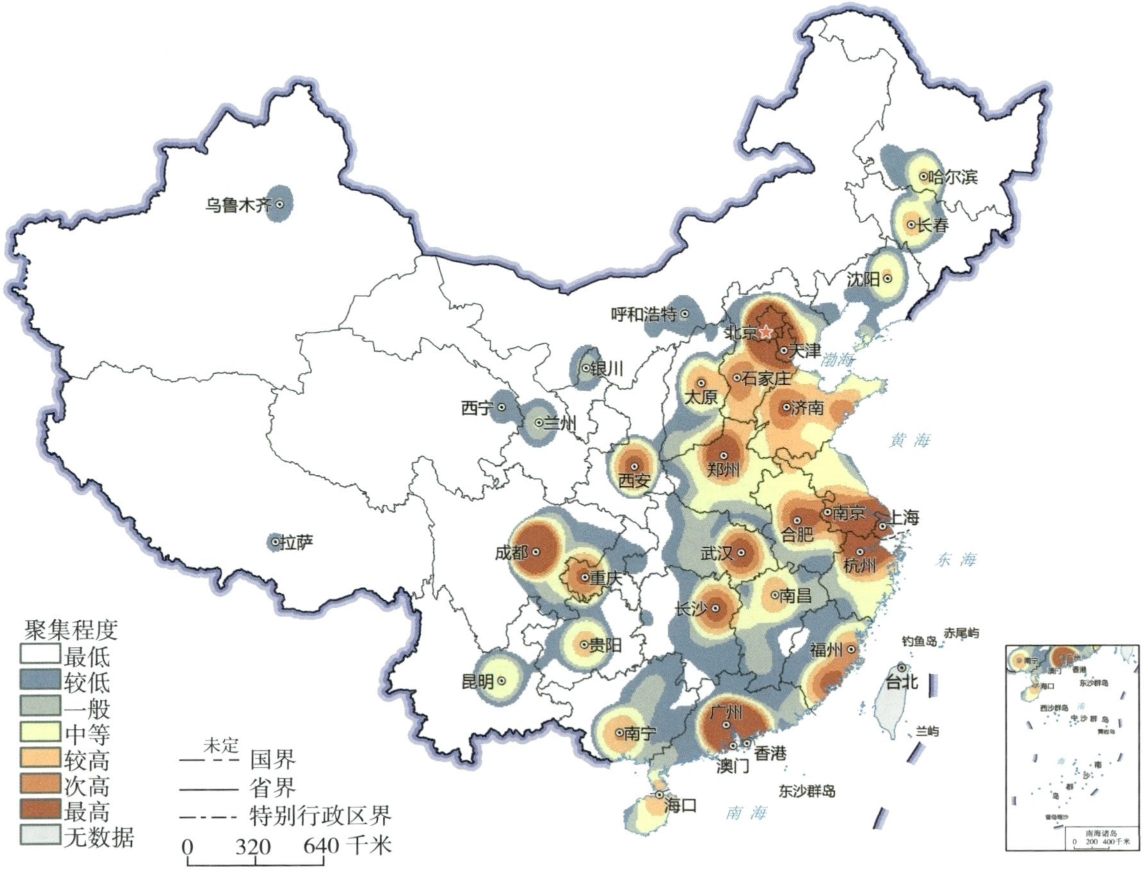

图 3-76　2023 年全国高新技术企业地理集聚分布

第四章
国土空间效率

第一节 城镇发展

一、城镇化率增长速度

土地城镇化与人口城镇化逐渐趋于协调。城镇化地区土地扩张速度是人口增长速度的 2 倍，但土地城镇化快于人口城镇化的趋势有所扭转，城市土地节约集约利用取得显著成效。“十三五”时期，全国土地城镇化率年均增速为 3.1%，人口城镇化率年均增速为 1.4%，土地城镇化增速整体高于人口增速。土地增速高于人口增速的地级以上城市有 206 个，占全国 333 个地级以上城市总量的 61.8%（见图 4–1），2002—2012 年土地城镇化率增速高于人口增速的地级以上城市有 243 个，占当时 287 个地级以上城市总量的 84.7%，土地城镇化率快于人口城镇化的趋势放缓，城镇化土地节约集约利用水平显著提高（见图 4–2）。

全国有 27.2% 的区县人口城镇化率和土地城镇化率增速脱钩。其中，4.3% 的区县人口快速集聚，但土地城镇化率增速相对滞后，属于人口扩张型脱钩，主要分布在东部沿海与西北地区；19.3% 的区县土地城镇化速度显著快于人口城镇化速度，属于土地扩张型脱钩，在中部和西部地区分布较为集中；3.6% 的区县人口显著收缩，土地城镇化率增速较慢，属于衰退型脱钩，主要分布在东北地区和山西省等西北地区。其余 72.8% 的区县人口规模和城镇土地变化速度相对协调，其中，15.0% 的区县土地城镇化和人口城镇化均实现显著增长和集聚，属于快速发展匹配型区县，主要分布在东部沿海、中部与西部地区，城镇化处于中期快速发展阶段。57.7% 的区县人地异速特征不明显，属于人地基本协调型区县，人地城镇化发展基本协调，在全国各地均有分布（见图 4–3）。

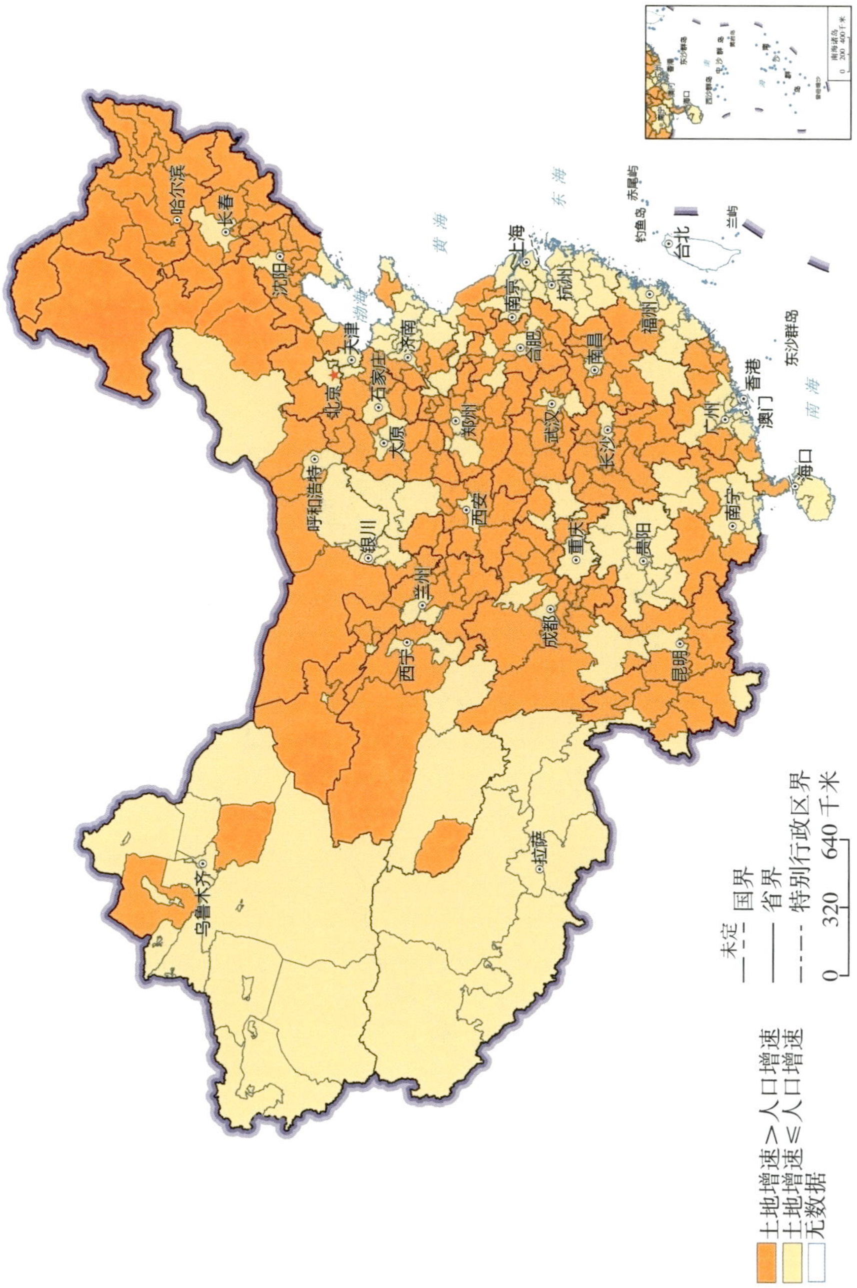

图 4-1 我国地级以上城市土地城镇化与人口城镇化增速比较

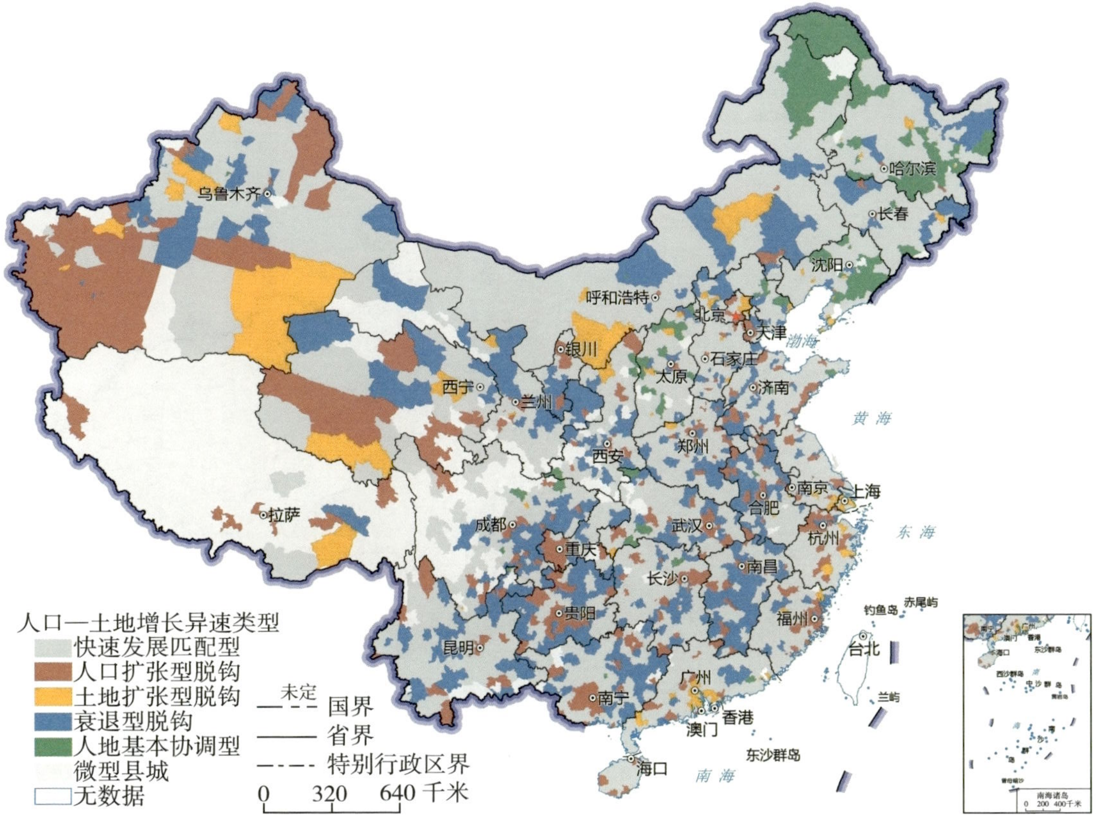

图 4-2[①] 全国人口—土地城镇化异速增长类型空间格局

① 本次监测工作仅针对城镇化地区，图中微型县城尚未达到城镇化最小规模标准，因此未被列入监测范围。

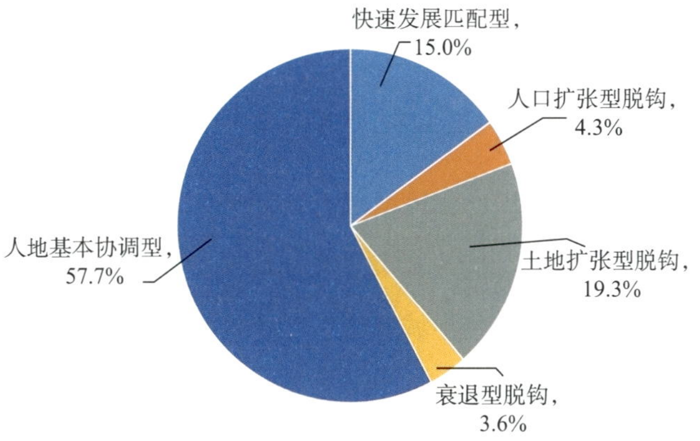

图 4-3 全国人口—土地城镇化异速增长类型占比情况

从不同区域人口—土地城镇化异速增长状况来看，全国人口—土地城镇化异速增长状况的区域差异显著（见图 4-4）。城镇化快速发展匹配型的区县比例呈现出西部地区＞东部地区＞中部地区＞东北地区的基本格局；城镇化人口扩张型脱钩的区县比例呈现出东部地区＞东北地区＞西部地区＞中部地区的基本格局；城镇化土地扩张型脱钩的区县比例呈现出西部地区＞中部地区＞东部地区＞东北地区的基本格局；城镇化衰退型脱钩的区县比例呈现出东北地区＞中部地区＞西部地区＞东部地区的基本格局。该结果与现实社会经济发展格局总体吻合，即经济越发达，城镇化发展越快速，人地匹配水平相对越高。

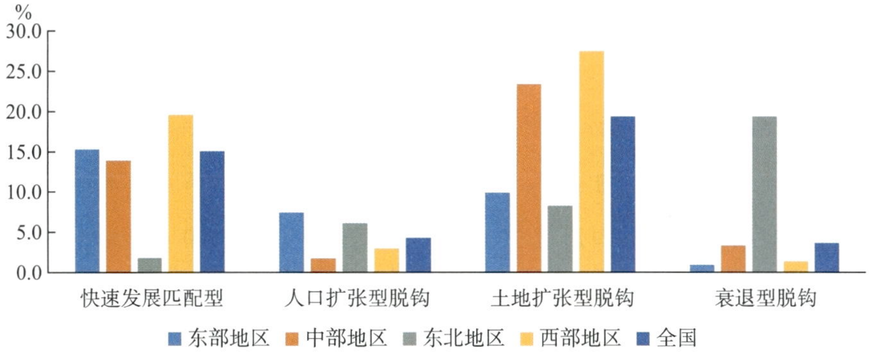

图 4-4 全国人口—土地城镇化异速增长分区情况

中小城市总体上呈现人口轻微收缩但土地加速扩张的特征。与2010年前小城市土地城镇化速度总体慢于大城市的态势相反，目前小城市土地城镇化速度总体快于大城市，表明“发展中小城市”的城镇化战略得到落实，但需注重提升土地利用效率。2015—2020年，全国各规模等级城市的土地城镇化规模持续扩张，其中超大、特大城市年增速均值为2.87%，小城市为3.46%，整体呈现大城市＜中等城市＜小城市的态势，即城市规模越大，土地扩张速度越慢（见图4–5）。中小城市空间扩张速度较快，人口增长速度慢于土地城镇化，意味着将会出现更多城市空间密度低、土地利用效率不高的问题。

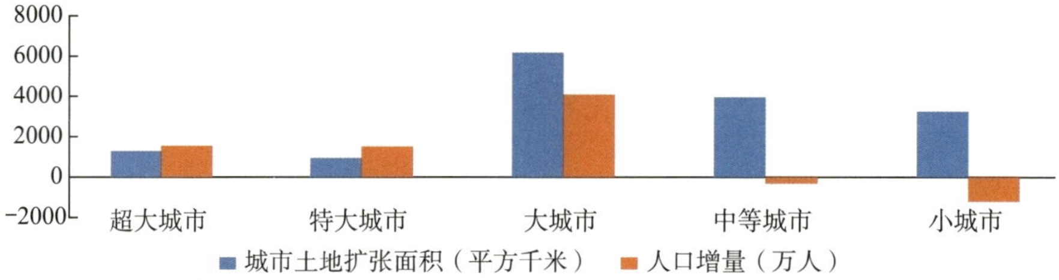

图4–5　2015—2020年全国各等级城市土地城镇化增量与人口增量情况

人减地增现象在中西部地区最为突出，人口扩张型脱钩城镇主要分布于东部沿海与西北地区，东北地区的人地异速特征则以衰退型脱钩和土地扩张型脱钩为主。其中，人减地增现象较为突出的区县集中分布在成渝、长江中游、黔中、关中、甘肃等中西部地区，这些地区人口年均增速为–0.2%，城镇土地扩张年均增速为3.4%，多位于中心城市周边，这表明尽管中西部地区多数中心城市城镇化发展良好，但区域中心城市的引领作用仍未有效发挥。人口扩张型脱钩区县50%分布在长三角、珠三角、海峡西岸等东南沿海地区，25%分布在新疆、内蒙古、青海等西北地区（见图4–6），区域城镇化发展处于加速阶段。此外，对比2010—2015年和2015—2020年新增城区人口数量可以发现，西部省份承载的全国新增城区人口从23%增长到36%，对城镇化进程的贡献不断增大。东北地区衰退型脱钩最具代表性，衰退型脱钩区县占当地区县总数的19.4%；土地扩张型脱钩现象也较为突出，土地扩张型脱钩区县占当地区县总数的8.2%（见图4–7）。人口—土地失调的原因主要为东北地区城镇化人口增长缓慢甚至收缩，表明当地城镇化增长动力不足，城镇化发展亟须创新转型。

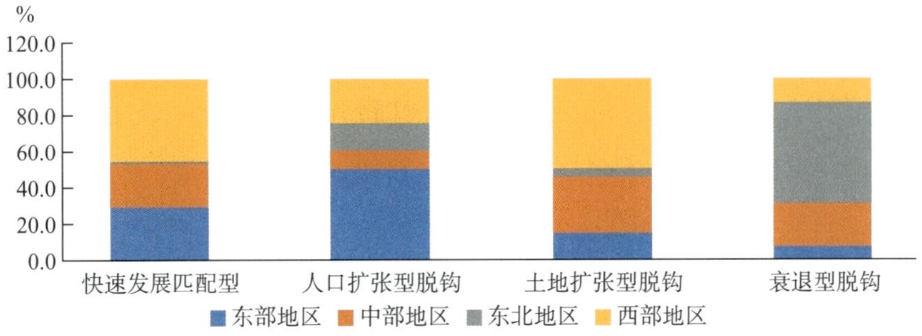

图 4-6　全国人口—土地城镇化异速增长分类情况

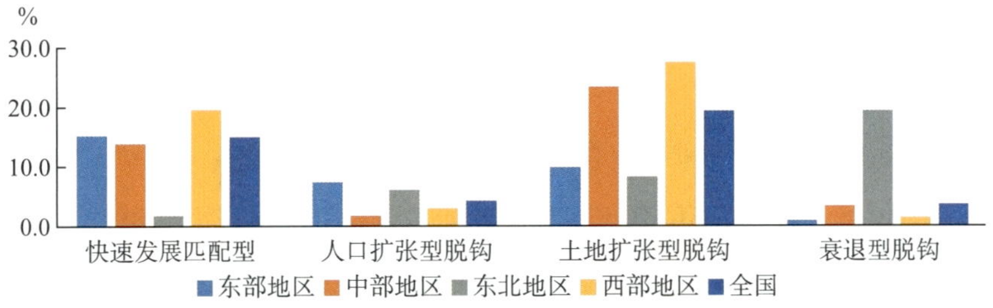

图 4-7　全国人口—土地城镇化异速增长分区域情况

城市群、都市圈以“地域中心化”特征最为明显，城镇空间圈层由内至外呈现出从集约式扩张向相对粗放式扩张转变的递进特征。各城市群、都市圈的中心城市和区域中心城市是 2010—2020 年人口增长最快的地区，城市的核心区县表现出增长或轻微收缩，围绕核心区县的紧邻区县、外围区县则存在收缩情况，位于不同圈层的人口—土地城镇化异速情况也表现出明显的圈层区位差异，反映出 2010—2020 年“人口由乡村流向城市，由县城流向市辖区”的中国快速城镇化发展趋势，城市群、都市圈的核心圈—内圈层—外圈层均呈现出由集约式扩张向相对粗放式扩张递进的特征。一方面，相较于省域和行政等级的空间分异，城市群、都市圈空间圈层结构的极化分异特征更为突出，表明我国多中心、多层级、多节点的新型城镇化网络型开发格局初步形成；另一方面说明城镇土地集约利用效率随着地域中心圈层结构呈现出向外扩展的趋势。

二、城市更新建设强度

不同区域和规模等级城市的城市更新建设强度[①]差异明显。全国 188 个城市的城市更新建设强度均值为 21.0%。东部、中部、西部、东北地区的城市更新建设强度依次降低。根据城市更新建设强度值，东部、中部以及西部、东北地区可分为两个层级。其中，东部、中部地区的城市更新建设强度非常接近，分别为 24.3%、23.6%；西部、东北地区较为接近，分别为 16.4%、14.9%，表明相较于西部、东北地区，东部、中部地区城市的更新建设活动更集中于城市实体地域范围内部（见图 4–8、图 4–9）。

按城市规模从大到小，城市更新建设强度呈现依次递减的趋势。超大城市的城市更新建设强度均值为 50.3%，特大城市为 36.7%，大城市为 23.1%，中等城市为 18.2%，小城市为 13.1%（见图 4–10），表明城市规模越大，内部优化调整、挖掘土地潜能的建设活动占比越高，土地节约集约利用程度越高。

三、城镇用地效率

（一）人均城镇用地面积持续增加

2023 年，全国人均城镇用地面积为 122.5 平方米。2022 年，全国人均城镇用地面积为 122.8 平方米，其中东部、中部、西部和东北地区分别为 126.4 平方米、117.9 平方米、119.4 平方米和 132.3 平方米（见图 4–11）。2009—2022 年，我国城镇人口增长了 42.7%，年均增长率为 2.8%，城镇化率由 48.3% 增长到 65.2%，提高了 16.9 个百分点，人口持续向城镇集中。2009—2022 年我国人均城镇用地面积增加了 10.4 平方米，其中东部、中部和东北地区分别增加了 15.7 平方米、13.8 平方米和 8.0 平方米，西部地区减少了 3.0 平方米。

① 城市更新建设强度是指城区范围内建设活动占全部建设活动的面积比例。

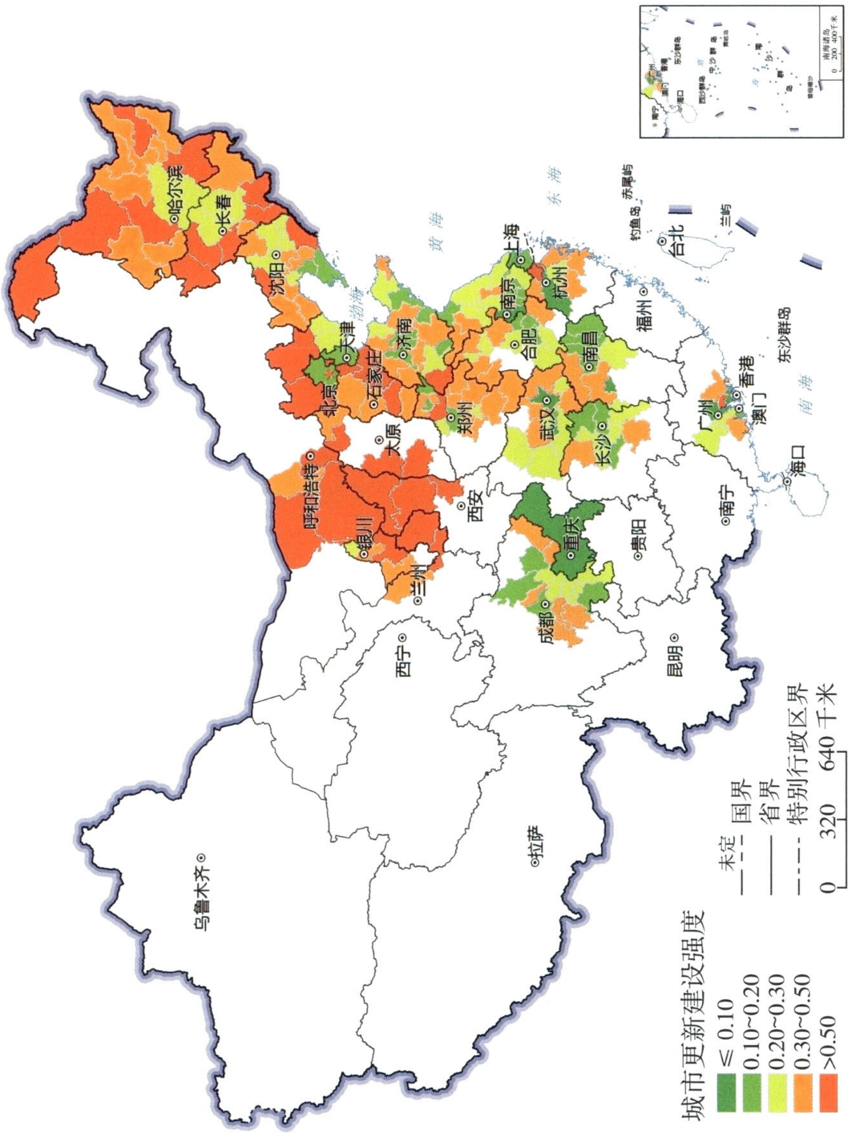

图 4-8 全国 188 个城市的城市更新建设强度

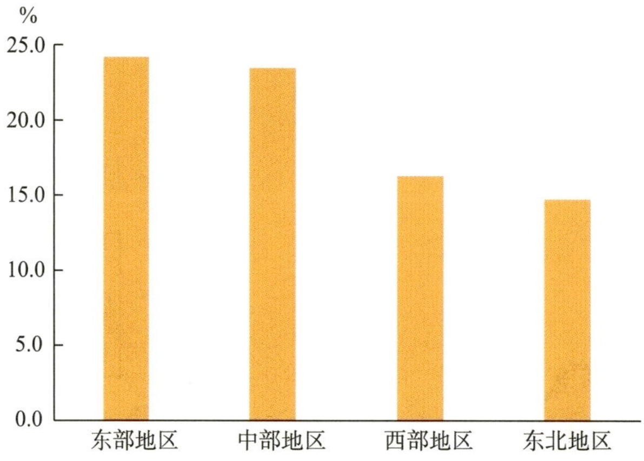

图 4-9　不同地区城市更新建设强度

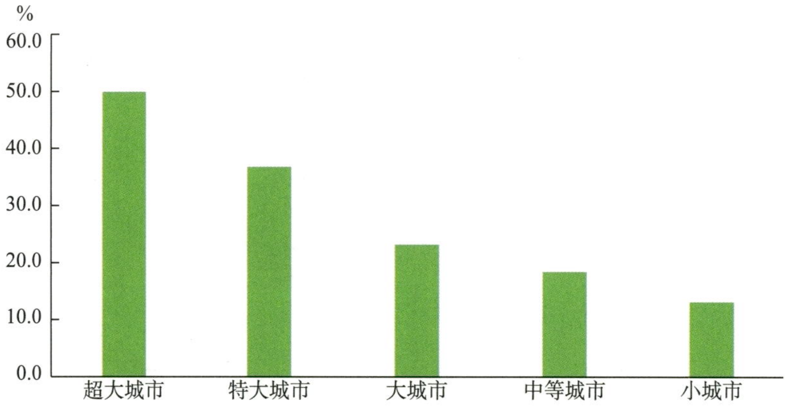

图 4-10　不同规模城市更新建设强度

（二）城镇用地经济效益持续提升

2023 年，全国单位城镇用地二、三产业增加值为 1025.13 万元 / 公顷，其中东部、中部、西部和东北地区分别为 1204.51 万元 / 公顷、939.93 万元 / 公顷、872.41 万元 / 公顷和 589.77 万元 / 公顷，东部地区最高，东北地区最低，不足东部地区的一半（见图 4-12）。2009—2023 年，全国单位城镇用地二、三产业增加值增长了 1.36 倍，年均增长 6.3%。西部和中部地区增长较快，年均分别增长 6.5% 和 7.3%，东北地区最低，只有 3.7%，东部地区年均增长 5.3%，低于全国平均增长水平。

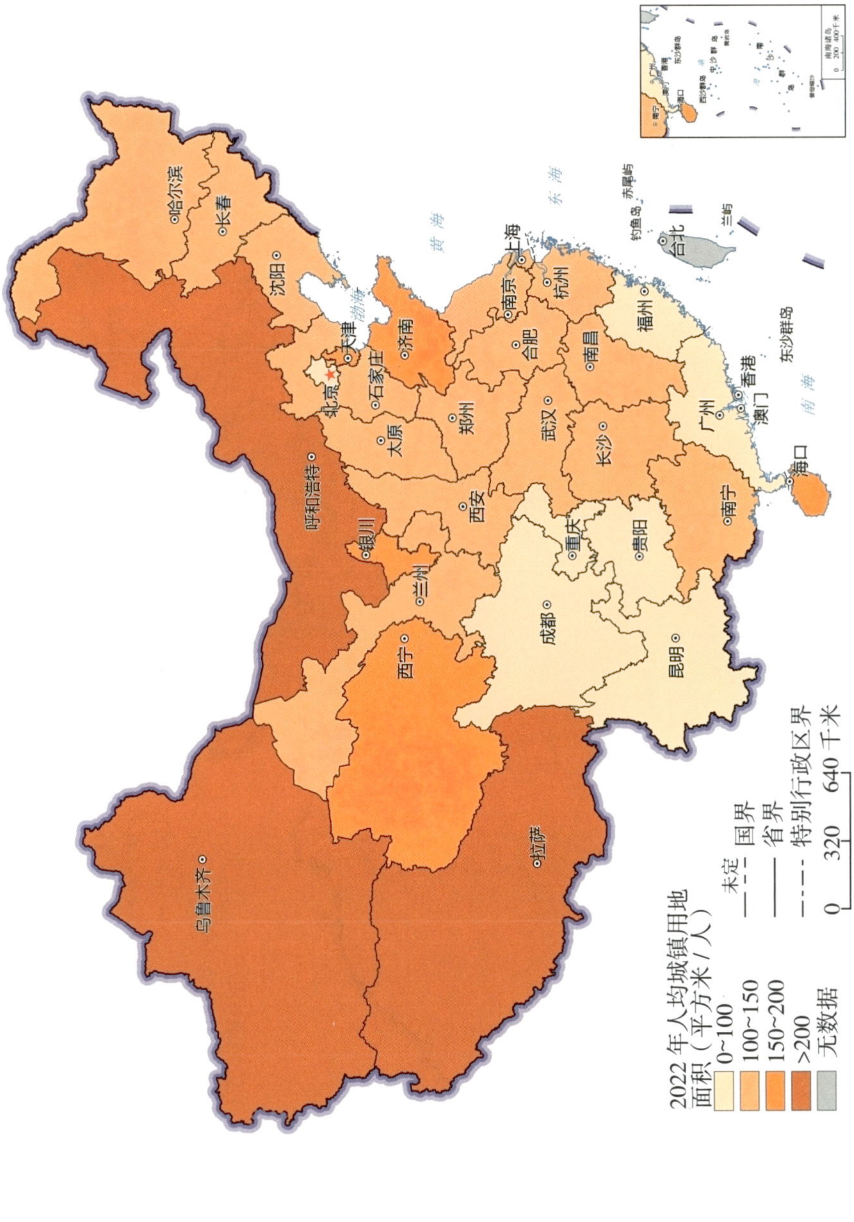

图 4-11 2022 年全国各地区人均城镇用地面积

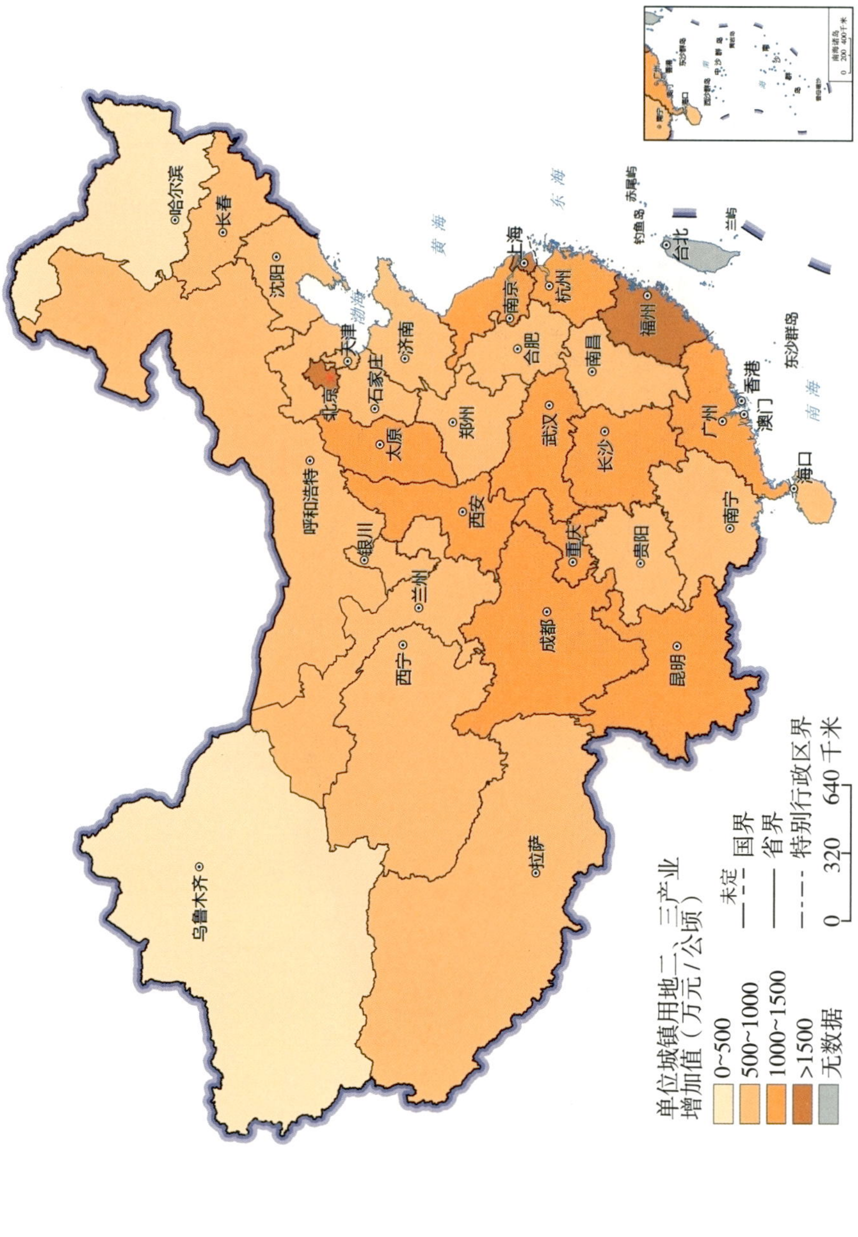

图 4-12 2023 年全国各地区单位城镇用地二、三产业增加值

第二节 现代产业

一、产业用地空间布局

工矿仓储用地供应面积有所下降但仍居历史高位。从年度土地供应流量数据来看，2023年，工矿仓储用地供应面积为17.46万公顷（见图4-13），同比下降11.8%，虽然较2022年有所减少，但较2020年增长4.9%，较"十三五"时期平均水平增长31.3%，仍居于历史较高水平。工矿仓储用地供应量占供地总量的23.3%，较2022年下降2.5个百分点。从工业各部门供地情况来看，2023年，制造业用地供应面积同比下降20.6%，较"十三五"时期平均水平增长10.6%；采矿用地供应面积同比增长6.2%，较"十三五"时期平均水平增长144.0%；电力、燃气及水的生产和供应业用地供应面积年际波动性较强，较2022年增长7.9%，较"十三五"时期平均水平下降7.9%。

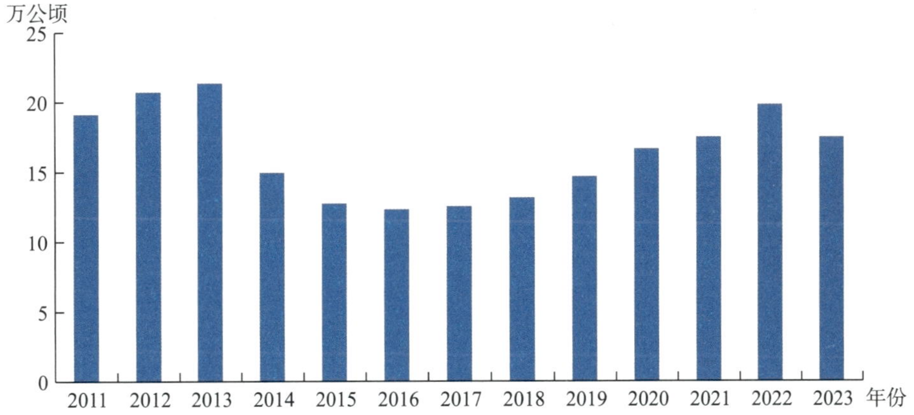

图4-13 2011—2023年全国工矿仓储用地供应情况

西部地区工矿仓储用地供应面积超过东部地区，占供地总面积的比重持续增加。"十四五"时期以来，西部地区工矿仓储用地供应面积明显增加。

2023 年，西部地区工矿仓储用地供应面积为 6.97 万公顷，在 2022 年首次超过东部地区之后，继续成为各大区域供地面积之首，占工矿仓储供地总量的 39.9%（见表 4–1），同比增加 0.6 个百分点，较 2020 年增加 9.4 个百分点。新疆、青海、甘肃的工矿仓储用地供应面积同比增长均在 60% 以上，其中，新疆工矿仓储用地供应面积达 1.72 万公顷，占全国工矿仓储用地供应面积的 9.8%（见图 4–14）。

东部地区工矿仓储用地供应面积占全国的 1/3，供地面积仍具较强优势。2023 年，东部地区工矿仓储用地供应面积为 5.88 万公顷，占工矿仓储供地总量的 33.7%，同比增加 3.4 个百分点，东部地区仍是工矿仓储用地需求的重点地区。与 2020 年相比，东部地区工矿仓储用地供应面积占比下降了 5.3 个百分点，符合近年来产业向中西部地区转移的趋势。

2023 年中部地区工矿仓储用地供应面积占全国的 22.3%，东北地区供地量较少。中部、东北地区工矿仓储用地供应面积分别是 3.89 万公顷、0.72 万公顷，占供地总量的比重分别为 22.3%、4.1%，同比分别下降 4.4 个、增加 0.3 个百分点，较 2020 年分别下降了 1.1 个、3.0 个百分点（见表 4–1）。

表 4–1　2020—2023 年全国各地区工矿仓储用地供应量占工矿仓储用地供地总量的比重

单位：%

地区	2020 年	2021 年	2022 年	2023 年
东部地区	39.0	34.9	30.3	33.7
中部地区	23.4	25.0	26.7	22.3
西部地区	30.5	34.5	39.3	39.9
东北地区	7.1	5.6	3.8	4.1

二、重点产业用地

（一）科技创新

我国科研用地供应[①]面积在不同年份波动较大，主要集中在省会城市或各

① 供地数据不包括西藏自治区。

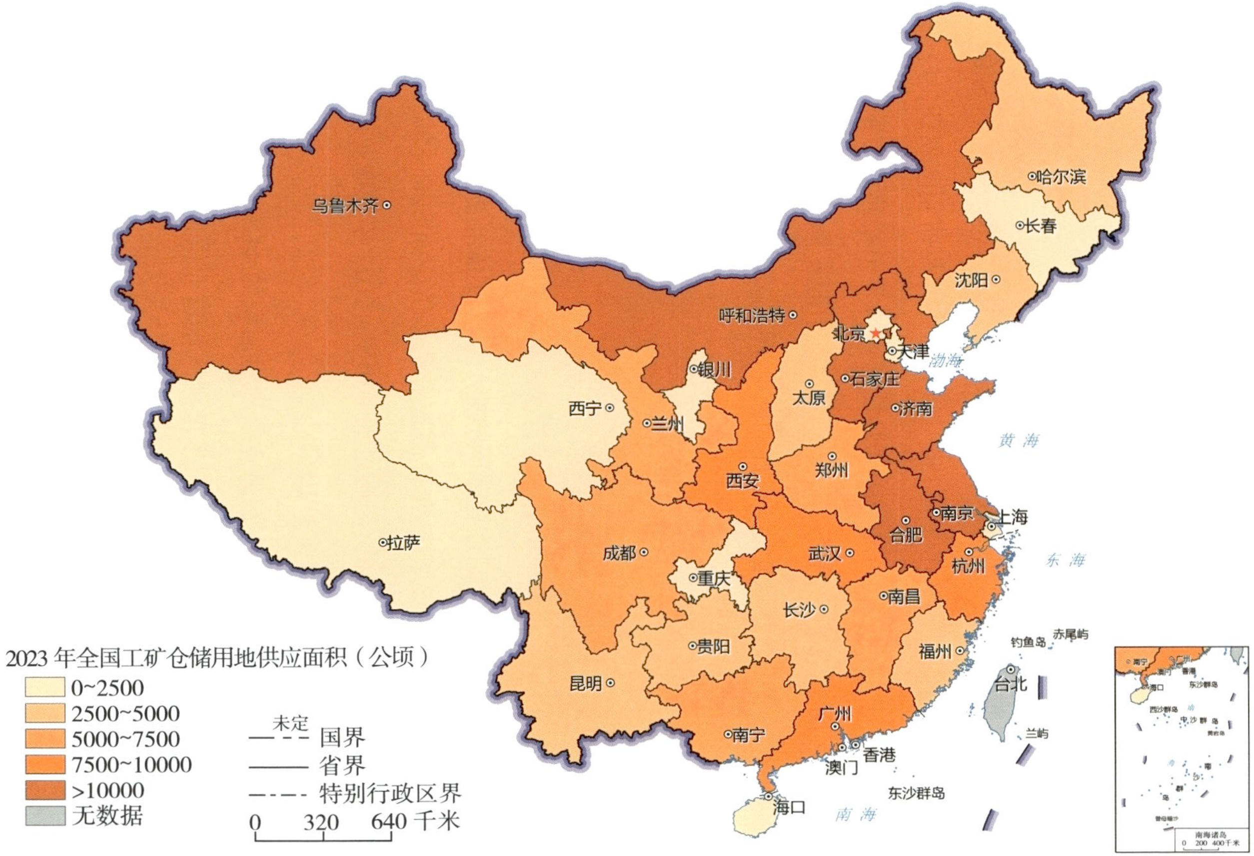

图 4-14 2023 年全国工矿仓储用地供应面积分布

省经济发展较好的城市。2023年，全国科研用地供应面积为2198公顷，较2020—2022年年均供地面积减少了438公顷，在建设用地供应中的占比降至0.30%。2020—2023年，供地面积最多的城市是南宁、南京、上海、北京和襄阳，年均供地面积均占全国科研用地供应面积的2.00%以上，其中，南宁为4.42%、南京为3.97%、上海为3.56%；供地面积较多的省份包括江苏、山东、广西和浙江，年均供地面积均高于160公顷，其中江苏年均供地面积为252公顷，山东年均供地面积为235公顷。2023年全国科研用地供应情况见图4-15。

区域科技创新中心科研用地供应力度较小。2020—2023年，四大综合性国家科学中心[①]科研用地累计供应154公顷，占全国科研用地累计供应面积的1.53%。2017年获批的《北京怀柔综合性国家科学中心建设方案》规划了1万公顷的园区面积，《上海市张江科学城发展“十四五”规划》中规划了2.2万公顷的园区面积，从近年四大综合性国家科学中心科研用地供应面积来看，其在园区总面积中的占比普遍过少。

（二）制造业

制造业供地面积在连续6年增长后首次回调，供地面积仍居于历史较高水平。近年来，为积极落实制造业强国战略、鼓励实体经济发展，制造业空间要素保障力度明显提升。2023年，制造业用地供应面积同比减少20.6%，是连续6年增长后的首次下降；与历史水平相比，2023年制造业供地面积仍较“十三五”时期平均水平增长了10.6%。

东部地区制造业供地面积占制造业供地总面积的44.3%，西部地区制造业供地面积占比有所提升。2023年，东部地区制造业供地面积较“十三五”时期平均水平增长9.4%，占制造业供地总面积的44.3%，处于各区域绝对优势水平，占比较“十三五”时期下降了0.5个百分点；西部地区供地面积较“十三五”时期平均水平增长27.4%，占制造业供地总面积的28.5%，占比较

① 四大综合性国家科学中心为上海张江、安徽合肥、北京怀柔、粤港澳大湾区综合性国家科学中心。

图 4-15　2023 年全国科研用地供应情况

“十三五”时期提高了3.8个百分点；中部地区制造业供地面积较“十三五”时期平均水平增长4.5%，占制造业供地总面积的24.0%；东北地区制造业供地面积较“十三五”时期平均水平下降30.3%，占制造业供地总面积的3.2%（见图4–16）。

化工、建材、装备制造等行业占制造业供地面积比重较大。分行业来看，排在制造业供地面积前7位（占制造业供地总面积的6%以上）的行业分别是化学原料及化学制品制造业、非金属矿物制品业、通用设备制造业、电气机械及器材制造业、专用设备制造业、金属制品业、交通运输设备制造业。

（三）数字经济

数字经济快速发展，供地面积持续上升。党的十八大以来，我国深入实施数字经济发展战略，数字经济得到了快速发展。据土地市场动态监测监管系统数据，2023年，数字经济供地面积较2012年增长97.1%，较“十三五”时期平均水平增长41.4%。2020年暴发的新冠疫情促进了数字经济的快速发展，2020—2023年数据经济供地面积较2016—2019年增长70.1%，数字经济在支持抗击新冠疫情、恢复生产生活方面发挥了重要作用。

数字经济供地项目主要分布在胡焕庸线东南侧，东部地区约占全国的1/2。2020—2023年，东部地区数字经济供地面积占全国的比重为49.0%，其中山东、广东、江苏、浙江、安徽五省占比共计38.8%；中部、西部地区占比分别为27.6%、21.2%，东北地区占比仅为2.2%（见图4–17）。

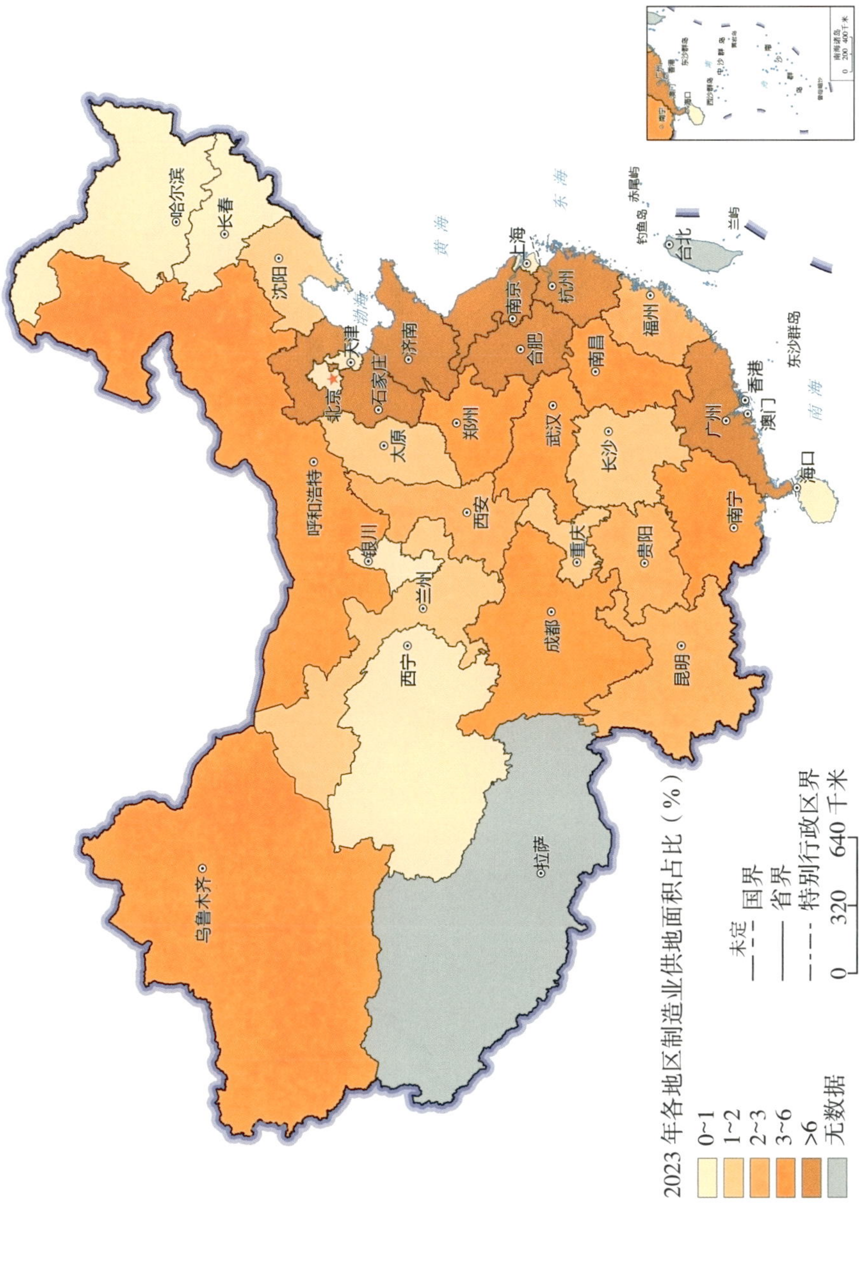

图 4-16　2023 年全国各地区制造业供地面积占全国供地总面积的比例

图 4-17　2020—2023 年全国各地区数字经济供地面积占全国供地面积的比例

第三节　乡村振兴

一、乡村人口

乡村人口快速减少。2023 年，全国乡村人口总数为 4.77 亿，较 2020 年减少 0.33 亿。2022 年，乡村人口最多的省份是河南（4239 万人），占河南总人口的 42.94%。其次是山东（3604 万人），占山东总人口的 35.47%；四川（3488 万人），占四川总人口的 41.65%；广东（3192 万人），占广东总人口的 25.22%。乡村人口最少的省份是天津（203 万人），其次是西藏（228 万人）、青海（229 万人）、宁夏（245 万人）（见图 4-18）。

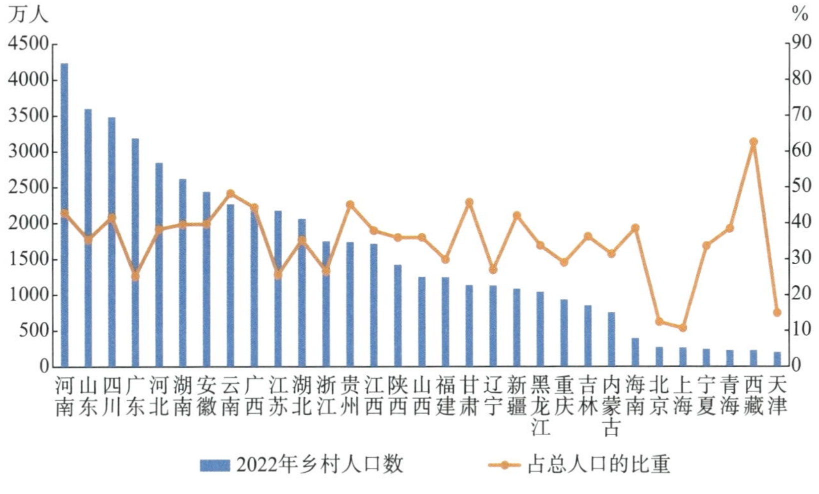

图 4-18　2022 年全国各省份乡村人口数及其占总人口的比重

二、村庄用地

全国村庄用地面积主要分布在中部地区。2023 年，全国村庄用地面积为 2139.40 万公顷，其中村庄用地面积在 100 万公顷以上的省份有 7 个，分别是河南（165.52 万公顷）、山东（139.13 万公顷）、河北（135.43 万公顷）、四川（134.49万公顷）、安徽（121.72万公顷）、湖南（117.59万公顷）、江苏（103.08万公顷）。村庄用地面积最少的省份是上海（5.60万公顷），其次是天津（8.71万公顷）、西藏（9.92万公顷）（见图4-19）。

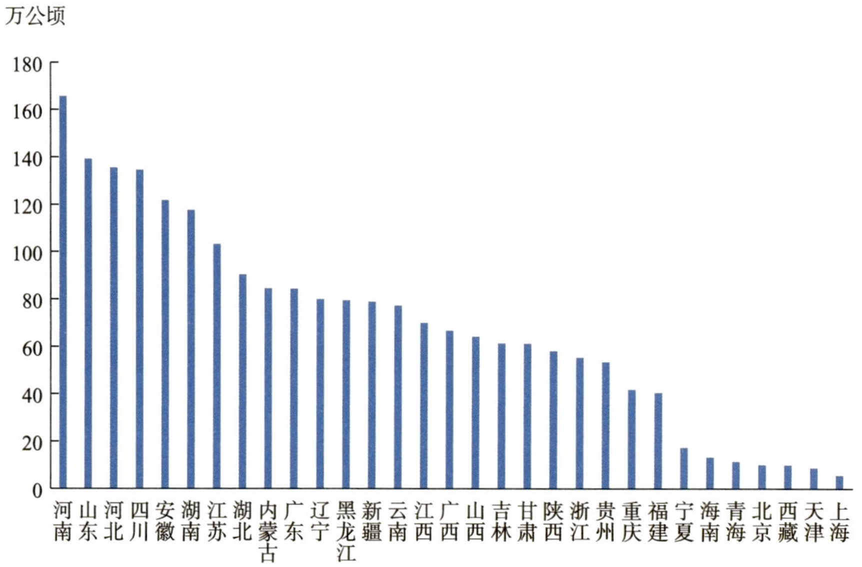

图4-19　2023年全国各省份村庄用地面积

全国村庄用地面积长期持续增加，但近两年有所减少。2009—2023年，村庄用地面积增加292.1万公顷。2020—2023年，全国村庄用地面积减少了47.05万公顷。村庄用地面积增加的省份仅有11个，且仅广东村庄面积的增加数量超过2万公顷，为2.81万公顷；村庄用地面积减少最多的省份是河南（10.89万公顷），其次是山东（8.77万公顷）、江苏（7.85万公顷）（见图4-20）。

人减地增情况突出。2023年，全国人均村庄用地面积为448.5平方米。2022年，全国人均村庄用地面积为435.2平方米，其中东部、中部、西部和东北地区分别为373.1平方米、438.7平方米、438.7平方米和727.3平方米。2009—2022年，全国农村人口由6.9亿人减少到4.9亿人，减幅达29.0%，村庄用地面积却增长了15.7%，人均村庄用地面积增长了62.4%，人减地增的情况较为突出。东部、中部、西部和东北地区人均村庄用地面积分别增长了42.0%、62.7%、80.9%和66.6%。

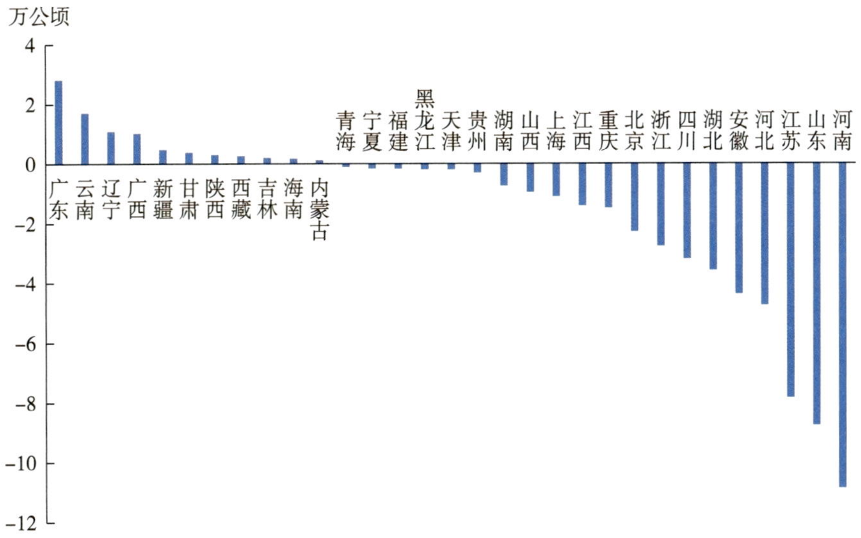

图 4-20 2020—2023 年各省份村庄用地面积变化情况

三、乡村经济

我国乡村经济整体向好。2023 年，面对复杂严峻的国内外经济形势和多发、重发的自然灾害，国内农业农村发展保持稳中向好、稳中有进的势头，“三农”基本盘进一步夯实，为经济回升向好、高质量发展扎实推进提供了有力支撑。2023 年，全国农垦（不含新疆生产建设兵团）预计实现生产总值 6557.89 亿元，比 2022 年增长 8.3%。其中，第一产业增加值为 1576.09 亿元，比 2022 年增加 102.68 亿元，增长 7.0%。

粮食生产再获丰收，重要农产品供给保障有力。2023 年粮食产量为 6954.1 亿千克，比 2022 年增加 88.8 亿千克，再创历史新高，连续 9 年稳定在 6500 亿千克以上。大豆油料扩种成效明显，大豆种植面积为 1046.67 万公顷（1.57 亿亩），连续 2 年稳定在 1000.00 万公顷（1.5 亿亩）以上，产量为 208.4 亿千克，创历史新高。油料作物种植面积迈上 1333.33 万公顷（2 亿亩）台阶。生猪产能保持稳定，全年猪肉产量为 5794 万吨，较 2022 年增长 4.6%。同时，牛羊禽肉、牛奶、水产品全面增产，蔬菜水果供应充足。

脱贫攻坚成果持续巩固拓展，守住了不发生规模性返贫的底线。2023 年，中央财政衔接推进乡村振兴补助资金用于产业发展的比重达 60%，脱贫县培育了一批特色主导产业。全年脱贫劳动力务工总规模达 3396.9 万人，超出年度任务目标 377.7 万人。

科技和装备支撑稳步增强，现代农业建设扎实推进。2023 年完成新建和改造提升高标准农田 8611 万亩，建成高效节水灌溉 2462 万亩。种业振兴行动取得阶段性成效，完成新中国成立以来规模最大的全国农业种质资源普查，新收集种质资源 53 万余份，转基因玉米大豆产业化应用试点任务顺利完成。

第四节 用地节约集约

一、人均建设用地

人均建设用地面积整体呈增长态势，增幅有所放缓，部分地区出现下降势头。2023 年，全国人均建设用地面积为 299.99 平方米，较 2020 年增长 2.43%，年均增长 0.80%。2011—2018 年，人均建设用地面积增幅呈下降态势，由 1.30% 下降到 0.56%，年均增长 0.76%。2019 年建设用地统计口径和精度发生变化，人均建设用地面积呈较大幅度增长；2019—2023 年，增幅仍呈持续下降态势，下降到 0.84%（见图 4–21）。

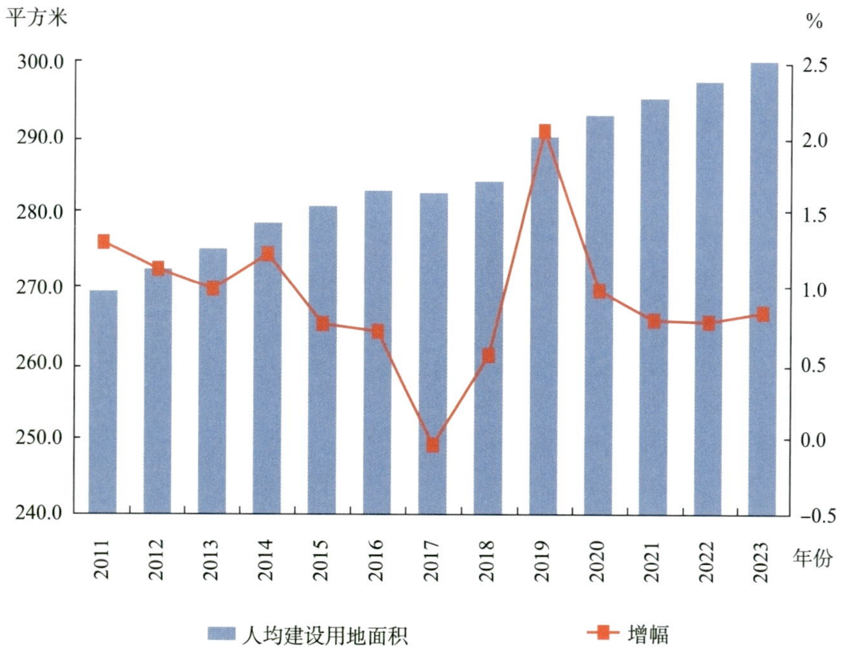

图 4-21 2011—2023 年全国人均建设用地面积情况

二、单位 GDP 建设用地使用面积下降率

单位 GDP 建设用地使用面积（以下简称地耗）持续下降，降幅有所放缓。2011—2020 年，全国地耗下降 41.1%；2021—2023 年全国地耗下降 12.7%。2023 年东部、中部、西部和东北地区平均地耗分别为 25.03 公顷 / 亿元、43.20 公顷 / 亿元、74.05 公顷 / 亿元和 74.57 公顷 / 亿元。2011—2020 年，东部、中部、西部和东北地区平均地耗分别下降 5.4%、6.0%、5.9% 和 4.5%。2021—2023 年，东部、中部、西部和东北地区平均地耗分别下降 4.6%、5.2%、4.0% 和 3.2%。中部地区地耗下降仍保持相对较高降幅，西部和东北地区降幅放缓（见图 4-22）。

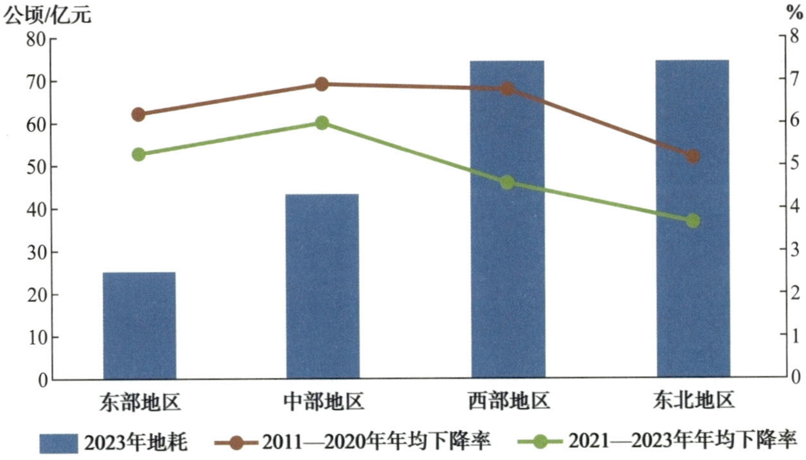

图 4-22　全国各地区单位 GDP 建设用地使用面积及下降情况

第五节　国有建设用地出让价款

一、国有建设用地出让价款总体情况

东部地区国有建设用地出让总价款较高。2023 年，全国国有建设用地出让总价款为 50669.8 亿元，同比降低 16.0%，其中，东部、中部、西部和东北地区分别为 32374.0 亿元（占比 63.9%）、9480.5 亿元（占比 18.7%）、7876.0 亿元（占比 15.5%）和 939.3 亿元（占比 1.9%）。从各省情况来看，江苏和浙江国有建设用地出让价款最高，分别为 9365.1 亿元和 5479.2 亿元，其他省份的价款都不超过 5000 亿元；黑龙江、宁夏、青海 3 个省份较低，分别为 104.7 亿元、67.9 亿元和 9.0 亿元（见图 4–23）。

长三角和珠三角地区国有建设用地出让价款优势明显。2023 年，105 个大型以上城市国有建设用地出让总价款为 3.8 万亿元，同比降低 17.2%。出让价款较高的城市主要集中在长三角和珠三角城市群地区，排名前 4 的城市分别为上海（3408.3 亿元）、北京（2088.3 亿元）、杭州（1857.4 亿元）、苏州（1427.7 亿元），均为东部地区城市。

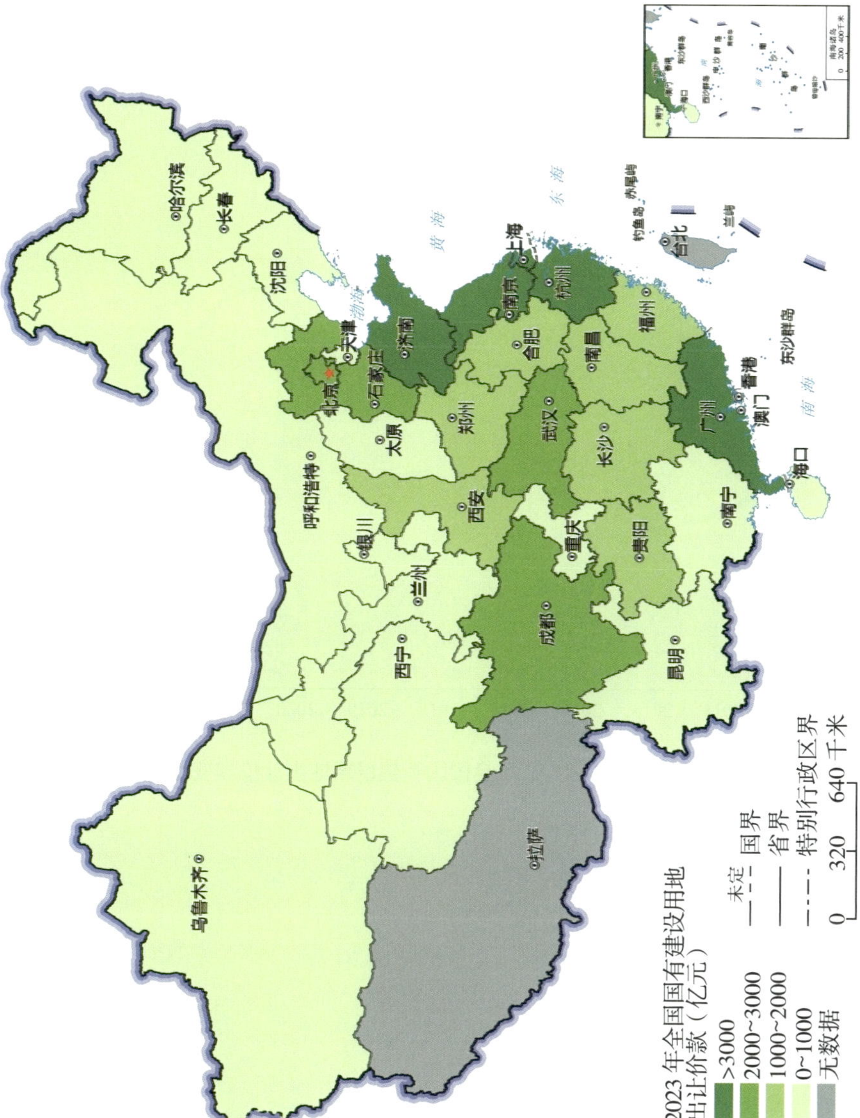

图 4-23 2023 年全国国有建设用地出让价款分布

二、国有建设用地出让价款变化情况

2013—2023 年，全国国有建设用地出让价款呈倒“N”形曲线，2020 年以来持续走低。2013—2023 年，全国国有建设用地出让总价款由 43745.3 亿元增长至 50669.8 亿元，增长了 15.8%。其中，2013—2015 年，全国国有建设用地出让价款持续下降，“十三五”时期呈急速攀升态势，于 2020 年达到最高值，2020—2023 年回落明显，后持续下滑（见图 4-24）。

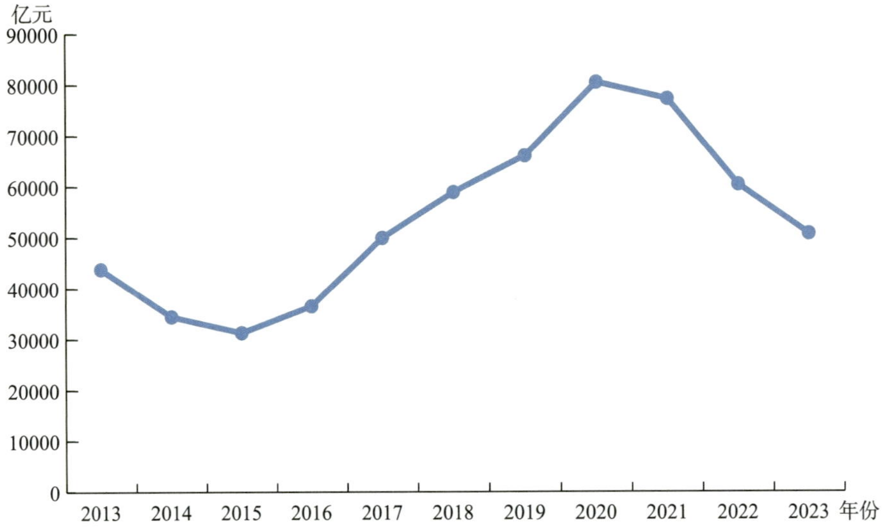

图 4-24　2013—2023 年全国国有建设用地出让价款变化情况

第五章

国土空间品质

第一节 居住

一、城镇居住用地

全国城镇居住用地面积增加。2023 年，全国城镇居住用地总面积为 416.50 万公顷，占城镇建设用地面积的 36.47%，较 2020 年增加了 15.85 万公顷。各省份中，城镇居住用地面积最多的省份是山东（36.90 万公顷），其次是广东（31.77 万公顷）、江苏（30.54 万公顷）、河南（29.87 万公顷）、河北（23.67 万公顷）和浙江（20.69 万公顷）。城镇居住用地面积占城镇用地面积比例最大的是海南（52.01%），其次是贵州（46.70%）、山西（46.04%）、湖南（45.05%）；占比较少的是天津（24.73%）、宁夏（25.35%）、上海（29.02%）（见图 5-1）。

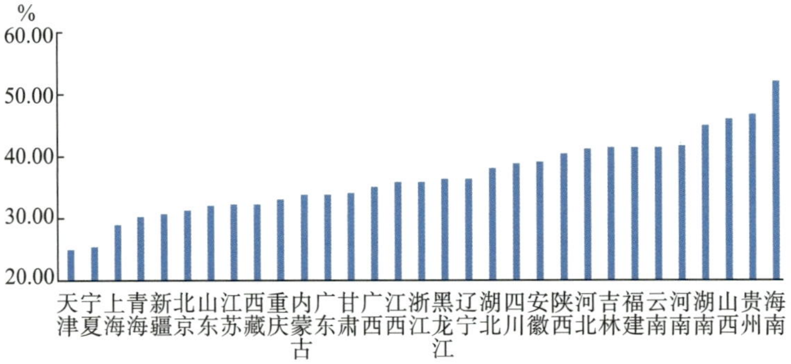

图 5-1　2023 年各省城镇居住用地面积占城镇用地面积比例

二、村庄居住用地

全国村庄居住用地有所减少，但仍是全国城镇居住用地总面积的 3 倍。2023 年，全国村庄居住用地总面积为 1250.45 万公顷，占村庄建设用地面积的 58.45%，较 2020 年减少了 18.38 万公顷。村庄居住用地面积最多的省份是河南（106.69 万公顷），其次是山东（95.67 万公顷）、河北（85.16 万公顷）、四川（83.07 万公顷）、湖南（79.68 万公顷）和安徽（72.71 万公顷）。各省份中，村庄居住用地面积占村庄用地总面积较多的是山东（68.76%）、湖南（67.76%）、湖北（67.16%），占比较少的是黑龙江（35.72%）、内蒙古（37.60%）（见图 5-2）。

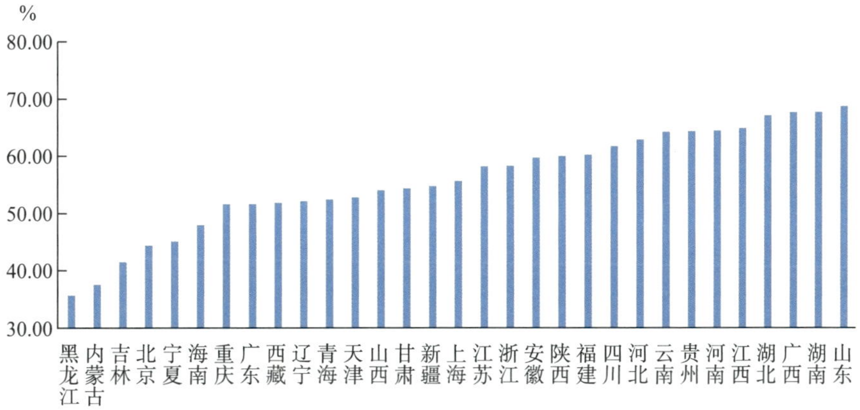

图 5-2 2023 年全国各省份村庄居住用地占总面积的比例

第二节 出行

大型以上城市通勤压力普遍较大，超大、特大城市更为显著。2023 年，105 个大型以上城市单程平均通勤时耗 34.5 分钟，45 分钟内通勤人口占比 78.6%，离发达国家提出的“大城市 45 分钟内通勤人口占比 90%”的目标还有较大差距。超大城市中，北京和上海单程平均通勤时耗最高，分别为 44.2 分钟和 39.8 分钟，同时 45 分钟内通勤人口占比最低，分别仅为 60.2% 和 66.7%，通勤压力明显。特大城市中，沈阳、武汉和南京单程平均通勤时耗最高，分别为 38.9 分钟、38. 2 分钟和 38.0 分钟，高于广州、成都等超大城市，45 分钟内通勤人口占比分别为 68.6%、71.1% 和 71.9%；东莞和佛山的平均通勤时间最短，分别为 30.4 分钟和 34.1 分钟，45 分钟内通勤人口占比较高，分别为 83.7% 和 80.9%（见图 5-3）。大城市中，乌鲁木齐的单程平均通勤时耗最高，为 39.6 分钟，仅次于北京和上海，45 分钟内通勤人口占比也较低，为 70.1%；上饶、台州、泉州和晋江的单程平均通勤时耗最低，均不超过 31 分钟，且 45 分钟内通勤人口占比都在 80% 以上。

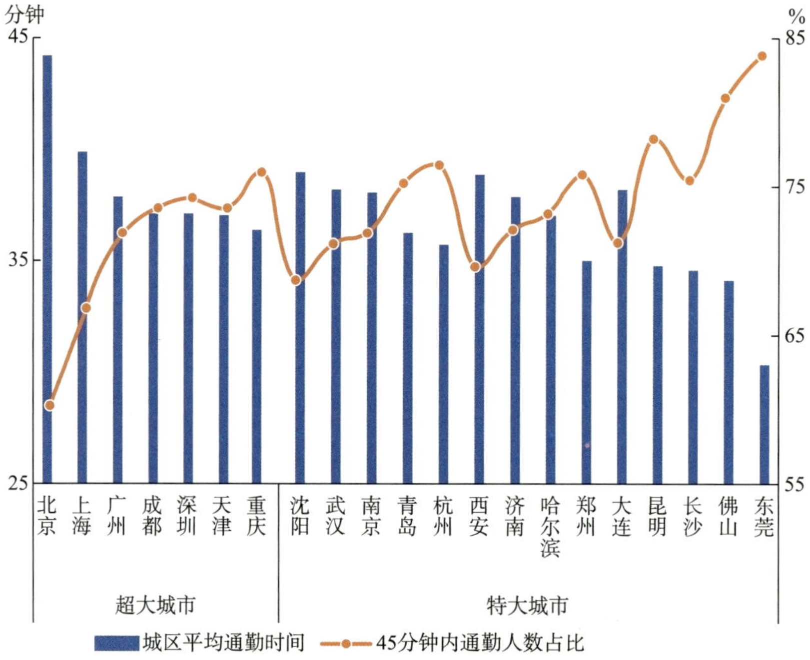

图 5-3　2023 年全国超大、特大城市城区平均通勤时间和 45 分钟以内通勤占比情况

数据来源：百度互联网位置数据。

第三节　公共空间与公共服务

一、公共管理与公共服务

公共管理与公共服务用地面积增加。2023年，公共服务用地总面积为227.35万公顷，与2020年相比增加了19.24万公顷。其中，山东的公共服务用地面积最多，为16.17万公顷；其次是河南（15.51万公顷）、江苏（14.47万公顷）、广东（14.44万公顷）、河北（11.27万公顷）、四川（10.27万公顷）、新疆（10.24万公顷）。公共服务用地面积较少的是西藏（1.65万公顷），其次是海南（1.81万公顷）、青海（1.87万公顷）、宁夏（2.40万公顷），见图5-4。

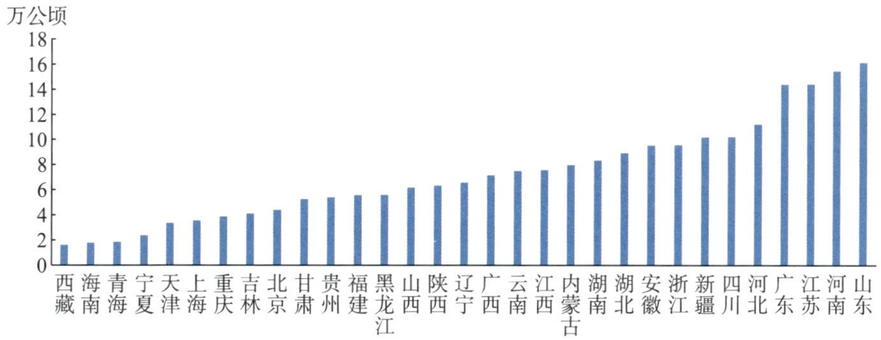

图5-4　2023年全国各省份公共服务用地面积

二、教育

城市规模越大，人均教育设施用地[①]面积越小。中等城市、小城市人均教育设施用地面积远高于平均水平，特大城市与平均水平持平，超大城市远低于平均水平（见图5-5）。

---

① 人均教育设施用地、人均医疗卫生设施用地、人均养老设施用地、人均公共文化设施用地、人均公共体育设施用地等指标的空间范围采用城区监测范围，人口数据采用城区监测范围对应的第七次全国人口普查中的该城区城镇人口数。

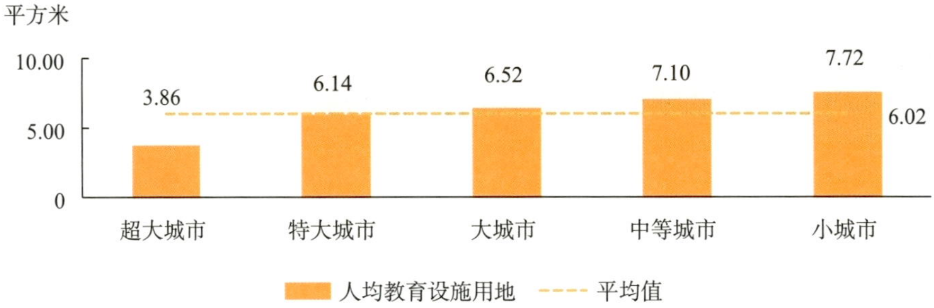

图 5-5 人均教育设施用地面积（按城市等级）

从城市区域分布来看，华南地区的人均教育设施用地面积远低于全国平均水平，仅为全国平均水平的 64%，华中地区、西北地区和华东地区人均教育设施用地面积均超过全国平均水平（见图 5-6）。

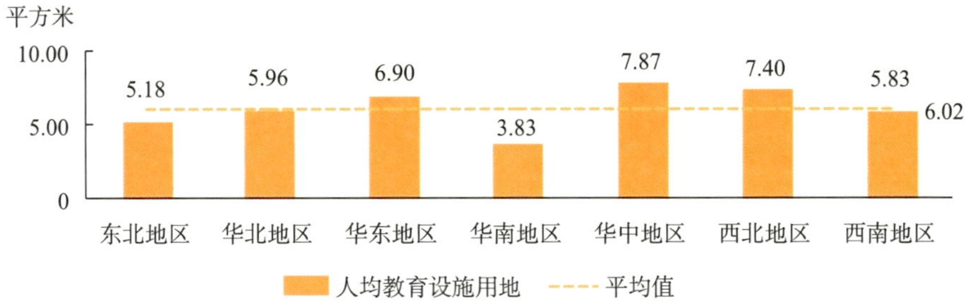

图 5-6 人均教育设施用地面积（按地区）

超大城市人均教育设施用地面积较小。对 296 个地级城市人均教育设施用地水平进行分析，可以发现重庆、成都、北京、广州、上海、深圳等超大城市人均教育设施用地面积较小（见图 5-7）。各区域中，华南、东北地区的城市人均教育设施用地面积较小。

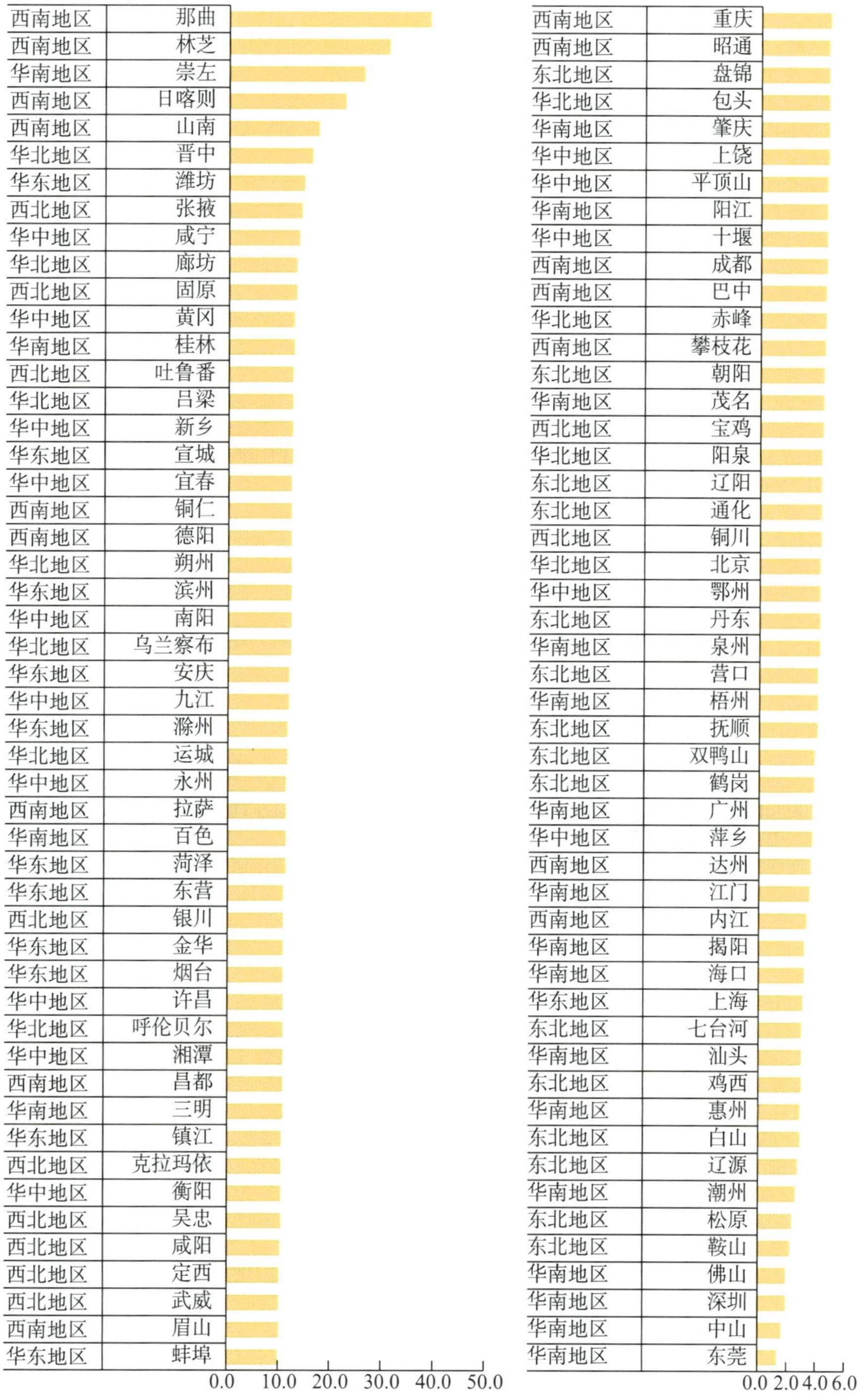

图 5-7 部分城市人均教育设施用地面积（单位：平方米）

三、医疗养老

城市规模越大，人均医疗卫生设施用地面积越小。大城市、中等城市、小城市人均医疗卫生设施用地面积高于平均水平，特大、超大城市低于平均水平（见图 5-8）。

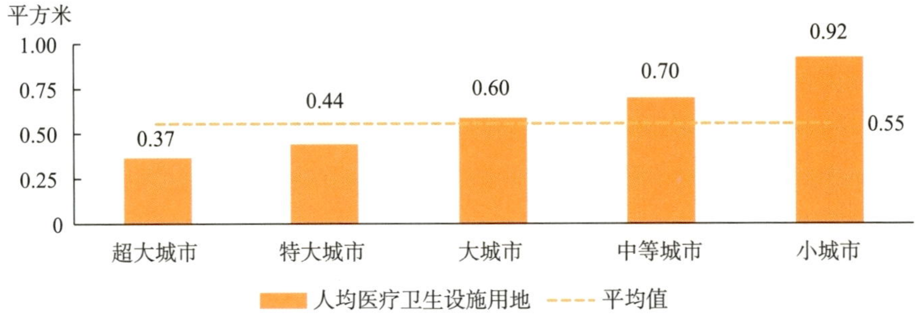

图 5-8　人均医疗卫生设施用地面积（按城市等级）

从城市区域分布来看，华南、西南地区人均医疗卫生设施用地面积整体较小，西北地区人均医疗卫生设施用地面积最大，达到 0.91 平方米，其他地区接近平均水平，但都低于国家标准（见图 5-9）。

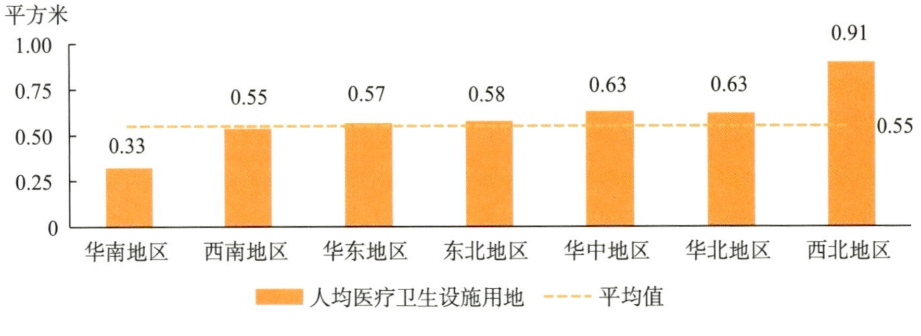

图 5-9　人均医疗卫生设施用地情况（按地区）

人均养老设施用地面积的区域差异较大。超大城市和特大城市的人均养老设施用地面积总体低于平均水平，分别为 0.06 平方米和 0.05 平方米；大城市、中等城市和小城市均高于平均水平，其中小城市最高为 0.12 平方米（见图 5-10）。

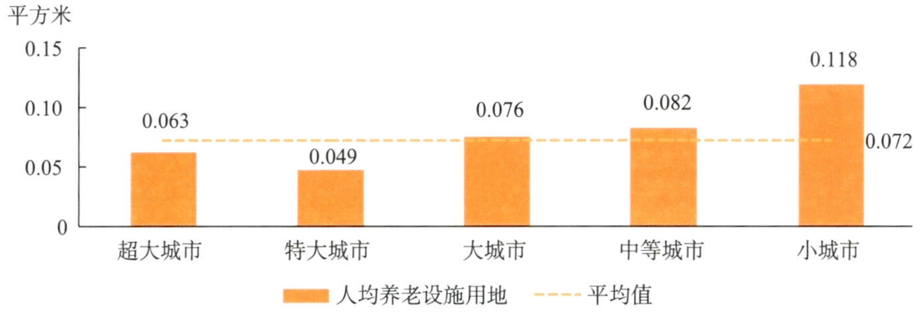

图 5-10 人均养老设施用地面积（按城市等级）

分区域来看，西北地区人均养老设施用地面积最大，为 0.10 平方米，是华南地区的 3.3 倍（见图 5-11）。

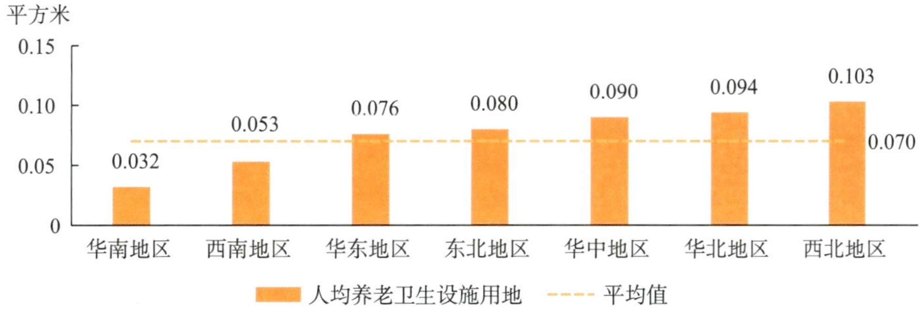

图 5-11 人均养老设施用地面积（按地区）

超大城市和华南地区人均医疗卫生设施用地面积较小。对 296 个地级城市人均医疗卫生设施用地面积进行分析可以发现，超大城市人均医疗卫生设施用地面积较小，分区域来看，华南地区的医疗卫生设施用地面积较小（见图 5-12）。对 296 个地级城市人均养老设施用地面积进行分析可以发现，许多老龄化、深度老龄化城市的人均养老设施用地面积仍然较小（见图 5-13）。

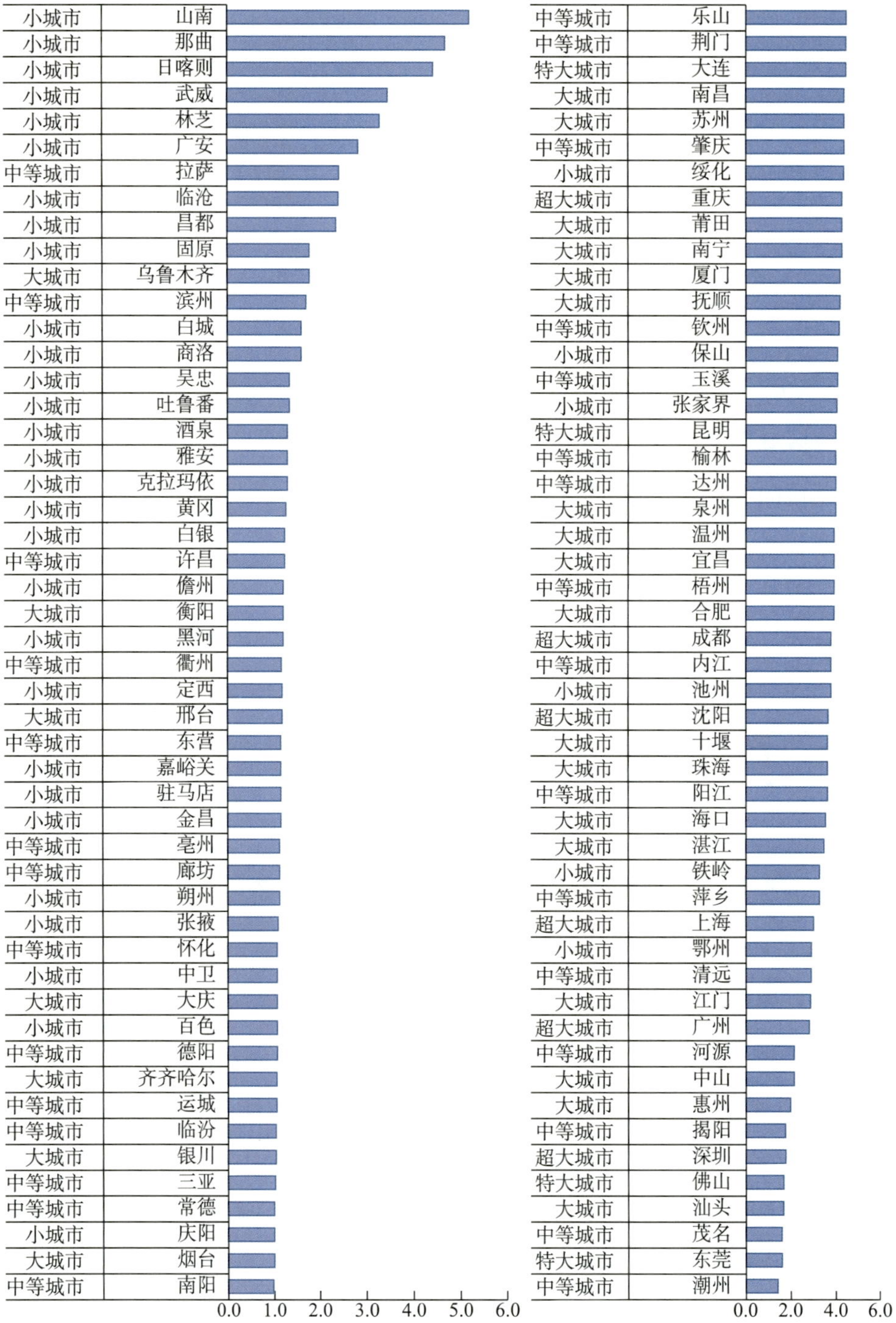

图 5-12 部分城市人均医疗卫生设施用地面积（单位：平方米）

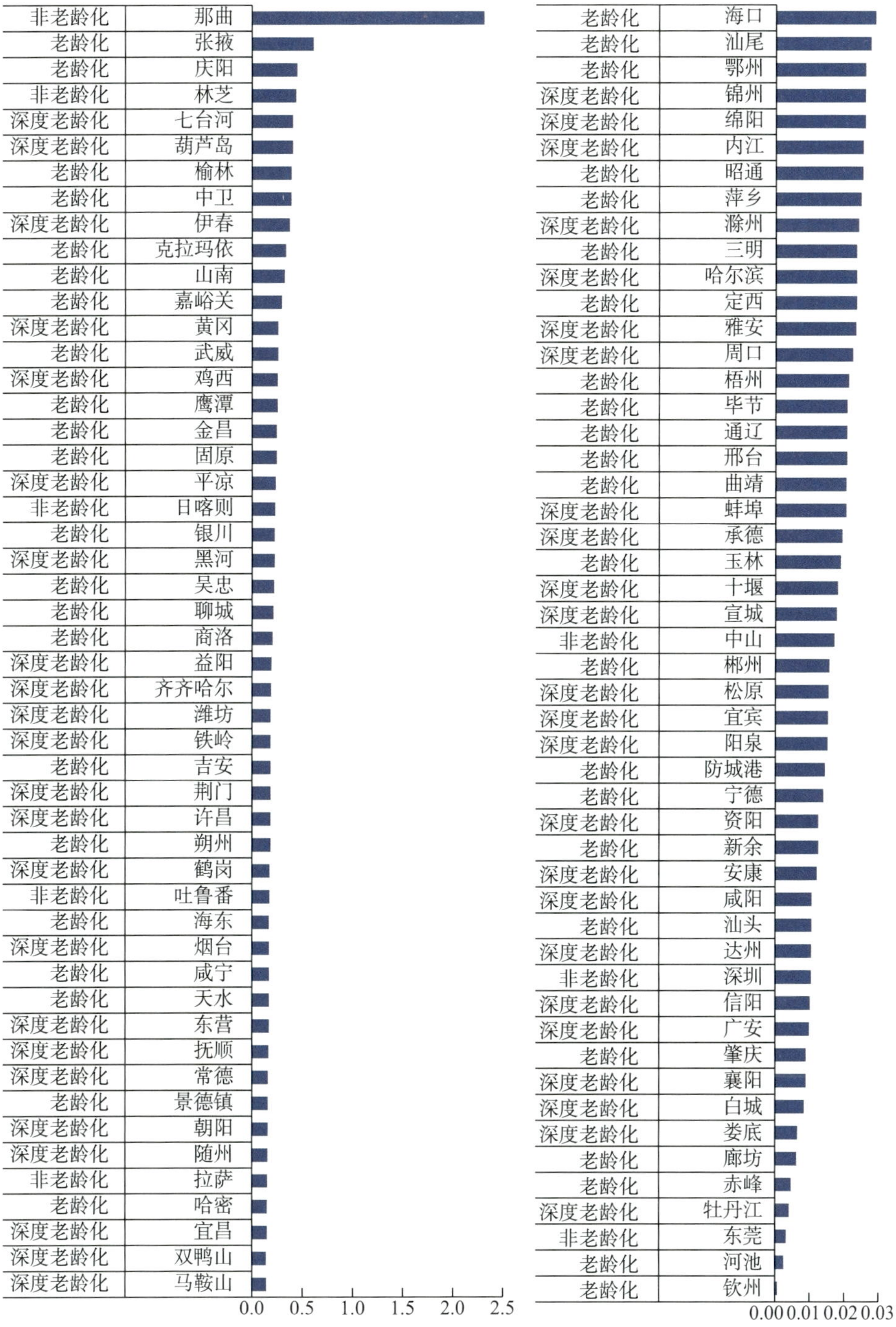

图 5-13 部分城市人均养老设施用地面积（单位：平方米）

四、文化活动

超大城市的人均公共文化设施用地面积小于其他规模等级城市。超大城市的人均公共文化设施用地面积为0.136平方米，而小城市最大，达到0.187平方米（见图5-14）。

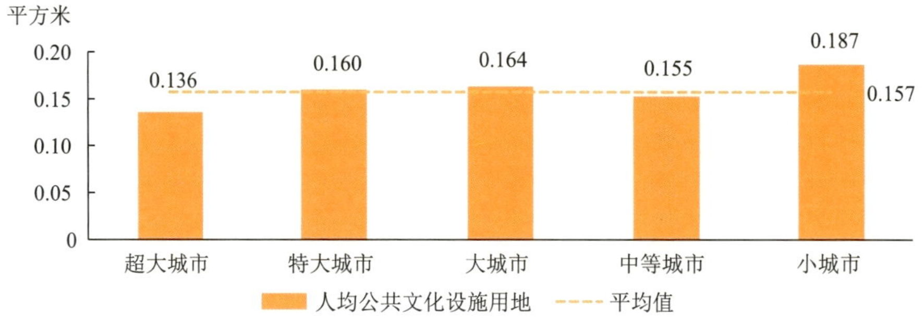

图5-14 人均公共文化设施用地情况（按城市等级）

从区域角度来看，人均公共文化设施用地面积有一定的地域特点，西北地区人均公共文化设施用地面积最大，达到0.225平方米，而华南地区人均公共文化设施用地面积最小，为0.08平方米（见图5-15）。

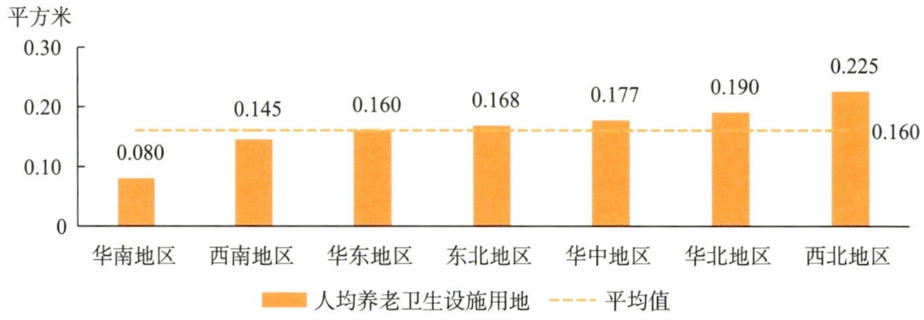

图5-15 人均公共文化设施用地情况（按地区）

人均公共文化设施用地面积城市间差异较大。对296个地级城市人均公共文化设施用地面积进行分析，各区域中，华南、东北地区的人均公共文化设施用地面积较小（见图5-16）。

图 5-16 部分城市人均公共文化设施用地面积（单位：平方米）

五、体育活动

超大城市的人均公共体育设施用地面积小于其他规模等级城市，超大城市人均公共体育设施用地面积最小，为0.28平方米；其他规模的城市均高于平均水平，其中小城市人均公共体育设施用地面积最大，为0.43平方米（见图5-17）。

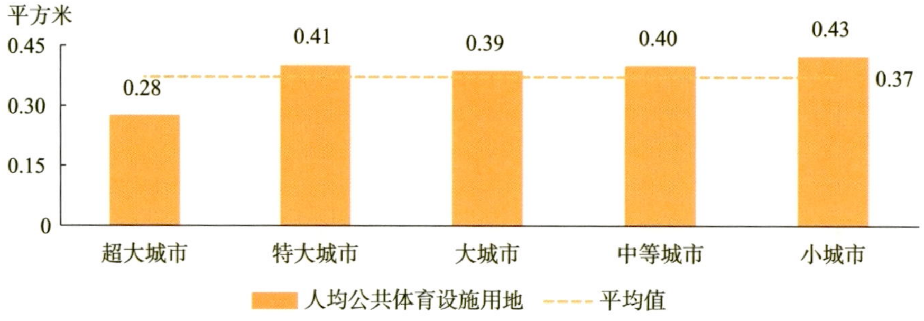

图5-17　人均公共体育设施用地面积统计（按城市等级）

从区域角度来看，人均公共体育设施用地面积有一定的地域特点，西北地区人均公共体育设施用地面积最大，达0.46平方米，华南、东北、华东地区人均公共体育设施用地面积相对较小（见图5-18）。

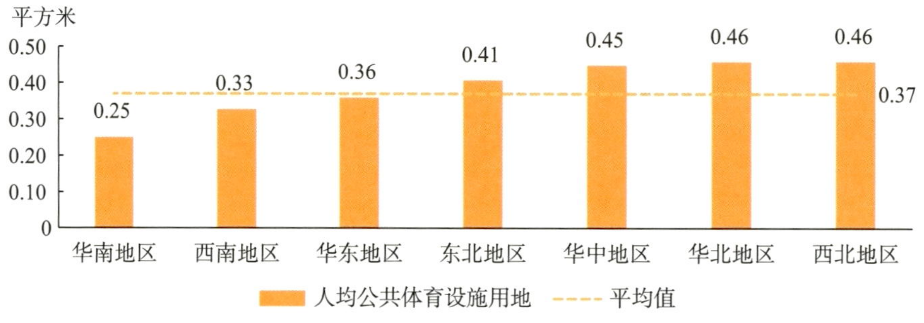

图5-18　人均公共体育设施用地面积统计（按地区）

人均公共体育设施用地面积城市间差异较大。对296个地级城市人均公共体育设施用地面积进行分析，华南、东北地区的人均公共体育设施用地面积较小（见图5-19）。

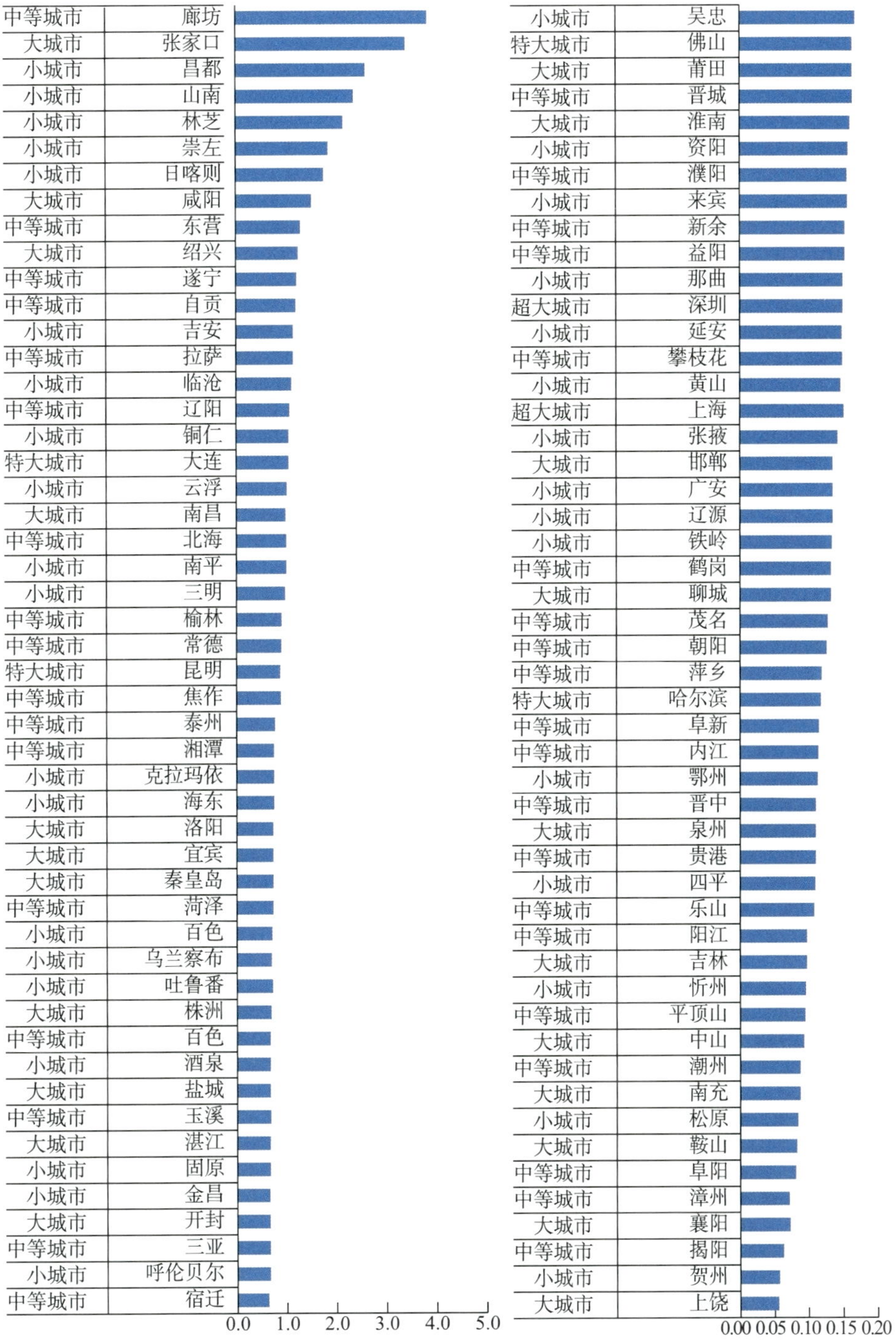

图 5-19　部分城市人均公共体育设施用地面积（单位：平方米）

六、绿地与开敞空间

全国绿地与开敞空间面积有所增加。2023年，全国绿地与开敞空间用地总面积为50.93万公顷，占全国城镇村总面积的1.55%，较2020年增加了5.92万公顷。各个省份中，绿地与开敞空间用地面积最多的是江苏（4.32万公顷），其绿地与开敞空间用地面积占城镇村面积的2.18%，高于全国平均水平；其次是河南（3.82万公顷）、河北（2.84万公顷）、广东（2.80万公顷）、山东（2.67万公顷）、内蒙古（2.50万公顷）。绿地与开敞空间用地面积占比高于全国平均水平的有15个省份，其中天津绿地与开敞空间用地面积占比为4.97%、北京为4.92%、上海为4.53%（见图5-20）。

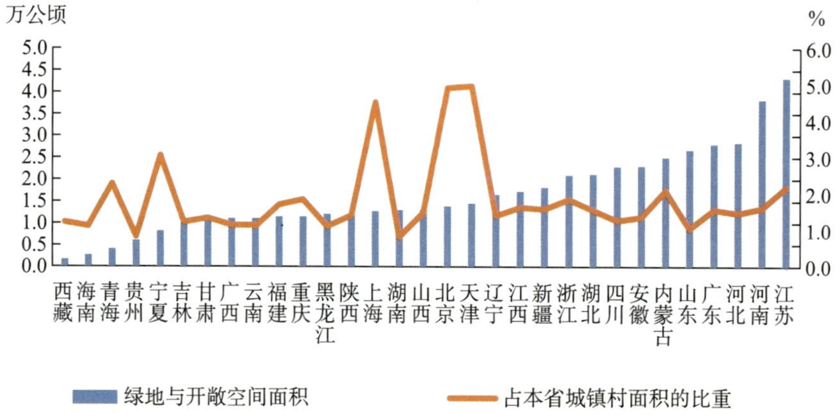

图5-20 全国各省份绿地与开敞空间用地面积

七、博物馆

超大城市和特大城市博物馆数量① 多于普通地级市，海南省地级市的博物馆数量增速较快。2022年全国博物馆总量为8537个，其中超大城市及特大城市的博物馆总数均多于50个，博物馆总数排名前10的城市为北京（431个）、上海（271个）、成都（233个）、西安（174个）、杭州（171个）、广州（150个）、青岛（149个）、苏州（135个）、深圳（132个）、重庆（130个）(见图5-21)。与

① 数据来源：高德兴趣点POI数据、科教文化服务分类中的博物馆点位数据。

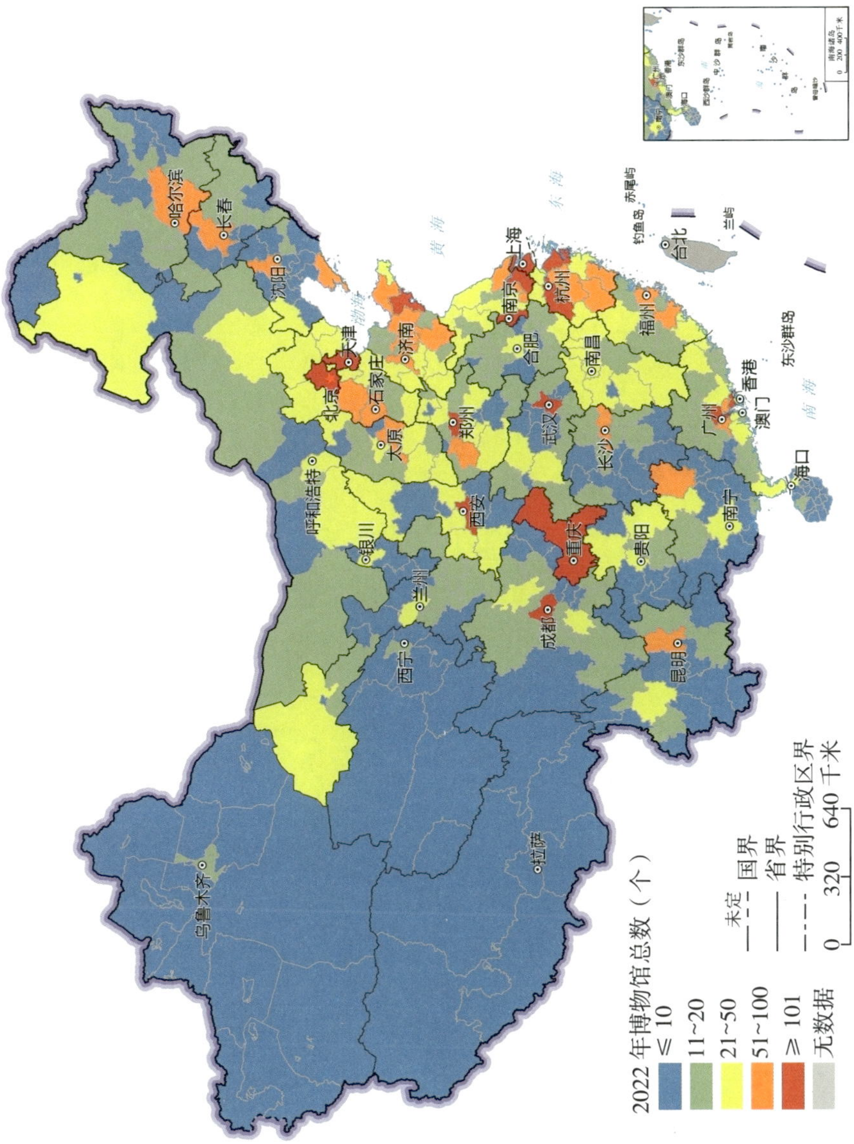

图 5-21 2022 年全国博物馆分布情况

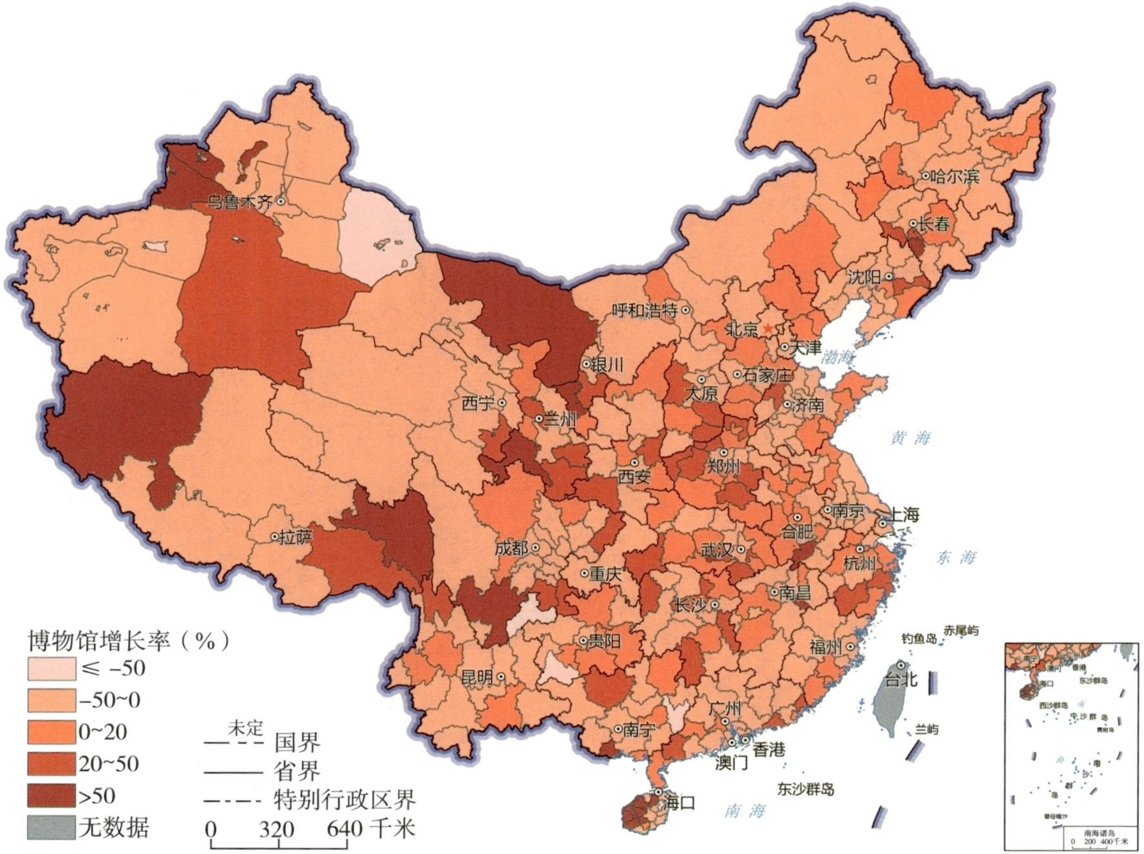

图 5-22　2020—2022 年全国地级市博物馆增长率

注：因篇幅所限，县级城市博物馆增长率未在正文中详细列出，但基于数据的真实性，地图中涵盖了县级城市博物馆增长率情况。

2020 年相比，增长率排名前 4 的地级市为克拉玛依（200%）、甘南藏族自治州（150%）、儋州（120%）、池州（117%）。整体来看，海南省地级市的博物馆数量增速较快（见图 5-22）。

第四节 社区生活圈

一、公共服务设施覆盖率总体情况

社区卫生服务设施覆盖率①相对较高，但养老设施、公园绿地广场、社区小学设施短板明显。2023 年可获取数据的 36 个重点城市②中，社区卫生服务设施、体育设施等公共服务设施的步行覆盖率居于前列，养老设施覆盖率整体最低，平均值仅为 7.9%。截至 2023 年末，我国 60 周岁及以上老年人口为 29697 万人，占总人口的 21.1%；65 周岁及以上老年人口为 21676 万人，占总人口的 15.4%。按照国际标准，我国已进入深度老龄化社会，未来各城市应加强养老设施的建设，保障居民社区养老。足球场、公园绿地广场、社区小学等公共服务设施覆盖率也相对较低，不足 50%（见图 5-23）。

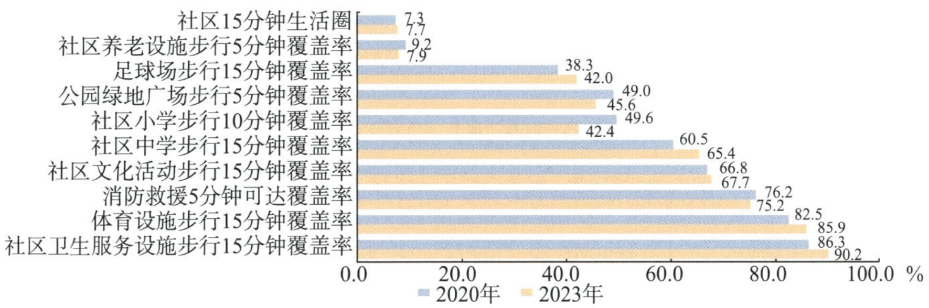

图 5-23　全国 36 个大城市不同公共服务设施覆盖率

① 社区生活圈覆盖率，主要依据 TD/T 1063-2021《国土空间规划城市体检评估规程》、TD/T 1073-2023《国土空间规划城市时空大数据应用基本规定》标准的相关要求进行计算，其中覆盖范围计算主要采用缓冲区分析方法。

② 36 个重点城市包括 4 个直辖市、27 个省会城市和 5 个计划单列市。

二、各类设施覆盖率分项情况

（一）社区卫生服务设施步行 15 分钟覆盖率

社区卫生服务设施步行 15 分钟覆盖率呈增长趋势。2023 年，36 个重点城市社区卫生设施步行 15 分钟覆盖率为 90.2%，较 2020 年增长 4.5%，其中太原、西安、深圳、西宁社区卫生设施步行 15 分钟覆盖率较高，超过 95%；长沙、石家庄、厦门、银川、呼和浩特、成都、济南、杭州、重庆、青岛、北京、福州、拉萨、郑州、长春、合肥、沈阳、贵阳高于 90%；海口不足 75%（见图 5-24）。

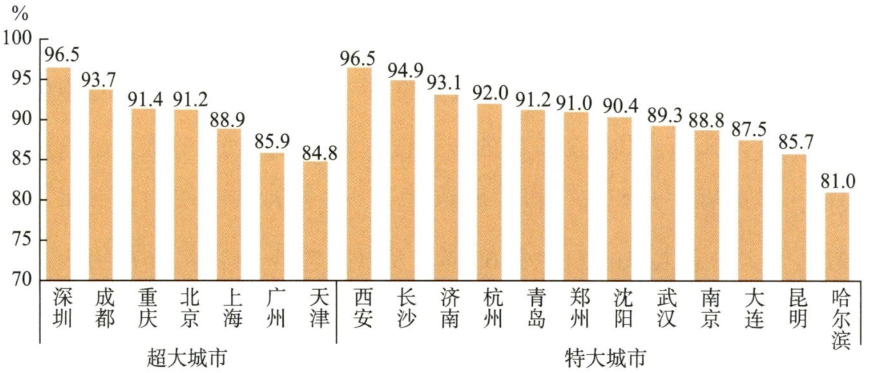

图 5-24　2023 年全国超大、特大城市社区卫生服务设施步行 15 分钟覆盖率

（二）体育设施步行 15 分钟覆盖率

体育设施步行 15 分钟覆盖率呈增长趋势。2023 年，36 个重点城市体育设施步行 15 分钟覆盖率为 85.9%，较 2020 年增长 4.1%。其中深圳、厦门、上海的体育设施步行 15 分钟覆盖率较高，均超过了 95%；合肥、乌鲁木齐、海口、兰州、长春、重庆低于 80%；哈尔滨不足 70%（见图 5-25）。

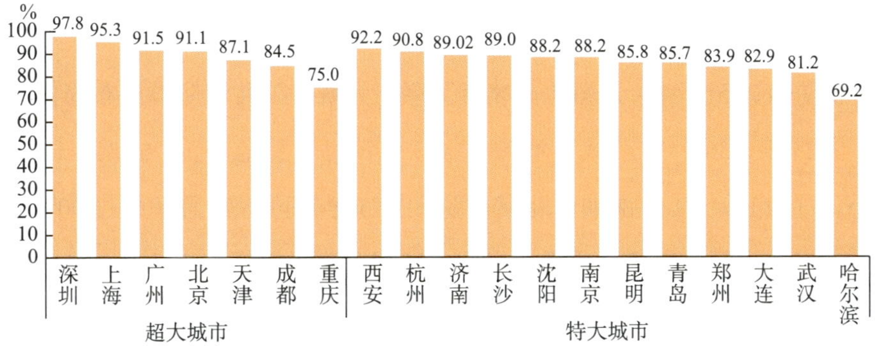

图 5-25 2023 年全国超大、特大城市体育设施步行 15 分钟覆盖率

（三）足球场步行 15 分钟覆盖率

足球场步行 15 分钟覆盖率呈增长趋势。2023 年，36 个重点城市足球场步行 15 分钟覆盖率为 42.0%，较 2020 年增长 9.7%。其中深圳足球场步行 15 分钟覆盖率较高，超过 65%；上海、广州、北京、西安、太原、厦门高于 50%；哈尔滨、海口、乌鲁木齐不足 30%，拉萨低于 15%（见图 5-26）。

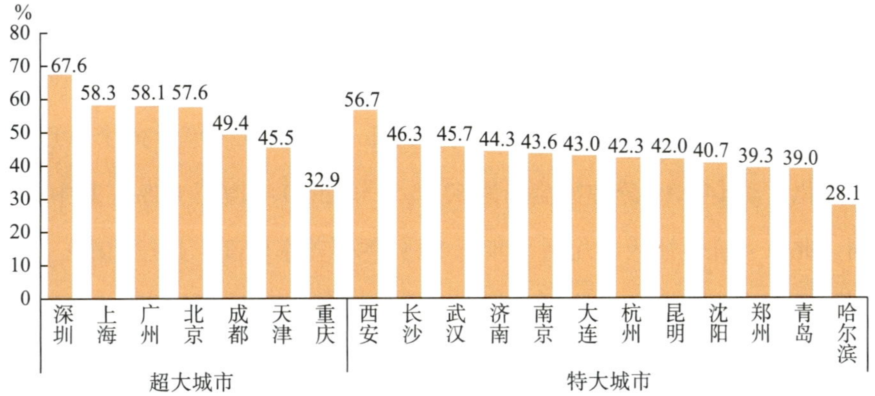

图 5-26 2023 年全国超大、特大城市足球场步行 15 分钟覆盖率

（四）消防救援 5 分钟可达覆盖率

消防救援 5 分钟可达覆盖率略有下降。大城市公共消防设施布局仍有短板。2023 年，36 个重点城市消防救援 5 分钟可达覆盖率为 75.2%，较 2020 年下降了 0.1%。其中深圳、北京消防救援 5 分钟可达覆盖率超过 90%；上海、武汉、太原、厦门、成都、贵阳、昆明、石家庄、拉萨高于 80%；哈尔滨最低，不足 60%（见图 5–27）。

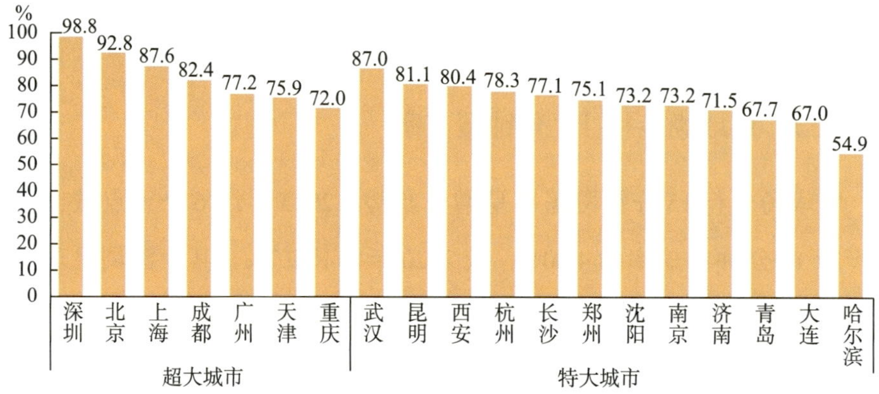

图 5–27　2023 年全国超大、特大城市消防救援 5 分钟可达覆盖率

（五）社区文化活动步行 15 分钟覆盖率

社区文化活动步行 15 分钟覆盖率呈增长趋势。2023 年，36 个重点城市社区文化活动步行 15 分钟覆盖率为 67.7%，较 2020 年增长 1.3%。其中深圳、厦门、北京、杭州社区文化活动步行 15 分钟覆盖率较高，超过 80%；上海、广州、西安高于 75%；大连、兰州、南宁、长春、重庆、拉萨、哈尔滨、乌鲁木齐不足 60%（见图 5–28）。

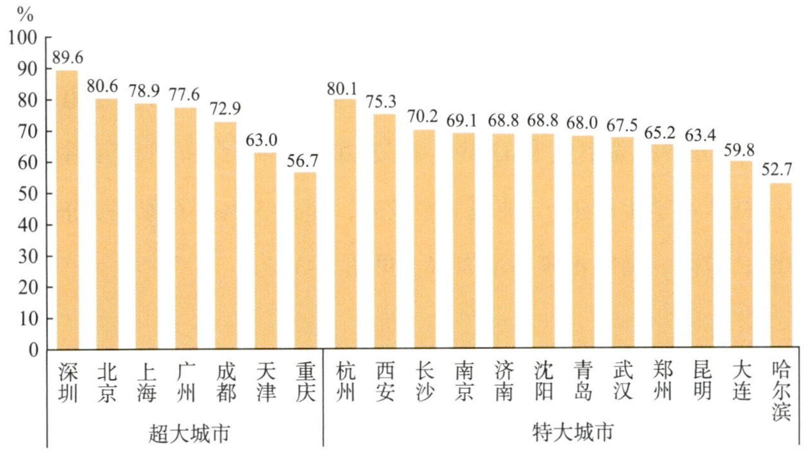

图 5-28 2023 年全国超大、特大城市社区文化活动步行 15 分钟覆盖率

（六）社区中学步行 15 分钟覆盖率

社区中学步行 15 分钟覆盖率呈增长趋势。2023 年，36 个重点城市社区中学步行 15 分钟覆盖率为 65.4%，较 2020 年增长 8.1%。其中深圳、太原、上海社区中学步行 15 分钟覆盖率较高，超过 75%；合肥、西宁、贵阳、厦门高于 70%；大连、呼和浩特、海口、长沙、青岛不足 60%，拉萨不足 50%（见图 5-29）。

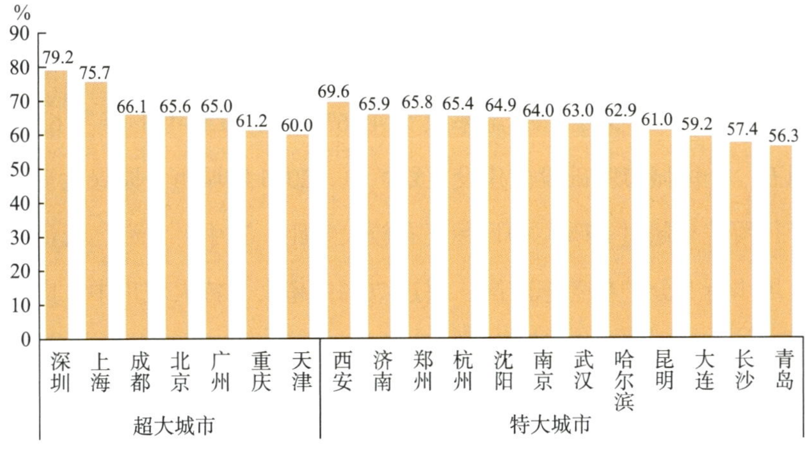

图 5-29 2023 年全国超大、特大城市社区中学步行 15 分钟覆盖率

（七）社区小学步行10分钟覆盖率

社区小学步行10分钟覆盖率呈下降趋势。2023年，36个重点城市社区小学步行10分钟覆盖率仅为42.4%，较2020年下降了14.5%。其中太原、西安、厦门社区小学步行10分钟覆盖率较高，超过55%；石家庄、福州、广州高于50%；拉萨、乌鲁木齐不足30%（见图5-30）。

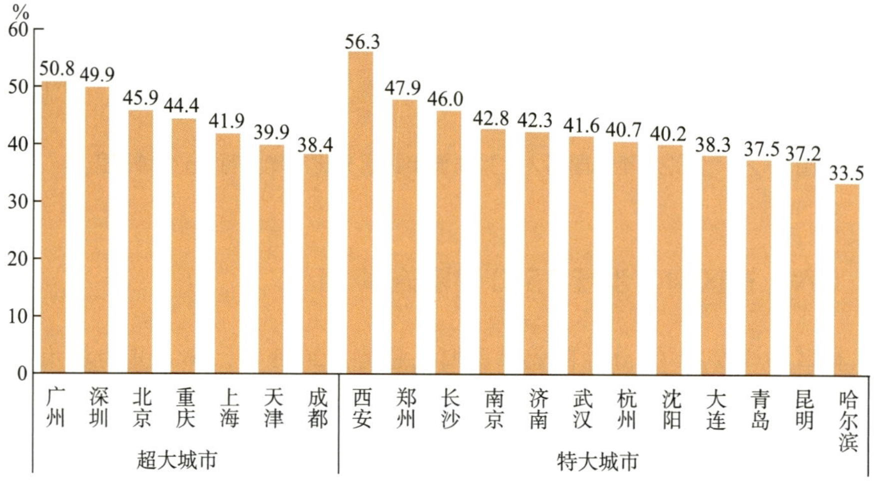

图5-30 2023年全国超大、特大城市社区小学步行10分钟覆盖率

（八）公园绿地广场步行5分钟覆盖率

公园绿地广场步行5分钟覆盖率呈下降趋势。2023年，36个重点城市公园绿地广场步行5分钟覆盖率仅为45.6%，较2020年下降了6.9%，离《“十四五”全国城市基础设施建设规划》中“2025年城市公园绿化活动场地服务半径覆盖率超过85%”的目标还有较大差距。其中，上海、天津公园绿地与广场步行5分钟覆盖率较高，超过70%；超大、特大城市中，广州、昆明、南京、西安、武汉、长沙较低，不足45%；贵阳、哈尔滨、济南不到30%（见图5-31）。

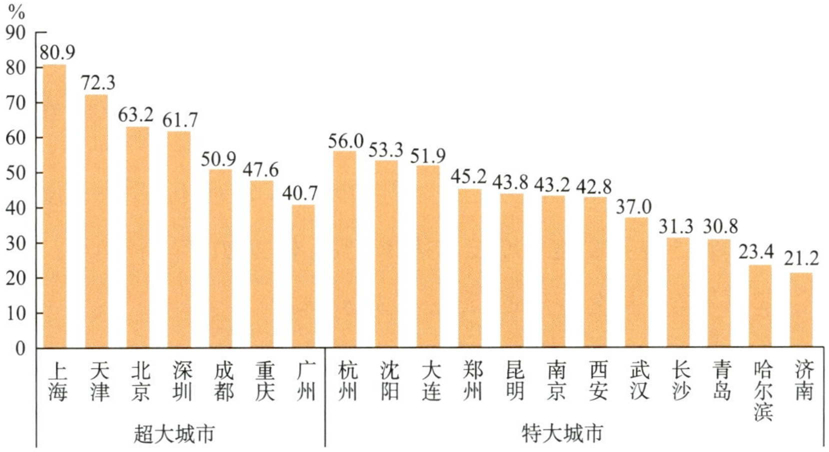

图 5-31 2023 年全国超大、特大城市公园绿地广场步行 5 分钟覆盖率

（九）社区养老设施步行 5 分钟覆盖率

社区养老设施步行 5 分钟覆盖率呈下降趋势。2023 年，36 个重点城市养老设施步行 5 分钟覆盖率仅为 7.9%，较 2020 年不增反降，下降了 14.1%。其中哈尔滨、长春、大连、上海、沈阳、北京、天津、南京超过 10%；海口、宁波、兰州、呼和浩特、南昌、合肥、银川、乌鲁木齐、拉萨不足 5%（见图 5-32）。

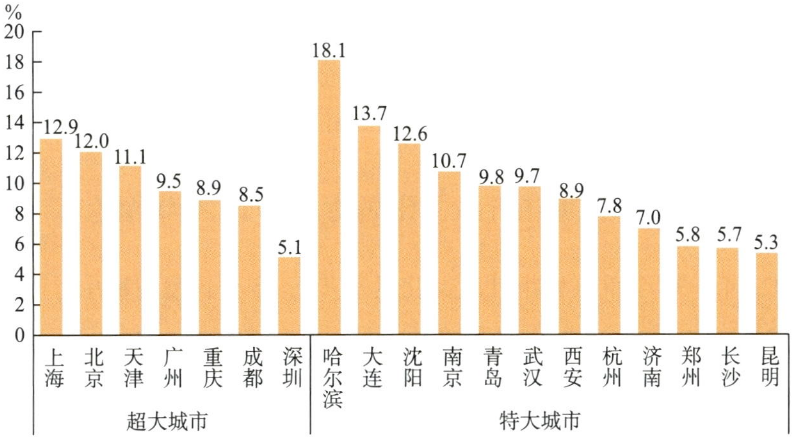

图 5-32 2023 年全国超大、特大城市社区养老设施步行 5 分钟覆盖率

三、各类设施覆盖率变化情况

（一）36个重点城市社区卫生服务设施步行15分钟覆盖率

2023年，36个重点城市社区卫生设施步行15分钟覆盖率中，厦门社区卫生设施步行15分钟覆盖率增长率达94.1%，较2020年增长明显，增幅达39.7%，居第1位；其次为天津，增长率为29.3%。

（二）36个重点城市社区体育设施步行15分钟覆盖率

2023年，36个重点城市社区体育设施步行15分钟覆盖率中，西宁社区体育设施步行15分钟覆盖率达88.1%，较2020年增长30.8%，居第1位；拉萨社区体育设施步行15分钟覆盖率达94.0%，以30.0%的增长率居第2位。

2023年，36个重点城市足球场步行15分钟覆盖率中，长沙足球场步行15分钟覆盖率为46.3%，较2020年增长244.3%，居第1位；厦门以128.0%的增长率居第2位。

（三）36个重点城市消防救援5分钟可达覆盖率

2023年，36个重点城市消防救援5分钟可达覆盖率中，西安消防救援5分钟可达覆盖率为80.4%，较2020年增长了49.6%；拉萨消防救援5分钟可达覆盖率为80.2%，较2020年增长了25%；厦门消防救援5分钟可达覆盖率为83.3%，较2020年增长了24.6%。

（四）36个重点城市社区文化活动步行15分钟覆盖率

2023年，36个重点城市社区文化活动步行15分钟覆盖率中，呼和浩特社区文化活动步行15分钟覆盖率为65.0%，较2020年增长33.6%，居第1位；广州社区文化活动步行15分钟覆盖率为77.6%，以31.0%的增长率居第2位；厦门社区文化活动步行15分钟覆盖率为84.1%，增长率为24.8%，居第3位。

（五）36 个重点城市社区中学步行 15 分钟覆盖率

2023 年，36 个重点城市社区中学步行 15 分钟覆盖率较为平均，均在 65% 上下。其中，厦门社区中学步行 15 分钟覆盖率为 71.5%，较 2020 年增长 42.2%；呼和浩特、拉萨、长春、长沙的增长率均超过了 30%。

（六）36 个重点城市社区小学步行 10 分钟覆盖率

2023 年，36 个重点城市社区小学步行 10 分钟覆盖率平均在 40% 上下，太原 2023 年的覆盖率为 60.1%，西安、厦门、福州、广州的覆盖率均超过 50%，分别为 56.3%、55.0%、51.8%、50.8%；拉萨、深圳、西安的增长率超过 10%。

（七）36 个重点城市公园绿地广场步行 5 分钟覆盖率

2023 年，36 个重点城市公园绿地与广场步行 5 分钟覆盖率不够平衡，北京、上海、深圳、天津、银川公园绿地广场步行 5 分钟覆盖率达 60% 以上；济南公园绿地广场步行 5 分钟覆盖率仅为 21.2%，但较 2020 年增长较多，增长率达 41.1%，居第 1 位；厦门与西安的增长率均超过 28%。

（八）36 个重点城市社区养老设施步行 5 分钟覆盖率

2023 年，36 个重点城市社区养老设施步行 5 分钟覆盖率中，哈尔滨社区养老设施步行 5 分钟覆盖率为 18.1%，居第 1 位；长春、大连社区养老设施步行 5 分钟覆盖率分别为 13.8% 和 13.7%，分别居第 2 位和第 3 位；成都社区养老设施步行 5 分钟覆盖率为 8.5%，增长率居第 1 位。